Kathrin Hartmann

ÖL INS FEUER

Wie eine verfehlte
Klimapolitik die globale
Krise vorantreibt

Rowohlt Polaris

3. Auflage September 2024
Originalausgabe
Veröffentlicht im Rowohlt Taschenbuch Verlag,
Hamburg, August 2024
Copyright © 2024 by Rowohlt Verlag GmbH
Copyright © Kathrin Hartmann
Die Nutzung unserer Werke für Text- und Data-Mining
im Sinne von § 44b UrhG behalten wir uns explizit vor.
Covergestaltung Hauptmann & Kompanie Werbeagentur, Zürich
Satz aus der Swift bei hanseatenSatz-bremen, Bremen
Druck und Bindung CPI books GmbH, Leck
ISBN 978-3-499-01460-4

Für Oliver

Inhalt

Vorwort
Auf dem Weg in die klimaneutrale Klimakatastrophe 9

I. Im Bauch der Bestie
Eine Reise in den Abgrund der Öl- und Gasindustrie
an der Golfküste 19

II. Sabotage
Flüssigerdgas auf Kosten von Menschen, Klima,
Natur und Demokratie 41
1. Wilhelmshaven: Rammschläge für den Schweinswal 42
2. Lake Charles: Gift am Golf von Mexiko 53
3. Stade und Brunsbüttel: Alles für die Industrie 63
4. Freeport: Umweltrassismus und Profit 73
5. Rügen: Deutschlandgeschwindigkeit versus Demokratie 77

III. Phantom-Klimaschutz
Wie technologische Scheinlösungen die Krise
vorantreiben 99
1. Neue Monster: CO_2-Speicherung, klimaneutrales Öl
und Geoengineering 100
2. Zurück in die Zukunft: Das Comeback des Atomkraft-
Zombies 124

IV. Die Klimaschutz-Katastrophe
Grünes Wachstum und Wasserstoff für das
Wolkenkuckucksheim 137
1. Grüner Extraktivismus: Plünderung im Namen
der Weltrettung 138
2. Der Mythos von der Entkopplung 154

V. Klimaschutz? Nein danke!
An den Fronten der Krise: Je näher die Einschläge,
desto stärker die Abwehrstrategien 165

VI. Kohlenstoff-Kolonialismus
Klima-Profite auf Kosten von Menschenrechten
und Biodiversität 193
1. Kompensation: Das große Geschäft mit dem
Recht auf Dreck 194
2. CO_2: Die Währung des grünen Kapitalismus 213

Nachwort. Jenseits der Opferzone
Wie ein Bauer in Sambia und eine ehemalige Lehrerin
in Louisiana die fossile Industrie das Fürchten lehren und
was wir von ihnen lernen können 227

Danke 243
Anmerkungen 245

«Norwegische Öl- und Gasindustrie erwartet
für 2024 einen Anstieg der Investitionen.»

«Perenco UK hat ein neues Gasfeld in
Ravenspurn South entdeckt.»

«Petrobras, Shell und Chevron sichern sich Konzessionen in Brasiliens neuem Explorationsgebiet.»

«Größte Raffinerie der Welt in Nigeria nimmt
Produktion auf.»

«Shell übernimmt 100 % des Kaikias-Feldes
im US-Golf von Mexiko.»

«OPEC sieht gesundes Wachstum der weltweiten
Ölnachfrage 2024.»

Schlagzeilen in den 24 Stunden
nach der Klimakonferenz in Dubai [1]

VORWORT

Auf dem Weg in die klimaneutrale Klimakatastrophe

Es ist ein Herbstnebel der besonderen Art, der sich über Dubai wie ein düsterer Vorbote der Zukunft legt, die hier im Dezember 2023 gerade beschlossen wird. Als sich die Weltgemeinschaft dort am Ende des heißesten Jahres seit Beginn der Wetteraufzeichnungen zur 28. UN-Klimakonferenz trifft, wird die Wüstenstadt von der dort ansässigen Ölindustrie in dichten Smog gehüllt. Es liegt so viel Feinstaub in der Luft, dass die Gesundheit der internationalen Gäste gefährdet ist. Die Menge der Partikel PM2,5, die so winzig sind, dass sie in die Blutbahn und tief in die Lunge gelangen, ist an diesem Tag in den Vereinigten Arabischen Emiraten fast dreimal so hoch, wie es die Weltgesundheitsorganisation (WHO) als gerade noch verträglich erachtet. Das Land gehört zu den Top Ten der ölproduzierenden Länder. Hier stehen sieben der weltweit größten Projekte zur Förderung fossiler Brennstoffe. Entsprechend miserabel ist die Luftqualität.[2] Als Anfang 2022 bekannt wird, dass die Vereinigten Arabischen Emirate die Klimakonferenz (COP) ausrichten werden und Sultan Ahmed al-Dschaber, Industrieminister und Chef des staatlichen Ölkonzerns Adnoc, diese eröffnen soll, schlagen Journalistinnen und Kommentatoren in den Medien die höchsten Töne der Empörung an. Ein Ölmanager! Eröffnet die Klimakonferenz! In Dubai! Ausgerechnet! Was für ein Widerspruch! Realsatire!

Dabei braucht es eigentlich keinen Ölstaat als Tagungsort, um zu verstehen, wie absurd das Schauspiel ist, das seit mehr als 30 Jahren verlässlich aufgeführt wird: Einmal im Jahr trifft sich die Staatengemeinschaft, um sich öffentlich einzugestehen, schon wieder an den selbst gesetzten Klimazielen gescheitert zu sein. Seit beim Umweltgipfel in Rio de Janeiro 1992 beschlossen wurde, die Klimakrise abzuwenden, sind die Treibhausgasemissionen weltweit um 70 Prozent gestiegen. Diesmal aber geht es in Dubai vor allem um eine Bilanz des historischen Abkommens von Paris aus dem Jahr 2015, das vorsieht, die globale Erderwärmung unter zwei Grad, am besten bei 1,5 Grad, zu halten. Doch die sogenannte globale Bestandsaufnahme ist verheerend: Um das 1,5-Grad-Ziel zu erreichen, müssten bis 2030 zusätzliche 24 Gigatonnen CO_2 eingespart werden. Das ist mehr als die Hälfte der jährlichen Emissionen aller Länder.[3]

2023, als ein Hitzerekord den nächsten jagt, sind auch die Emissionen aus Öl, Gas und Kohle mit 36,8 Milliarden Tonnen auf einem historischen Höchststand.[4] Es ist also keinesfalls abwegig, dass die COP28 in einem Ölstaat abgehalten wird. Im Gegenteil, es zeichnet ein klares Bild vom Status quo des Klimaschutzes: Er besteht vor allem auf dem Papier. Somit ist die Klimakonferenz in Dubai eigentlich sogar die ehrlichste aller Zeiten. Denn viele Länder, die bei den Verhandlungen offiziell den Ausstieg aus Öl, Gas und Kohle unterstützen, planen in Wahrheit neue große fossile Industrieprojekte, die bis 2030 mehr als doppelt so viele fossile Brennstoffe produzieren werden, als es mit dem 1,5-Grad-Ziel vereinbar ist.[5] Laut der Datenbank Global Oil and Gas Exit List (GOGEL) suchen oder erschließen 96 Prozent der 700 dort erfassten Förderunternehmen neue Öl- und Gasfelder.[6] 2022 sind die Subventionen für fossile Brennstoffe weltweit auf einen Rekordwert von sieben Billionen US-Dollar gestiegen. Das ist mehr Geld, als weltweit in Bildung fließt.[7]

Präsident Biden, der sich den Anschein des Klimaschützers gibt und noch im Wahlkampf 2020 versprochen hat, keine Ölbohrungen auf Land zu erlauben, das dem Bund gehört, erteilt mehr Bohrgenehmigungen auf staatlichem Grund als sein ölbesessener Vorgänger Trump. Besonders umstritten: das Willow-Projekt im Nordwesten Alaskas. Dort soll der Konzern ConocoPhillips mehr als dreißig Jahre Öl fördern. Dafür sollen mitten in Alaskas ursprünglicher Natur Bohrplattformen, Straßen, Pipelines und Flugplätze gebaut werden. Der britische Premier und Multimillionär Rishi Sunak will neue Öl- und Gasbohrlizenzen in der Nordsee vergeben, sein Klimaminister Graham Stuart behauptet völlig ironiefrei, dass dies «gut für die Umwelt» sei. «Sie helfen uns, Netto-Null zu erreichen.»[8] Und auch Deutschland will mit dem LNG-Beschleunigungsgesetz und bis zu elf Terminals für den Import von Flüssigerdgas eine auf Jahrzehnte ausgelegte fossile Infrastruktur errichten, angeblich als «Brückentechnologie» zur Wasserstoffwirtschaft. Dabei ist der Treibhausgasausstoß von importiertem Flüssigerdgas vermutlich noch höher als bei der Verbrennung von Kohle.[9]

In dieser Situation kommt ein klimaschützender Ölmagnat als Projektionsfläche gerade recht. Vor dem Gipfel kündigt al-Dschaber bereits neue Gasförderungen an. Dann sagt er, es gebe keine wissenschaftlichen Erkenntnisse und kein Szenario, die besagen würden, dass durch den Ausstieg aus der Nutzung fossiler Brennstoffe das 1,5-Grad-Ziel erreicht werden könnte. Es geht außerdem das Gerücht um, dass er die Konferenz für neue Öl- und Gasdeals nutzen will. Und natürlich gerät die Klimakonferenz zum Festival der fossilen Industrie: Fast 2500 Lobbyistinnen und Lobbyisten der Öl-, Gas- und Kohleindustrie tummeln sich in Dubai, fast viermal so viele wie im Jahr zuvor beim Klimagipfel im ägyptischen Sharm El-Sheikh. Da waren es 636, und das galt schon als Rekord. Die fossile Lobby hat sehr viel mehr Repräsentanten nach Dubai geschickt als die Delegationen der zehn am stärksten von der Klimakrise betroffenen Nationen zusammen.[10] Schließlich taucht auch noch ein Brief der OPEC auf, in dem Präsident Haitham al-Ghais die Minister der Erdöl exportierenden Länder dazu aufruft, eine Einigung abzuwenden, die die Produktion von und den Handel mit fossilen Brennstoffen gefährden würde. Bis zum Schluss blockieren Ölstaaten wie Saudi-Arabien, dass im Abschlussdokument der Klimakonferenz der verbindliche Ausstieg aus fossilen Brennstoffen festgehalten wird. Der erste Entwurf, den al-Dschaber vorlegt, enthält überhaupt keinen Verweis darauf. Nach zähen Verhandlungen einigt sich die Weltgemeinschaft schließlich äußerst vage auf den «Übergang weg von fossilen Energieträgern in den Energiesystemen, auf eine gerechte, geordnete und faire Weise». Diesem sogenannten «VAE-Konsens» stimmen schließlich alle zu.

Es mag an der Fallhöhe dieses Dramas liegen, dass dieses Ergebnis der Öl-COP anschließend sogar als revolutionär gefeiert wird. Al-Dschaber nennt es «historisch» und bescheinigt sich selbst, einen «Paradigmenwechsel» herbeigeführt zu haben. Und siehe da: Die Empörung («ausgerechnet ein Ölstaat schmeißt die Klimakonferenz!») weicht der Begeisterung («ausgerechnet ein Ölstaat läutet das Ende von Öl und Gas ein!»). Nicht zuletzt deshalb, weil nun alle gut dastehen, vor allem die, die es mit dem Klimaschutz nicht allzu ernst meinen.

Ja, es ist das erste Mal nach fast drei Jahrzehnten, dass im Abschlussbericht einer UN-Klimakonferenz Öl, Gas und Kohle überhaupt erwähnt werden. «Aber wie ist es möglich, dass achtundzwanzig Verhandlungssitzungen notwendig waren, um sich auf etwas zu einigen, was die ganze Zeit über offensichtlich war, nämlich, dass die Bewältigung des Klimawandels den Ausstieg aus oder die Abkehr von fossilen Brennstoffen erfordern wird?», fragt die renommierte Umwelt-Journalistin Elizabeth Kolbert im *New Yorker*.[11] Wenn sich die Zerstörer als Retter gerieren, dann sollten wohl grundsätzlich die Alarmglocken klingeln. Denn in Wahrheit ist das Ergebnis dieses Klimagipfels kein Meilenstein für das Klima, sondern eine Katastrophe: Die fossile Industrie hat es in Dubai geschafft, ihr Kerngeschäft zu retten, Expansionen abzusichern, mit neuen Narrativen von der Dringlichkeit des Ausstiegs aus den Fossilen abzulenken und sich gleichzeitig als wichtigste Klimaschützerin zu inszenieren.

Die Abschlusserklärung ist vollgepackt mit Schlupflöchern und gefährlichen technologischen Scheinlösungen, die von fossilen Lobbygruppen schon seit Jahren propagiert werden. Jetzt ist es ihnen gelungen, diese schriftlich zu zementieren: Hinter den dort erwähnten «emissionsarmen» Technologien, die für diesen «Übergang» beschleunigt entwickelt werden sollen, verbergen sich vor allem das Einfangen und Speichern oder das Nutzen von CO_2 (Carbon Capture and Storage – CCS, beziehungsweise Carbon Capture and Utilization – CCU). Al-Dschaber hat sich als Chef des staatlichen Ölkonzerns Adnoc mehrfach für CCS zur Lösung der Klimakrise ausgesprochen und investiert selbst in ein CCS-Projekt. Dabei gibt es keinen Nachweis dafür, dass CO_2-Speicherung wirklich dem Klimaschutz dient oder dass dies technisch überhaupt langfristig möglich ist. Die allermeisten Pilotanlagen jedenfalls, auch vielversprechende, sind bislang gescheitert. Und der allergrößte Teil des bereits eingefangenen CO_2 wurde anschließend in die Erde gepresst, um noch mehr Öl aus dem Boden herauszuholen. Öl auf diese Weise «klimaneutral» fördern zu können, das ist der wohl größte Sieg für die Ölindustrie. Selbst Kohlekraftwerke dürfen weiterbetrieben werden, solange sie ihr ausgestoßenes CO_2 einfangen.

Sogenannte «Übergangskraftstoffe», eine Erfindung der Industrie und nur ein anderes Wort für Gas, LNG und Biosprit, haben es ebenfalls in die Abschlusserklärung geschafft. Genauso der «emissionsarme» Wasserstoff, der aus Erdgas unter Verwendung von CCS hergestellt wird. Selbst der alte Zombie Atomkraft steht im Dokument.

Es sind die reichen Länder, die dieses Ergebnis bejubeln. Jene also, die von der fossilen Industrie am meisten profitieren und deshalb den größten Teil der Klimakrise zu verantworten haben. Sie sind es auch, die uns glauben lassen, ein Grüner Kapitalismus könnte uns retten: einer, der auf Technologien und Marktmechanismen beruht, die den Status quo halten, Profite generieren und Wachstum klimaneutral machen können. Doch es sind gefährliche Pläne B, C und D, die Plan A verhindern, nämlich real und radikal weniger CO_2 zu verursachen und tatsächlich aus der fossilen Energie auszusteigen. Aber genau das scheint nicht mehr im Fokus der globalen Klimapolitik zu stehen. «Carbon Management» heißt die neue Strategie. Im Wesentlichen versteht man darunter Abscheidungs- und Speichertechnologien wie CCS.

Oder «Direct Air Capture», bei der CO_2 aus der Luft gezogen werden soll. Als könnte man der Klimakrise mit dem Staubsauger beikommen und den Dreck einfach unter der Erde verbuddeln. Als wäre es besser, die Katastrophe zu verwalten, anstatt sie zu verhindern. Als könnte dann alles bleiben, wie es ist.

Ebenso wird versprochen, dass schon bald grüner und blauer Wasserstoff ermöglichen würde, dass weiterhin Kreuzfahrtschiffe in See stechen, Flugzeuge in den Himmel abheben, Hochhäuser und Einkaufszentren aus dem Boden wachsen und weiter riesige Autos gebaut werden können. Viele Länder träumen davon, dass Mini-Atomkraftwerke ihren Energiehunger «klimaneutral» stillen könnten, andere hoffen darauf, dass Düsenjäger Schwefelpartikel in die Stratosphäre sprühen, um die Sonne zu verdunkeln, damit sich die Erde abkühlt. Je näher die Einschläge rücken, je unerreichbarer die Klimaziele scheinen, je mehr Klimaschutzmaßnahmen als Zumutung wahrgenommen werden und je handlungsunfähiger Regierungen erscheinen, desto stärker verfängt eine solche Öko-Science-Fiction. Das Problem ist nur: Die erwähnten Technologien existieren entweder noch gar nicht, sind bereits gescheitert oder erkennbar zum Scheitern verurteilt – und sie bergen unkalkulierbare Sicherheitsrisiken. An die Stelle des Klima-Leugnens sind heutzutage technologische Scheinlösungen gerückt. Doch die sind nicht minder gefährlich, und sie richten schon heute zusätzliche ökologische und soziale Schäden an. Sie retten nicht das Klima, sondern die fossile Industrie, und gießen damit weiter Öl ins Feuer.

Als ich dieses Buch schreibe, rauschen zwei Horrornachrichten durch die Welt. Die Weltwetterorganisation spricht von «Alarmstufe Rot»: 2023 lag die globale Durchschnittstemperatur 1,45 Grad über dem Niveau vor der Industrialisierung. Die Erwärmung der Ozeane, die Gletscherschmelze, der Rückzug des Meereises erreichten Rekordwerte. Niederländische Forscher haben mittels einer Computersimulation herausgefunden, dass der Golfstrom schon bald zum Erliegen kommen könnte. Damit würde Europa eine Eiszeit drohen. Die Menschen müssten Panik bekommen. Aber es bleibt erstaunlich ruhig. Vielleicht liegt so etwas jenseits der gesellschaftlichen Vorstellungskraft, vielleicht wirken solche apokalyptischen Nachrichten nicht mehr, vielleicht ist es noch immer einfach, die Katastrophe zu ignorieren, auch wenn sie hierzulande bereits deutliche Spuren hinterlässt. Vielleicht ist, nach zermürbenden Jahren einer Pandemie und im Angesicht zweier großer Kriege, «die Sehnsucht nach Wiederherstellung des Alten und Gewohnten, nach Rückkehr der eigenen, heimeligen, anheimelnden Welt», wie der Soziologe Stephan Lessenich schreibt, auch viel zu groß, um die Vorstellung einer weiteren großen Krise zu ertragen.[12] Aber diese Normalität gibt es nicht mehr, und es wird sie auch nicht mehr geben. Klimaforschende sind sich einig, dass wir auf eine Erwärmung von drei Grad zusteuern. Eine solche Welt, schreibt der Direktor am Max-Planck-Institut für Gesellschaftsforschung Jens Beckert in seinem Buch *Verkaufte Zukunft*, «wird verglichen mit der heutigen eine ärmere sein. Es wird mehr Leid geben und es wird höchst ungleich verteilt sein.» Es werde zu «bedeutsamen wirtschaftlichen, politischen und sozialen Verwerfungen» kommen.[13]

Für dieses Buch bin ich in eine Zukunft gereist, die niemand wollen kann. Nicht nach Bangladesch oder Pakistan und auch nicht auf eine dem Untergang geweihte Südseeinsel wie Tuvalu oder Kiribati, sondern in den Süden der USA, nach Texas und Louisiana. Dort schlägt nicht nur das Herz der amerikanischen Ölindustrie, die Golfküste ist auch ein Versuchslabor für Klimascheinlösungen wie CCS, die die Expansion der fossilen Industrie als «emissionsarm» legitimieren sollen. Ich bin die sogenannte Cancer Alley am Mississippi entlanggefahren, an dessen Ufer sich die petrochemischen Anlagen aneinanderreihen und die Nachfahrinnen und Nachfahren der Versklavten schwer krank machen. Ich habe gesehen, wie die immer häufiger und schwerer wütenden Hurrikans im Süden der USA die Orte zermalmt und

Menschen zu Flüchtlingen gemacht haben. Und ich habe mitten im Hitzedom eine Ahnung davon bekommen, wie unerträglich sich die Erderwärmung anfühlt. Ich war in «Sacrifice Zones», von Umweltrassismus und Verschmutzung gekennzeichneten «Opferzonen» wie Port Arthur, Freeport und Lake Charles, wo die LNG-Anlagen stehen, die Flüssigerdgas nach Deutschland liefern. Auf Rügen, in Wilhelmshaven und Stade werden dafür in Windeseile LNG-Terminals gebaut. Und ich wurde Zeugin, wie an diesen beiden Enden der Welt wertvolle und geschützte Natur genauso zerstört wird wie die Demokratie. All das, während der LNG- und Fracking-Boom der Gasindustrie mitten in der Klimakrise wachsende Profite beschert. In Sambia, einem der ärmsten Länder auf dem afrikanischen Kontinent, habe ich schließlich Kleinbäuerinnen und Kleinbauern getroffen, die ihre Wälder nicht mehr traditionell nutzen dürfen und ärmer geworden sind, damit die Ölindustrie mittels Zertifikathandel auf ihre Kosten CO_2 kompensieren und die Emissionen auf dem Papier verschwinden lassen kann. Kurzum: Ich habe in die Hölle geschaut. Und dort habe ich sie gesehen: die klimaneutrale Klimakatastrophe. Davon handelt dieses Buch.

«For we do not know what beasts
the night dreams when its hours grow
too long for even God to be awake.»

Robert W. Chambers, *The King in Yellow*

I. IM BAUCH DER BESTIE

Eine Reise in den Abgrund der Öl- und Gasindustrie an der Golfküste

«Enriching Childhood through play» steht auf einem großen gelben Schild am Eingang des Spielplatzes. Die Kindheit bereichern sollen eine kleine Kletterwand, ein Picknickplatz mit Tischen und Stühlen und ein Spielhaus mit Rutschen, Röhren und Türmen aus quietschbuntem Plastik. Schwarz und grau sind dagegen die Röhren und Türme, die hinter den Spielgeräten in den Himmel ragen. Es sind die Schornsteine, Pipelines und Tanks einer riesigen Chemiefabrik.

«Ich werde eine ganztägige Tour für Sie zusammenstellen, bei der Sie obendrein unsere großartige Küche kennenlernen werden. Von Texas Barbecue und Tex-Mex bis hin zu Cajun und Kreolisch werden Sie dabei ein unvergessliches Vergnügen genießen! Ich freue mich auf Ihre Ankunft und bitte Sie, mir mitzuteilen, wie ich Ihnen helfen kann, Ihren Besuch hier zu einem möglichst produktiven und denkwürdigen Erlebnis zu machen.» Warme Worte, die John Beard aus Port Arthur in Texas per E-Mail an mich richtet. Die Tour, die ich bei ihm buche, werde ich ganz sicher nicht vergessen. Sie heißt «The Belly of the Beast» und führt in eine strahlende Vergangenheit, durch eine verstörende Gegenwart und in eine höllische Zukunft. Denn in Port Arthur, einer kleinen Stadt 140 Kilometer östlich von Houston an der Grenze zum Bundesstaat Louisiana, schlägt das Herz der amerikanischen Öl-, Gas- und Petrochemie-Industrie.

Hier begann im Januar 1901 der texanische Ölboom im Spindletop Field, der die USA zum bis heute größten Ölförderland der Welt machte. Der Fotograf Francis John «Frank» Trost knipste damals das weltberühmte Foto der schwarzen Fontäne, die aus dem hölzernen Bohrturm schießt. Neun Tage lang spuckte der Lucas Gusher 100 000 Barrel Rohöl täglich aus der Erde. Kurz darauf wurden die Ölfirmen Texaco und Gulf Oil dort gegründet: zwei der sogenannten «sieben Schwestern», die bis in die Siebzigerjahre den globalen Ölmarkt beherrschen. Beide gehören heute zu Chevron, dem drittgrößten Ölkonzern der Welt. Die Entdeckung auf dem Spindletop Field machte Port Arthur zu einer blühenden Stadt an der Golfküste, mit Luxushotels, mondänen Villen, Banken und Geschäften in pompösen Palästen. Davon ist heute nicht viel mehr übrig als mit Brettern vernagelte Ruinen. Doch was geblieben ist, sind Gift, Öl und Dreck: Rundum fressen sich die petrochemischen Fabriken und Raffinerien bis ins Stadtzentrum hinein.

«Willkommen in Port Arthur, Texas, wo alles begann! Hier gibt es zwei der größten Raffinerien der USA, zahlreiche Chemiefabriken und noch dazu zwei bis drei LNG-Anlagen. Wenn sich irgendetwas in der Öl- und Gasindustrie tut, dann passiert das in Port Arthur!», schreibt mir John Beard, der nach einem Arbeitsleben in dieser Industrie nun als Aktivist gegen sie kämpft. Zwei Wochen später, im Juli 2023, mache ich mich auf den Weg in den Bauch der Bestie. Ins Zentrum der US-amerikanischen Ölindustrie.

Eine lange Autofahrt liegt hinter mir, als ich von der Interstate 10 auf den Highway 73 Richtung Port Arthur abbiege. Ich bin noch immer überwältigt von der Schönheit des Atchafalaya-Beckens, durch das mein Weg von New Orleans aus mich geführt hat. Das Sumpfgebiet im westlichen Mississippi-Delta ist das größte der USA und reicht bis zum Golf von Mexiko. Über 30 Kilometer verläuft die Interstate 10 westlich von Baton Rouge bis Henderson durch schier endlose Sumpfwälder, über verwunschene Bayous* und den Lake Bigeaux, aus dem uralte, mit wehenden Flechten behangene Zypressen in den Himmel wachsen. Kurz vor dem Ziel erreiche ich die Rainbow Bridge. Die Brücke, die in den Dreißigerjahren über den Neches River gebaut wurde, ist die größte, steilste und wahrscheinlich unheimlichste in ganz Texas. Kommt

---

* Als Bayou werden in den Südstaaten der USA stehende oder langsam fließende Gewässer in den Sumpfgebieten bezeichnet.

man von Osten, sieht sie aus wie senkrecht hochgeklappt. Als ich den höchsten Punkt erreiche, schaue ich rechts über die Lower Neches Wetlands, auf der anderen Seite glitzert der Sabine Lake in der Nachmittagssonne. Die Lagune ist so groß wie der Gardasee und über den Sabine Pass mit dem Golf von Mexiko verbunden.

Auf der anderen Seite der Brücke endet die Idylle so abrupt, dass mir ein Schreck durch die Glieder fährt. Vor mir ragen jetzt dampfende Schornsteine, lodernde Gasfackeln, Metallrohre, Kolonnen* und Tanks auf. Sie gehören unter anderem zur BASF Corporation Port Arthur, einem Joint Venture des deutschen Chemieriesen und des französischen Ölkonzerns Total Energies. Hier steht einer der weltgrößten Steamcracker, eine Anlage, die Rohöl und Erdgas in Ethylen, Propylen und andere Vorprodukte für die Herstellung von Plastik, Farben, Lösungsmitteln und Pflanzengiften umwandelt. Direkt daneben befindet sich die Total-Raffinerie; hinter den Sümpfen wuchert der Metallwald weiter bis zum diesigen Horizont. Eine dystopische Szenerie.

Ich fahre weiter in Richtung meines Hotels. Die Stadt Port Arthur wird von zwei riesigen Ölkomplexen eingekeilt: 1903 entstand hier Texacos erste Öl-Raffinerie, die heutige Motiva Refinery. Sie ist mit einer Produktionskapazität von mehr als 600 000 Barrel am Tag die größte der USA. Direkt daneben breitet sich die Valero Refinery aus, die weitere 400 000 Barrel Erdöl verarbeiten kann. Zusammen nehmen sie eine Fläche so groß wie die Nordseeinsel Borkum ein, die größte der ostfriesischen Inseln. Und noch ein schauriger Superlativ: Port Arthur besitzt die größte Konzentration an Ölraffinerien in den USA. Hinzu kommt noch der riesige Industrie-Komplex von Exxon in Beaumont, der Nachbarstadt. Das Gelände ist fast so groß wie der Berliner Flughafen. Dort betreibt der zweitgrößte Ölkonzern der Welt eine Raffinerie

---

* Kolonnen sind verfahrenstechnische Anlagen in Chemiefabriken, hohe Säulen oder Türme aus Stahl.

und petrochemische Anlagen, die Rohstoffe für die Plastikproduktion herstellen.

Dazwischen: Wohngebiete, die direkt an die Industrieanlagen grenzen. Dort leben vor allem Schwarze Menschen, Hispano-Amerikanerinnen und solche mit niedrigem Einkommen: Drei Viertel der Bevölkerung in Port Arthur sind People of Color, ein Viertel der Familien ist arm. Die Krebsrate ist um 15 Prozent höher als im texanischen Durchschnitt, die Krebssterblichkeitsrate bei Afroamerikanerinnen und Afroamerikanern 40 Prozent höher als im Bundesstaat.[1] Die Menschen leiden außerdem an Herz-, Haut-, Atemwegs- und Nierenkrankheiten. Die Kinder haben überdurchschnittlich oft Asthma. Bereits Dreijährige sind auf Medikamente und Atemgeräte angewiesen.

John und ich und der Spielplatz in Port Neches: Hier, in einem Vorort im Norden von Port Arthur, beginnt unsere Tour. Der Spielplatz gehört zur öffentlichen Bibliothek im Stadtpark, der parallel zum Fabrikgelände der TPC Group, ehemals Texas Petroleum Chemicals, verläuft. Rechts und links steht jeweils eine Schule. Zwischen Park und Industrieanlage: die Sportplätze und Tribünen der Port Neches Little League, der Kinder-Baseballmannschaft. Von hier sind es nicht einmal 200 Meter bis zu den Produktionsanlagen, die ich bereits auf der Herfahrt von der Rainbow Bridge sehen konnte. Es jagt mir einen Schauer über den Rücken, dass diese Kindersportplätze die einzige Pufferzone zu dem petrochemischen Komplex bilden. Erst jetzt fallen mir die kleinen gelben Schilder auf, die unweit des Spielplatzes aus dem gepflegten Rasen ragen. Ich muss nah herangehen, um sie lesen zu können: «Warning! High Pressure Petroleum Pipeline». Ungleich größer ist das Hinweisschild am Spielplatz, das die Eltern ermahnt, auf ihre Kinder aufzupassen, «Play it Safe!» prangt da in riesigen schwarzen Lettern. Allein: Der Hinweis hätte nicht geholfen, hätte sich das Desaster vor vier Jahren nur ein paar Stunden früher ereignet.

Am 27. November 2019 treten aus einem Destillationsturm der TPC-Anlage 23 000 Liter 1,3-Butadien aus.[2] Das Gas auf Basis von Erdöl wird in der Kunststoffproduktion verwendet und ist leicht entzündlich. Die Wolke, die sich daraufhin bildet, explodiert binnen Sekunden. «Die Explosion ereignete sich in der Nacht vor Thanksgiving gegen ein Uhr, dafür müssen wir dankbar sein», sagt John, «tagsüber hätte es Tote gegeben.» Die Druckwelle ist so stark, dass in den Häusern, Schulen und Geschäften im Umkreis Fenster bersten, Türen eingedrückt werden, Mauern reißen, Dächer einstürzen. Anlagenteile fliegen durch die Luft und landen auf Wohngrundstücken. Die Explosion bringt die Erde noch in einer Entfernung von 50 Kilometern zum Beben, der Feuerball und dicke schwarze Rauchwolken sind weithin zu sehen. Um 2.40 Uhr ereignet sich eine zweite Explosion. Daraufhin wird die Evakuierung der Menschen, die im Umkreis wohnen, angeordnet. Am nächsten Vormittag wird eine Ausgangssperre verhängt, 60 000 Menschen sind betroffen. Am Nachmittag von Thanksgiving: die dritte große Detonation.

Im Auto zeigt mir John auf seinem Smartphone beängstigende Videos von diesem Ereignis. Ich sehe, dass ein abgerissener Turm aus dem Feuerball heraus wie eine Rakete in den Himmel schießt, sich einmal überschlägt und schließlich senkrecht mit einem Feuerschweif wieder auf die Erde zurast.[3] «Schau dir das an! Mit diesem Risiko leben wir jede Minute», sagt John.

Das Feuer brennt länger als einen Monat und hüllt die Gegend in giftigen Rauch. Viele hier leiden seitdem unter Atemwegs- und Augenbeschwerden sowie Kopfschmerzen und haben Angst vor eventuellen Langzeitfolgen. Immer wieder treten krebserregendes Butadien, Asbest und andere Gifte über dem zulässigen Limit aus den Fabriken aus. Mit dem Löschwasser gelangen Öl und Chemikalien über die Kanäle in den Neches River und so in den Golf von Mexiko. Auf fast 600 Grundstücken gab es Schäden. Das Inferno verursachte Kosten von mindestens einer halben Milliarde Dollar. Dabei wäre all das vermeidbar gewesen. Das Unternehmen wusste schon lange von technischen Problemen, die zu einer Explosion führen können, ignorierte sie aber.[4] Da die TPC Group von Hunderten Schadensersatzforderungen überzogen wird, gegen die sie nicht ausreichend versichert ist, meldet sie Konkurs an.[5] Bis heute warten mehrere Tausend Menschen auf Entschädigung für kaputte Häuser, Geschäfte und ihre ruinierte Gesundheit.

Der Fall der TPC Group ist ein Beispiel dafür, wie skrupellos diese lebensgefährdende Industrie agiert – und wie Politik und Behörden sie dabei unterstützen. Die Umweltauflagen und Emissionsstandards sind in Texas niedrig, externe Kontrollen gibt es kaum. Die Unternehmen berichten selbst über ihre Emissionen und toxischen Ereignisse. Stationen zur Messung der Luftverschmutzung gibt es nicht flächendeckend, sondern nur vereinzelt und meist erst dann, wenn NGOs dafür kämpfen. Im Öl- und Gas-Staat Texas, traditionell Hochburg der Republikaner, stehen selbst staatliche Umweltbehörden wie die EPA (Environmental Protection Agency) und insbesondere die Texas Commission on Environmental Quality (TCEQ) traditionell aufseiten der Industrie. Sie erteilen leichtfertig Betriebsgenehmigungen, lassen große Schlupflöcher bei Umweltauflagen und ahnden Verstöße zu spät und zu schwach. Selbst Wiederholungstäterinnen wie die TPC Group haben kaum Konsequenzen zu befürchten: Über mehr als zwanzig Jahre verstieß der Konzern gegen den Clean Air Act, das Bundesgesetz zur Luftreinhaltung. Seit 2000 musste die TPC Group insgesamt eine Million Dollar Strafe für zwei Dutzend Verstöße zahlen, vor allem wegen der Freisetzung von Butadien und anderer gesundheitsschädlicher Chemikalien über dem erlaubten Limit. Das sind umgerechnet 3500 Dollar pro Monat. Ein Schnäppchen im Vergleich zu den Kosten, die eine Umrüstung und bessere Kontrollen bedeutet hätten. Obwohl die TPC Group vorsätzlich gegen Sicherheitsvorschriften verstieß, die 2019 zu dem Desaster führten, muss sie nur eine halbe Million Dollar Strafe zahlen, wegen Gefährdung der Sicherheit und Gesundheit am Arbeitsplatz.[6]

«Und das ist nur *eine* Fabrik», betont John, als wir unsere Tour fortsetzen. Dreizehn große fossile Industrieanlagen drängen sich hier auf einer Fläche nicht ganz so groß wie Köln. Im ganzen Jefferson County gibt es 32 Öl- und Chemiefabriken. Die American Lung Association gibt dem Bezirk für die Luftqualität die Note F, auf einer Skala von A bis F. Am schlimmsten ist es in Port Arthur: mit 2500 toxischen Emissionsereignissen pro Jahr gehört die Stadt laut David R. Boyd, UN-Sonderberichterstatter für Menschenrechte und Umwelt, zu den 50 schmutzigsten Orten der Welt.[7] Für diese Orte gibt es einen Namen, der die Brutalität auf den Punkt bringt: «Sacrifice Zones», Opferzonen. Sie sind ein wesentlicher Grund dafür, dass zu viele Menschen immer noch falsche Vorstellungen davon haben, was die fossile Industrie im Kern ausmacht. Wer dort nicht lebt oder arbeitet, der verirrt sich nicht dorthin. «Die Kohlenstoffdemokratie ist bestrebt, der privilegierten Öffentlichkeit die massenvernichtende Schlagseite fossiler Brennstoffe weitestgehend zu verheimlichen, sei es mittels unterirdischer Pipelines, Flächennutzungsplänen, die die Schwerindustrie unmittelbar neben von Armut betroffenen Communitys sowie People of Color ansiedeln, oder sei es vermittels der Vorstellung, Dinge tatsächlich *wegwerfen* zu können», schreibt die amerikanische Politikwissenschaftlerin Cara New Dagget in ihrem Essay *Petromaskulinität. Fossile Energieträger und autoritäres Begehren*.[8] Das macht es leicht, weiterhin der fatalen Idee anzuhängen, diese Industrie brächte Fortschritt und Wohlstand. Sie stoße zwar leider zu viele Treibhausgase aus, aber das könne man doch irgendwie technisch in den Griff bekommen, so die weiterverbreitete Meinung. Doch diese Industrie lässt sich nicht einhegen oder verbessern. Sie ist ein autoritärer, menschenverachtender und skrupelloser Machtkomplex, der ausschließlich deshalb bestehen und wachsen kann, *weil* er Leben, Lebensgrundlagen und Zukunft zerstört.

In Orten wie Port Arthur, wo zu viele Menschen zu arm, zu krank, zu abgehängt und zu verzweifelt sind, um sich gegen diese gewalttätige Industrie zu wehren, siedelt sie sich mit Vorliebe an. «Genau das habe ich einmal einen Konzernboss sagen hören: Wir gehen den Weg des geringsten Widerstands», erzählt John. «Die Leute hier können sich ja nicht einmal eine Krankenversicherung leisten, wovon sollten sie teure Anwälte bezahlen?»

John Beard ist Afroamerikaner und hat sein ganzes Leben in dieser Opferzone verbracht. 1956 wird er hier geboren, sein Elternhaus grenzt an Öltanks. Seine Grundschule steht neben der Valero-Raffinerie. Ständig liegt Gestank in der Luft. «Mein Vater sagte immer: Rümpf nicht die Nase, mein Junge, das ist der Geruch des Geldes.» Er lacht. «Viele Menschen kamen damals hierher in der Hoffnung auf Wohlstand, und es stimmt ja: Eine Weile lang gab es gut bezahlte Arbeit, viele konnten sich ein Haus leisten und die Kinder aufs College schicken.» Wie sein Vater ist auch John in der Ölindustrie beschäftigt, 38 Jahre lang arbeitet er in verschiedenen Raffinerien der Umgebung, unter anderem bei Exxon. Früh aber kommen ihm erste Zweifel: «Wir verdienten gut und wurden über Gefahren aufgeklärt. Wir wussten, worauf wir uns einlassen, und bekamen Schutzkleidung – aber die Menschen außerhalb des Geländes nicht.» Er kennt schon damals viele, die krank sind. Seine Mutter ist herzkrank, die Nachbarin stirbt an Asthma. Heute kennt hier jeder jemanden, der Krebs hat oder daran gestorben ist. Oft mehrere Mitglieder derselben Familie. Mutter und Tochter. Neffe und Cousin. Schwiegersohn und Vater. «Der Geruch des Geldes ist eben immer auch einer des Todes», sagt John. «Es ging zwar vielen gut damals, aber sehr vielen anderen nicht.»

In der Ölkrise 1973 beginnen die Raffinerien, Arbeitsplätze abzubauen. Mit der Automatisierung steigen die Gewinne, die Zahl der Arbeitsplätze sinkt. Seit 1990 ist ein weiteres Drittel der Jobs verloren gegangen. Obwohl die Produktionskapazität der Industrie im Jefferson County zwischen 1990 und 2015 um 85 Prozent wächst, steigt die Anzahl der Jobs dort gerade einmal um 17 Prozent.[9] Seit Jahren ist die Arbeitslosenquote hier mehr als doppelt so hoch wie im texanischen Durchschnitt. «Die Leute, die hier Jobs bekommen, die kommen nicht von hier», sagt John, «du musst dir nur mal die ganzen Kennzeichen anschauen, die sind von überall, nur nicht aus Port Arthur. Ist dir nichts aufgefallen in deinem Hotel?» Ich schaue ihn fragend an. «Wie viele Frauen hast du dort gesehen?», hakt John nach. Tatsächlich bin ich in meiner Unterkunft bislang nur jungen weißen Männern begegnet. «Bauarbeiter, Zeitarbeiter und Gelegenheitsjobber. Die Hotels und Trailerparks hier sind voll von ihnen», sagt John. People of Color bekommen hingegen bis heute kaum Jobs, erst recht keine gut bezahlten. Das gibt die Ölindustrie sogar selbst zu: Laut dem American Petroleum Institute sind drei Viertel der dort Angestellten, insbesondere im Management, weiß.[10] Dennoch ist das Versprechen der Öl- und Chemieindustrie, Arbeitsplätze zu schaffen, immer noch wirkmächtig genug, um zu expandieren, Umweltauflagen und breiten Widerstand dagegen zu verhindern sowie in den Genuss großzügiger Steuererleichterungen zu kommen: Allein die Stadt Port Arthur hat mindestens 28 solcher Deals mit Raffinerien und Chemiefabriken. Die Menschen in Port Arthur profitieren aber überhaupt nicht von dieser Industrie. «Viele leben gerade deshalb immer noch hier, weil sie nie in der petrochemischen Industrie gearbeitet und auch nirgendwo anders genug Geld verdient haben, um irgendwohin zu ziehen, wo es besser und sauberer ist», sagt John. Gerade für sie kämpft der 67-Jährige. 2017, als er in den Ruhestand geht, gründet er das Port Arthur Community Action Network (PACAN), das sich für Umweltgerechtigkeit einsetzt. Seither ist der ehemalige Ölarbeiter ein leidenschaftlicher Umweltaktivist, der sich mit der Industrie und den ihr allzu gewogenen Behörden anlegt.

Wir halten am Straßenrand vor einem niedrigen blauen Gebäude. «Fireworks» ist dort an die Wand gepinselt, verziert mit comicartigen Raketen und Blitzen. Ein vor sich hin rottender rostroter Lkw-Anhänger steht daneben; er sieht aus wie die Zombie-Version des Ladens. «Fireworks» steht auch auf dem Anhänger in weißer, abblätternder Farbe, dazu weiße Kreuze. Ich gehe einmal um den Wagen herum. «Total is not a good neighbor», steht darauf, das «not» ist schwarz durchgestrichen, warum auch immer, von guter Nachbarschaft kann hier keine Rede sein. «Riechst du das?», fragt John. Ich nehme einen leicht scharf-süßlichen Geruch wahr. «Wie ein angezündetes Streichholz», sage ich und schaue besorgt auf den Feuerwerksladen. «Benzol», sagt John und zeigt auf die Total-Raffinerie hinter dem Raketen-Shop, «und das ist der drittgrößte Emittent davon in den USA.»

Total Energies ist eine von fünf Raffinerien in Texas, die das schwer gesundheitsschädliche und krebserregende Gift weit über die erlaubten Mengen hinaus ausstoßen.[11] Mehr als die Hälfte der Menschen, die im Umkreis von fünf Kilometern der Raffinerie und dem BASF-Komplex daneben leben, sind People of Color und Menschen mit niedrigem Einkommen.

Vier Wochen nach meiner Rückreise bricht in der Anlage von BASF Total Energies Petrochemicals ein Feuer aus; ein Turm stürzt ein. Die kollabierte Kolonne war wegen Wartungsarbeiten zum Glück leer. Sonst wären die Auswirkungen ähnlich oder noch schlimmer geworden als beim TPC-Desaster.

Der Weg in den Westteil von Port Arthur führt durch das trostlose Zentrum der Stadt. An der Procter Street bröselt dem leer stehenden Sabine Hotel aus den Zwanzigerjahren die Backsteinfassade weg. Gegenüber, im Museum of the Gulf Coast, steht eine Nachbildung des psychedelisch bemalten Porsches von Janis Joplin, die in Port Arthur geboren ist. Ein Wandgemälde zeigt die Geschichte der Golfküste. Sie beginnt mit Dinosauriern und endet mit dem Ölbohrturm auf dem Spindletop Field. Auch in den umliegenden Straßen wirkt es, als sei seit der Errichtung der Gebäude nicht mehr viel passiert. Downtown Port Arthur sieht aus wie die Filmkulisse einer Geisterstadt, Brachen wechseln sich ab mit Ruinen leer stehender alter Gebäude. In der Austin Avenue steht neben dem Adams Building die alte Post – beide

Häuser werden von einem Bauzaun eingerahmt: Die Motiva-Raffinerie hat die beiden historischen Gebäude 2017 gekauft, will sie renovieren und zum Firmensitz umbauen. Sehr viel mehr als Ankündigungen und Computersimulationen gibt es dazu bislang aber nicht. Ganz im Westen endet Port Arthur an der Straße, die sinnfällig Terminal Road heißt. Hier sind wir bereits tief im Bauch der Bestie. Hier beginnen die Gelände der gigantischen Raffinerien von Motiva und Valero. Weiter südlich folgt, wie ein Wurmfortsatz, das Oxbow-Werk, das Abfallprodukte aus den Raffinerien an der Golfküste verarbeitet.

Zwischen 2000 und 2016 emittiert Motiva jedes Jahr illegal 181 000 Tonnen Schadstoffe. 2019 stuft die EPA die Raffinerie als «Significant Noncomplier» ein, 2020 als «High Priority Violator». Die Folgen? Gerade mal 56 000 Dollar Bußgeld. Auf der anderen Seite wird Motiva von den Behörden sogar fürstlich belohnt: Für ein 3,5 Milliarden Dollar teures Expansionsprojekt in Port Arthur zahlte der Konzern drei Jahre lang keine Steuern und in den Folgejahren nur zehn Prozent der eigentlich fälligen Grundsteuer. Auch die Valero-Raffinerie verstieß in den vergangenen fünf Jahren 600 Mal gegen Emissionsschutzgesetze. Sie setzte hochgiftigen Schwefelwasserstoff, Stickoxide und flüchtige organische Verbindungen über der legalen Höchstgrenze frei.[12] Als es 2017 bei Valero brennt, werden weitere 453 Tonnen Schadstoffe ausgestoßen. Allein 2014 hat Valero mehr als 385 Tonnen Schwefeldioxid emittiert.

Doch das ist noch lange kein Rekord. Das benachbarte Oxbow-Werk, das mir John später zeigt, sieht zwar eher mickrig aus. Doch es stößt zehnmal so viel Schwefeldioxid aus wie Valero, Motiva und Total zusammen, nämlich 10 000 Tonnen pro Jahr (nur zum Vergleich: Die jährlichen SO_2-Emissionen in ganz Deutschland betragen 250 000 Tonnen[13]). Die Anlage gehört dem Milliardär William I. Koch, dem nicht weniger reaktionären Bruder der weltberühmten Klimaleugner-Zwillinge, den Koch Brothers. Sie verarbeitet Petrolkoks zu Vorprodukten für die Aluminiumindustrie. Die Fabrik ist mehr als 80 Jahre alt, und genauso lange verpestet sie bereits die Luft. 2600 Menschen leben im Umkreis von fünf Kilometern zu Oxbow. 98 Prozent davon sind People of Color, zwei Drittel davon arm. Sie werden von der Fabrik mit braunem Dunst und einem Gestank nach faulen Eiern behelligt – und sie leben mit einer Asthma-Rate, die fast 14 Prozent über dem Durchschnitt von Port Arthur liegt.[14]

Das alles ist ganz legal: Oxbow nutzt ein Schlupfloch im Clean Air Act, nach dem alte Anlagen so lange keinen Auflagen unterliegen, bis sie modernisiert werden. Eine Umrüstung würde diese Schadstoffe fast vollständig einfangen, aber 56 Millionen Dollar kosten und danach zehn weitere Millionen pro Jahr. Also verzichtet Milliardär Koch lieber auf eine Modernisierung, und die Behörden lassen ihn gewähren. «Es ist ein wahrer Giftcocktail, den wir hier einatmen», sagt John. Die einzelnen Toxine seien schlimm genug. Aber wie sie in ihrer Kombination auf die Gesundheit wirken, sei noch gar nicht untersucht. Vor allem aber: «Es ist bei diesen vielen Verschmutzern und Schadstoffen fast unmöglich, ein einzelnes Unternehmen herauszupicken und zur Verantwortung ziehen. Was sollen wir also machen? Die Luft anhalten?»

Wie erbarmungslos mit den Menschen hier umgegangen wird, kann man auf der anderen Straßenseite der Terminal Road sehen. Hier beginnt die Westside von Port Arthur. John Beard kommt hier 1956 auf die Welt und wächst dort auf. Bis in die Sechzigerjahre durften Afroamerikanerinnen und -amerikaner in Port Arthur aufgrund rassistischer Gesetze nur in dieser Gegend leben.

Wir stehen vor einer grasbewachsenen Brache. Darauf steht ein gemauertes Podest mit einer schwarzen Tafel, die diesen Ort als historisch ausweist: Carver Terrace. Es ist ein zynisches Denkmal. 1952 baut die weiße Stadtverwaltung diese erste Siedlung mit Sozialwohnungen in Port Arthur genau in das Dreieck zwischen den Raffinerien. Siedlungen wie diese, in denen Menschen Zaun an Zaun mit Industrieanlagen leben, nennt man «Fenceline

Communities». Fast 40 Prozent der US-Bevölkerung leben im Umkreis von fünf Kilometern zu risikoreichen Industrieanlagen. Jedes dritte amerikanische Kind besucht eine Schule neben einer Chemiefabrik oder Raffinerie.[15]

2012 wird Carver Terrace schließlich geschlossen, unter anderem wegen hoher Blei- und Asbestwerte, 2016 beginnt der Abriss. Rund 600 Menschen, die in diesen Häusern wohnen, werden umgesiedelt oder bekommen Voucher vom Department of Housing and Urban Development, die es ihnen ermöglichen sollen wegzuziehen. Aber auch heute leben in der Westside noch immer mehrere Tausend Menschen. 95 Prozent von ihnen sind Schwarz. Laut der New Yorker Recherche-Organisation *Pro Publica* liegt das Risiko, in Port Arthur an einem durch die Industrie verursachten Krebs zu erkranken, in unmittelbarer Nähe zu einer Industrieanlage bei 1:53, also 190-mal höher als das, was die US-Umweltschutzbehörde EPA als akzeptables Risiko betrachtet.[16]

John führt mich zu dem Damm auf der anderen Seite der Terminal Road. Dicke Rohre ragen hier aus dem Boden. Daneben mehr als ein Dutzend kleiner Warnschilder, die auf Pipelines hinweisen, durch die Erdöl, Gas und Chemikalien fließen. Ein Rohr ragt in einen Drainage-Kanal, in dem brackiges Wasser steht. Über solche Kanäle gelangen Regen, aber auch ungeklärtes Abwasser und Gift in den Neches River, den Sabine Lake und schließlich in den Golf von Mexiko.

Um die Westside herum führt ein Güterzuggleis. Anfang 2023 entgleist in East Palestine im Bundesstaat Ohio ein drei Kilometer langer Güterzug, der hochgiftige Chemikalien wie Vinylchlorid und Benzol transportiert. Sie entzünden sich, das Feuer brennt tagelang. «Das kann hier jederzeit auch passieren», fürchtet John. Es wäre das Grauen: An den engsten Stellen rattern die mit Chemikalien, Gas und Öl gefüllten Waggons weniger als 30 Meter entfernt an den Häusern vorbei. John sagt, dass die Züge immer länger werden. Es werden immer mehr Waggons, immer größere Mengen werden transportiert. Deshalb hat er nun auch eine

«Toxic Train Tour» im Programm. «Die Gemeinden werden einfach den rücksichtslosen Expansionen der Öl- und Gasindustrie geopfert. Sie machen es uns immer schwerer. Sie wollen, dass wir verschwinden. Das wäre dann die zweite Phase der Sacrifice Zones, die endgültig geopferte Zone», schreit John, so wütend ist er. «Aber sie folgen dir auf dem Fuß. Du ziehst einen Block weiter, da sind sie schon wieder, es werden immer mehr. Es gibt kein Entkommen!»

Tatsächlich wächst die Petrochemie-Industrie rasant: Seit 2012 sind laut der Datenbank von Oil & Gas Watch allein in Texas 348 Projekte zum Bau oder zur Erweiterung von Anlagen angekündigt oder genehmigt worden, die Öl oder Gas zur Herstellung von Chemikalien, Kunststoffen, Plastik, Dünger und Kraftstoffen brauchen. Zehn Prozent davon im Jefferson County, wo Port Arthur liegt. Zusammen haben sie das Potenzial, jährlich mehr als eine Million Tonnen CO_2 und zusätzliche 166 000 Tonnen Luftschadstoffe auszustoßen.[17]

Die Expansion der petrochemischen Industrie ist eine direkte Folge des Ölbooms. Der Klimakrise zum Trotz werden 2023 in den USA mehr als 13 Millionen Barrel Öl am Tag aus der Erde geholt. So viel wie nie zuvor. Das Zentrum liegt in Texas: Hier werden 40 Prozent mehr Öl als im Vorjahr gefördert. Die fünf größten westlichen Ölkonzerne Exxon, Chevron, Shell, BP und Total Energies haben 2023 insgesamt mehr als 46 Milliarden Dollar in die Förderung von Öl investiert. Die gestiegenen Preise seit dem russischen Angriff auf die Ukraine haben eine wahre Goldgräberstimmung ausgelöst. Und irgendwo muss das viele Öl ja hin: Schätzungen zufolge wird 2050 die Hälfte des Wachstums bei der Nachfrage nach Öl auf die Petrochemie entfallen. Daraus werden dann Plastik hergestellt, das die Meere verschmutzt, und synthetischer Dünger, der Böden auslaugt und Bäuerinnen und Bauern im Globalen Süden in Abhängigkeit von der Agrarindustrie treibt. Sie sind die Haupttreiber des Wachstums der chemischen Industrie und machen zusammen drei Viertel aller produzierten Petrochemikalien aus.[18] Ein Drittel der Plastikproduktion entfällt dabei auf Verpackungen. Die so banale wie brutale Wahrheit ist diese: Für Dinge, die niemand zum Leben braucht, werden Menschen, Natur und Klima kaputt gemacht. Bereits heute ist die petrochemische Industrie für zehn Prozent des globalen Treibhausgasausstoßes verantwortlich. Auch das kommt direkt in Port Arthur an.

An der Golfküste steigt der Meeresspiegel, Extremwetterereignisse nehmen zu. Als ich Port Arthur besuche, hat sich schon seit Wochen der sogenannte Hitzedom über den Süden der USA gestülpt; in Texas und Louisiana gibt es während meiner Reise keinen Tag unter 40 Grad. Wirbelstürme werden häufiger und stärker, und ihr Verlauf ist immer schwieriger vorherzusagen. Seit 2005 haben gleich fünf von ihnen besonders heftig Port Arthur getroffen: Rita, Humberto, Ike, Harvey und Laura. In den Wohngebieten, die wir auf unserer Tour durchqueren, sind ihre Spuren deutlich zu sehen. Verlassene, eingestürzte und notdürftig reparierte Häuser stehen hier, dazwischen sichtbar billig errichtete Neubauten. 2017 wütet Hurrikan Harvey hier mit Geschwindigkeiten von über 200 Kilometern pro Stunde. Rund um Houston prasselt mehr Regen nieder als je auf dem amerikanischen Festland gemessen wurde. Besonders schlimm trifft es Port Arthur. Die Stadt ist überflutet, das Wasser steht eine Woche lang in den Straßen und Häusern. 80 Prozent der Gebäude sind beschädigt. Doch von der staatlichen Katastrophenhilfe bekommt die schwer angeschlagene Stadt: fast nichts. Die US-Bürgerrechtskommission untersucht die Verteilung der Unterstützung nach Harvey und findet heraus, dass sehr viel mehr Geld bei den Wohlhabenden ankommt. In Taylor Landing, einer weißen, reichen und wenig beschädigten Gemeinde 25 Kilometer westlich von Port Arthur, erhalten betroffene Einwohnerinnen und Einwohner je 60 000 Dollar, in Port Arthur je 85 Dollar.[19]

Wovon es dagegen jede Menge gibt, ist zusätzliches Gift. Das Online-Umweltmagazin *Grist* bezeichnet das, was sich an Orten wie Port Arthur abspielt, als «Kaskaden-Katastrophe»:[20] Wenn Hurrikans angekündigt werden, müssen Raffinerien und petrochemische Betriebe in den betroffenen Regionen schließen. Während der Abschalteverfahren setzen die Anlagen aus Sicherheitsgründen unverarbeitete Chemikalien und Gase frei oder brennen sie ab. Tausende zusätzliche Tonnen gesundheitsschädliche Schadstoffe und klimaschädliche Treibhausgase gelangen dann in die Luft. Im August und September 2017 werden in Texas mehr als 8500 Tonnen Luftschadstoffe zusätzlich emittiert, rund die Hälfte davon wegen Abschaltungen aufgrund von Hurrikan Harvey, die andere Hälfte illegal. Jefferson County bekommt fast ein Viertel davon ab.[21]

Erschütternde Zustände wie diese habe ich bislang nur bei Recherchen im Globalen Süden gesehen, dort, wo unsere «Externalisierungsgesellschaft» die ökologischen und sozialen Kosten von Wachstum und Konsum ablädt. Mit diesem Begriff beschreibt der Soziologe Stephan Lessenich in seinem Buch *Neben uns die Sintflut*, dass unser westliches Wohlstandsmodell grundsätzlich auf Kosten anderer erfolgt. Nun bin ich zwar hier in den USA, wo das westliche Wohlstandsmodell erfunden wurde, das viele exakt so, wie es ist, für erstrebenswert und nicht verhandelbar erachten. Aber auch hier braucht der Kapitalismus ein Außen, um Ressourcen zu generieren und Müll abladen zu können, um weiter wachsen zu können. Er braucht, mit anderen Worten, «Fenceline Communities» und «Sacrifice Zones» wie in Port Arthur. Umweltrassismus ist, wie die Klimakrise, untrennbar mit dem fossilen Kapitalismus verbunden. Kein Zufall also, dass Port Arthur nun auch noch zum Versuchslabor der Scheinlösungen wird, mittels derer der fossile Kapitalismus gerettet werden soll.

Wir fahren in Richtung Sabine Pass. John zeigt auf eine Ansammlung zierlich wirkender weißer, zylinderförmiger Tanks auf dem Gelände der Valero-Raffinerie, die durch ein Geflecht aus Stahlrohren miteinander verbunden sind. «Die erste industrielle Carbon-Capture-Anlage der USA», erklärt John. Carbon Capture and Storage, kurz CCS, bedeutet: Die Firma Air Products fängt hier das CO_2 ein, das bei der Herstellung von Wasserstoff aus Methan entsteht. Dieses wird dann über Pipelines in die westlich gelegenen Ölfelder Hastings und Oyster Bayou gepresst, um dort noch mehr Öl herauszuholen, als es mit herkömmlichen Pumpen möglich wäre. Diese Methode nennt sich Enhanced Oil Recovery (EOR), auf diese Weise lässt sich die Öl-Ausbeute um 60 Prozent steigern. Lange hat die Industrie dafür natürlich vorkommendes CO_2 genutzt. Aber je mehr dieses zur Neige geht, desto größer ist das Interesse an eingefangenem Kohlendioxid. Das lohnt sich für die Ölindustrie gleich doppelt: Verwendet sie abgeschiedenes CO_2 aus Industrie-Anlagen, gilt das – ja wirklich! – als Beitrag zum Klimaschutz. Der fossile Wasserstoff, bei dessen Herstellung Air Products das CO_2 abspaltet, wird als «emissionsarmer» blauer Wasserstoff eingestuft, obwohl dieser mehr Emissionen verursacht, als würde man das Methan direkt verbrennen.

So ist Port Arthur auch noch Schauplatz des letzten großen Aufbäumens dieser Industrie, die mit allen Mitteln versucht, ihr Kerngeschäft zu retten, ja: zu vergrößern, der Klimakrise zum Trotz. «Was hab ich dir gesagt? Wenn irgendetwas in der Öl- und Gasindustrie passiert, dann hier in Port Arthur», sagt John und lacht düster. Dafür gibt es großzügige staatliche Unterstützung. 2022 legt Präsident Biden den Inflation Reduction Act (IRA) auf. Das 370 Milliarden Dollar schwere Hilfsprogramm soll Energie, Infrastruktur und die heimische Industrie durch Subventionen und Steuererleichterungen klimafreundlich machen. Dafür erhält Biden international viel Anerkennung. Doch was nach Klimaschutz klingt, ist in Wahrheit eine Goldgrube für die fossile Industrie: Mindestens die Hälfte des im Gesetz zur Reduzierung der Inflation vorgesehenen Budgets fließt in solche gefährlichen Scheinlösungen wie das Einfangen von CO_2. Und das wird letztlich zu noch mehr Ölförderung und zur Expansion der Petrochemie-Industrie führen.[22]

In Port Arthur soll CCS vor allem das neue große Expansionsprojekt der Gasindustrie grünwaschen: den Ausbau der LNG-Terminals. Die Gaskrise nach dem russischen Angriffskrieg in der Ukraine hat die USA binnen kürzester Zeit zum weltweit größten Exporteur von Liquified Natural Gas, also Flüssigerdgas, gemacht. Entlang der Golfküste sind rund zwei Dutzend Anlagen entweder geplant, im Bau oder bereits in Betrieb.

Das Gas, das von dort nach Europa und auch nach Deutschland exportiert wird, ist ein veritabler Klimakiller: Um es in die Tanker zu pumpen, muss das Volumen um das 600-Fache verringert werden, weshalb das Erdgas auf weniger als minus 160 Grad Celsius heruntergekühlt wird. Vor allem aber stammt LNG zu mehr als 80 Prozent aus der Gasgewinnung durch Fracking, einer der klimaschädlichsten Arten der Energiegewinnung. Golden Pass LNG, ein Projekt von Exxon und Qatar Energy, wird derzeit um ein großes Exportterminal erweitert. Die Bauarbeiten am Port-Arthur-LNG-Terminal ganz in der Nähe haben ebenfalls bereits begonnen. Letzteres hat bereits Abnahmeverträge mit dem Energieriesen RWE und den deutschen Niederlassungen von ConocoPhillips und Ineos. Die Bayern LB und eine Tochter der Kreditanstalt für Wiederaufbau, KfW IPEX, investieren in das Projekt.[23] «Für mich heißt das Sempra LNG, so wie das Unternehmen, zu dem die Anlage gehört», sagt John. «Port Arthur, das ist der Name meiner Gemeinde, nicht von diesem Ding.» Er kämpft schon lange gegen das Terminal, das vier- bis fünfmal mehr Schadstoffe ausstoßen würde als andere LNG-Anlagen. Denn Sempra will eine veraltete Technik zur Schadstoffkontrolle nutzen, die billigste Lösung für das Unternehmen. Mit seiner Organisation PACAN klagte John gegen die Genehmigung, das Bündnis fordert eine bessere Schadstoffkontrolle. Mit Erfolg: Das State Office of Administrative Hearings entscheidet in PACANs Sinne. Doch die Texas Commission on Environmental Quality, die für derlei Regulierung zuständig ist und stets mehr Verständnis für die Industrie aufzubringen scheint als für die Menschen, die unter ihr leiden, vertritt den Standpunkt, dass dies für den Betreiber zu teuer wäre.

Wir haben den Neches River überquert und fahren jetzt auf einer Landzunge nach Pleasure Island. Endlich sehe ich wieder Schönes. Jedenfalls dann, wenn ich den Blick nach links richte, auf die Wetlands, Bäume und Büsche, weg von den Raffinerien auf der anderen Seite des Flusses. Doch gleich ist das Vergnügen wieder vorbei. Hier, am südlichen Ende des Sabine Lake, endet Texas – eine Brücke über den Sabine Pass führt nach Louisiana. Auf der texanischen Seite erstreckt sich die Großbaustelle des Golden-Pass-LNG-Terminals. Direkt gegenüber, in Louisiana, steht das Sabine-Pass-LNG-Terminal des texanischen Energiekonzerns Cheniere. Die Anlage ist in den vergangenen zehn Jahren immer größer geworden und stößt regelmäßig Benzol und krebserzeugendes Formaldehyd über dem Grenzwert aus. Stichflammen lodern aus den drei Schornsteinen, pechschwarze Rauchfahnen ziehen über den Horizont. «Damit sorgen sie für richtig viel Dreck», sagt John. Beim sogenannten Flaring wird ungenutztes Gas verbrannt. Dabei werden jede Menge CO_2, aber auch Methan, Stickstoffe und andere Toxine freigesetzt. Außerdem deutet es darauf hin, dass die Anlage technische Probleme hat. «Wenn alles in Ordnung wäre, warum stehen die Anlagen dann nicht in Palm Beach oder Key West, wo die Reichen leben?», fragt John. «Nein, sie stehen hier, in Port Arthur. Sie opfern uns schon wieder, für den Energiehunger in Europa.»

Es ist schon spät, als wir am Abend die versprochene Genusstour bei Johns Lieblings-Mexikaner beenden. «Komm, ich zeige dir Port Arthur bei Nacht», sagt John, als wir ins Auto steigen. Vor dem dunklen Himmel sehen wir die hell erleuchteten Türme, Tanks und Rohre der Chemiefabriken und Raffinerien. Aus allen Richtungen ziehen dicke Schwaden Rauch über den Horizont. «Ich sollte Nachttouren in mein Programm nehmen. Wenn es dunkel ist, sieht man besser, wohin die Giftfahnen ziehen», sagt

John. Tagsüber fallen sie, wenn sie nicht schwarz oder braun sind, gar nicht auf. Dann sehen sie aus wie Wolken. Jetzt, am Nachthimmel, erscheint der Dunst mitunter rosa und rot, als würde der Himmel brennen. An anderen Stellen bauscht sich der Rauch dick und schwarz zusammen wie eine Unwetterfront. Meterhohe Flammen schießen aus Schornsteinen, man hört das Brodeln, Brummen und Zischen der Flares bis ins Auto hinein. Die verfallenen Gebäude und die Hurrikan-Ruinen sehen jetzt noch unheimlicher und dystopischer aus. Ich weiß nicht, ob es an den Margaritas liegt, aber gerade kommt es mir vor, als würden wir durch das Upside Down, die schaurige Schattenwelt aus der Netflix-Serie *Stranger Things* fahren. Mein Kopf brummt, der Hals kratzt, die Augen brennen. Bilde ich mir das ein, so, wie es mich überall kribbelt, wenn ich Bilder von Spinnen sehe? «Nein, das geht schnell, dass du es spürst», sagt John, «aber das geht vorbei, wenn du wieder weg bist.» Und er fügt hinzu: «Bei uns ist der Effekt andersherum. Wenn wir woanders sind, fällt uns auf, dass wir saubere Luft atmen, es ist richtig beglückend, nicht ständig Kopfweh, Nasenbluten, Ausschlag und Husten zu haben. Dann fahren wir nach Hause, und alles kehrt nach ein paar Stunden wieder zurück.»

«Hierzulande musst du so schnell rennen, wie du kannst, wenn du am gleichen Fleck bleiben willst.»

Lewis Carroll, *Alice hinter den Spiegeln*

II. SABOTAGE

Flüssigerdgas auf Kosten von Menschen, Klima, Natur und Demokratie

1. Wilhelmshaven:
Rammschläge für den Schweinswal

Stefanie Eilers dreht die Anlage in ihrem Auto auf, und Ruhe breitet sich aus. Ein zartes Zwitschern, Trillern, Zirpen, Flöten, Piepsen, Gurren und Quaken klingt aus Tausenden Vogelkehlen; ab und zu drängt unsanft die kratzige Trompete eines Kranichs dazwischen. «Das haben wir im Frühjahr morgens um vier hier aufgenommen», sagt die Vorsitzende des Naturschutzbunds (Nabu) Wilhelmshaven. Hier, das ist am Voslapper Groden, wo sich die Natur zwei ehemalige Industriebrachen unweit des Tiefseehafens Jade-Weser-Port und der Wilhelmshaven Raffinerie zurückgeholt hat. Heute sind sie wichtige EU-Vogelschutzgebiete: In den Schilfröhrichten, Dünen, Sümpfen, Teichen, Büschen und Magerwiesen leben und brüten mehr als hundert Vogelarten, Millionen Zugvögel rasten oder überwintern hier. «Schön, nicht?», sagt Stefanie Eilers leise. In ihrer Stimme liegt eine Traurigkeit, die ansteckt. Bald schon könnte es dem Voslapper Groden Nord an den Kragen gehen. Denn die Bundesregierung will hier Klimaschutz betreiben. Und das bedeutet für Rohrdommel, Blaukehlchen, Schilfrohrsänger, Rohrschwirl, Kiebitz, Wasserralle und Tüpfelsumpfhuhn nichts Gutes. Diese streng geschützten Arten sollen dafür weichen.

Wir parken am Strand Hooksiel, der zum Nationalpark Wattenmeer gehört, Teil des UNESCO-Weltnaturerbes. Es ist Mitte Oktober 2023 und weit nach Mitternacht. Eigentlich wäre es hier so stockfinster, dass man nur an den Sternen sehen kann, wo der Himmel endet und das Meer beginnt. Doch vor uns leuchtet taghell «der Christbaum». So nennen die Leute aus der Gegend Deutschlands erstes schwimmendes LNG-Terminal, das hier an der Umschlagsanlage Voslapper Groden liegt. Die deutsche Bundesregierung hat das Regasifizierungsschiff *Höegh Esperanza* gechartert. Das 300 Meter lange und 48 Meter breite sogenannte Floating Storage and Regasification Unit (FSRU) wandelt von Tankern angeliefertes Flüssigerdgas wieder in den gasförmigen Zustand um, damit es über Pipelines ins deutsche Versorgungsnetz eingespeist werden kann. Die Anlage ist eine von neun LNG-Import-Terminals, mit denen die Bundesregierung nach dem Angriff Russlands auf die Ukraine russische Gasimporte ersetzen und die Energieversorgung sichern möchte. In Lubmin und Brunsbüttel liegen weitere schwimmende Einheiten, am Hafen von Mukran auf Rügen sollen bald ebenfalls zwei Regasifizierungsschiffe vor Anker gehen, ebenso in Stade. In Brunsbüttel, Stade und Wilhelmshaven sollen irgendwann feste Terminals an Land die schwimmenden ersetzen.

Der «Christbaum» strahlt nachts bis tief ins geschützte Wattenmeer hinein; sogar auf der zwanzig Kilometer entfernten Insel Wangerooge ist das Flutlicht noch zu sehen – dabei hat der Betreiber Uniper die Beleuchtung, die aus Sicherheitsgründen vorgeschrieben ist, schon um ein Drittel reduziert. Trotzdem stört das Licht nicht nur Anwohnerinnen und Touristen, sondern irritiert auch Zugvögel und Tiere im Watt und an der Küste. Aber das ist nicht einmal das Schlimmste, und erst recht nicht das Ende dieses fatalen Irrwegs, den die Bundesregierung mit dem Bau der Flüssigerdgas-Terminals einschlägt.

Am 5. Mai 2022 unternimmt der grüne Bundeswirtschaftsminister Robert Habeck eine Bootstour am Voslapper Groden. Vom Wasser aus schauen er und die geladenen Journalistinnen und Journalisten dabei zu, wie der erste Stahlpfahl in den Meeresboden getrieben wird. Dieser Vorgang nennt sich Rammschlag, und das Wort, das so gewalttätig klingt, passt exakt zu der Brutalität, mit der der Ausbau der LNG-Infrastruktur in Deutschland vorangetrieben wird.

«Wir haben eine gute Chance, das zu schaffen, was eigentlich in Deutschland unmöglich ist: innerhalb von etwa zehn Monaten ein LNG-Terminal zu errichten und es anzuschließen an die deutsche Gasversorgung», sagt Habeck in Kameras und Mikrofone. Regasifizierungsschiffe hat die Bundesregierung da bereits gechartert, jetzt sollen die Terminals schnell gebaut werden. Mit dem niedersächsischen Wirtschaftsminister Olaf Lies unterzeichnet Habeck ein Abkommen, das den Ort zur «Drehscheibe für saubere Energie für Deutschland» machen soll.

Sauber ist an LNG und der benötigten Infrastruktur aber rein gar nichts, und deshalb warnt der Grünen-Politiker via RTL die Deutsche Umwelthilfe (DUH) gleich schon einmal davor, gegen das Projekt zu klagen: Ohne LNG-Terminals sei die Versorgungssicherheit nicht gewährleistet, sagt Habeck, «im Zweifelsfall bringt uns eure Klage in größere Abhängigkeit von Putin. Das solltet ihr nicht tun an dieser Stelle.»[1]

Demokratische Teilhabe ist bei der Chefsache LNG unerwünscht. Das ist auch ein Grund, weshalb die DUH Widerspruch einlegt. Das Projekt sei ohne Offenlegung der Unterlagen und ohne die Beteiligung von Umweltverbänden genehmigt worden. Dabei ist die Einbindung der Zivilgesellschaft in umweltrelevante Projekte vorgeschrieben. Bürgerinnen und Bürger sowie zivilgesellschaftliche Organisationen haben dazu entsprechende Rechte, diese sind in der EU etwa in der Aarhus-Konvention festgelegt.[2] Außerdem kritisiert die DUH das Projekt, weil die Bundesregierung keine Daten vorgelegt hat, die belegen, dass das LNG-Terminal tatsächlich notwendig wäre für die Energieversorgung. Die NGO verlangt auch einen Baustopp, weil ansonsten ein geschütztes Unterwasser-Biotop zerstört werde und der vom Aussterben bedrohte Schweinswal durch den Lärm stark gefährdet sei.[3]

Von diesen etwa delfingroßen Meeressäugern gibt es nur noch 23 000 in der deutschen Nordsee. 6000 von ihnen geraten jedes Jahr in Fischernetze und ersticken qualvoll. Die Jadebucht ist ein wichtiger Rückzugsort für sie: Im März schwimmen sie hierher, um Nahrung zu finden, sie bleiben bis zum Frühsommer. Ein Naturschauspiel, das jedes Jahr viele Menschen zu den Schweinswaltagen nach Wilhelmshaven lockt. Schweinswale orientieren sich über ihr empfindliches Gehör, und sie erkennen Nahrung am Klang. Lärm kann tödlich sein für sie: Ihr Trommelfell platzt leicht. Dann werden sie taub und verhungern.

Mit Lärm ist aber nur unzureichend beschrieben, was das Stoßen von Metall in den Meeresboden erzeugt. Die Rammschläge, die Habeck inmitten der Schweinswalsaison im Mai 2022 in Wilhelmshaven bejubelt, sind «für Schweinswale, die in der Nähe schwimmen, unerträglich – schmerzhaft wie ein plötzliches Blitzlichtgewitter, bei dem man die Augen nicht schließen kann, geblendet und betäubt», schreibt Petra Pinzler in der Wochenzeitung *Die Zeit*. «Sind die Wale zu nah an der Lärmquelle, tauchen sie tief und bleiben wie betäubt am Grund liegen. Manche sind vorübergehend hörgeschädigt, andere bleiben dauerhaft taub.»[4]

Es wäre technisch möglich, diesen Lärm zu vermeiden. Aber in Wilhelmshaven wird anfangs gar kein Lärmschutz angewendet und später nur ein sogenannter Seal Scarer, dessen unangenehme Geräusche die Tiere von der Baustelle fernhalten sollen.

Es ist eine bittere Ironie, dass ausgerechnet der Schweinswal das Tier des Jahres 2022 ist. Blanker Zynismus aber ist, was der grüne Minister dazu zu sagen hat: «Ich liebe Schweinswale, ich komme von der Küste», so Habeck. «Ich bin der größte Schweinswal-Fan in der Bundesregierung.»[5] Wer solche Fans hat, der braucht keine Feinde.

Zwei Wochen nach Habecks Auftritt in Wilhelmshaven verabschiedet die Bundesregierung das LNG-Beschleunigungsgesetz. Dieses setzt Umweltverträglichkeitsprüfungen, wie sie für solche Infrastrukturprojekte normalerweise vorgeschrieben sind, für die geplanten schwimmenden Anlagen komplett aus.[6] Und das, obwohl die Eingriffe in die Natur enorm sind und fast alle geplanten Anlagen entweder mitten in oder in der Nähe von wichtigen Naturschutzgebieten liegen. Außerdem wird die Bürgerbeteiligung stark eingeschränkt: Bei normalen Verfahren liegen Antragsunterlagen, Informationen über Umweltauswirkungen und Zulassungsentscheidungen vier Wochen zur Einsicht aus. Mit dem LNG-Beschleunigungsgesetz wird dieser Zeitraum auf eine Woche verkürzt, auch für Einwendungen bleibt nur eine einzige Woche Zeit.

Für diese Aushöhlung von Demokratie und Naturschutz hat Bundeskanzler Olaf Scholz einen wohlklingenden Namen gefunden: «Deutschlandgeschwindigkeit». Am 17. Dezember 2022 steht er in nebliger Kälte zusammen mit Bundeswirtschaftsminister Robert Habeck, Bundesfinanzminister Christian Lindner, Niedersachsens Ministerpräsidenten Stephan Weil, dem grünen Umweltminister Christian Meyer und Wirtschaftsminister Olaf Lies sowie Vertretern des Betreiberkonzerns Uniper vor der *Höegh Esperanza*, die gerade angelegt hat. Die Männer tragen Bauhelme auf dem Kopf und ein strahlendes Lächeln im Gesicht.

Wenig später liegt auch im Industriehafen Lubmin das Regasifizierungsschiff *Neptune*, kein halbes Jahr darauf beginnt in Brunsbüttel das LNG-Terminalschiff *Höegh Gannet* seine Arbeit – anfangs sogar ohne wasserrechtliche Genehmigung.[7] Beim alternativen Erörterungstermin in Wilhelmshaven, zu dem DUH, BUND Naturschutz und Nabu Anfang Dezember geladen hatten, ließ sich kein einziger Politiker blicken. Dabei hatte es 300 Einwendungen gegen das Terminal gegeben.[8] «Aber die wurden von unserem Wirtschaftsminister einfach vom Tisch gewischt – mit der Begründung des überragenden öffentlichen Interesses», sagt Stefanie Eilers.[9] Sie gehört dem Netzwerk Energiedrehscheibe an, zu dem sich siebzehn Umweltverbände in Wilhelmshaven zusammengeschlossen haben, unter anderem auch das Klimabündnis gegen LNG. Wir stehen auf dem Deich und schauen auf die Flutlichter der *Höegh Esperanza*. Der raue Oktoberwind brüllt uns in die Ohren und zerrt an unseren Haaren und Jacken. Trotzdem hört man das Wummern des Terminals. «Im April haben sie hier einen toten Schweinswal gefunden, ein Jungtier», erzählt Eilers. Ob das mit der LNG-Anlage zu tun hat, lässt sich nicht mit Sicherheit sagen. Aber ein Zeichen der Hoffnung – so heißt *Esperanza* auf Deutsch – ist es in keinem Fall.

Die *Höegh Esperanza* ist nämlich obendrein eine regelrechte Giftschleuder. Um das auf minus 162 Grad gekühlte LNG aufzuwärmen, saugt das Schiff in Wilhelmshaven Meerwasser an – und damit auch Algen, Sand und Kleinstlebewesen. Um die Rohre davon wieder zu reinigen, setzt Uniper ein Biozid ein, das mit dem abgekühlten Wasser wieder zurück ins Meer geleitet wird. Mehr als eine halbe Million Kubikmeter Abwasser, das mit Chlor und Bromnebenprodukten belastet ist, gelangt laut Betreiber in die Jade und damit ins Weltnaturerbe Wattenmeer.[10] Niemand weiß, welche Auswirkungen das auf das sensible Ökosystem haben wird, auf die Meeresbewohner, Landtiere und Vögel – und auf die Menschen. Nach Berechnungen von BUND und Nabu überschreitet das eingeleitete Bromoform die Konzentration, ab der schädliche Auswirkungen auf Wasserorganismen zu erwarten sind, um das 50- bis 500-Fache. Das ist fünf- bis fünfzigmal so viel wie im Gutachten von Uniper angegeben.

«Vor seinem Einsatz hier war das Schiff bereits in Australien gechartert worden», erzählt Stefanie Eilers. Dort gab es ebenfalls Proteste, schließlich erteilten die dort zuständigen Behörden wegen zu großer Gefahr für die Umwelt keine Genehmigung. In Australien nahm man an, dass jeder Liter Wasser, der zurückgeleitet wird, 0,1 mg Chlor enthält. In Deutschland geht man von anderen Zahlen aus: «Meereschemiker haben errechnet, dass vermutlich täglich 102 Kilogramm Chlor auf dem Schiff verwendet und dann mit dem Wasser in die Jade geleitet werden», sagt Stefanie Eilers. «Dabei entstehen mehr als 25 Desinfektionsnebenprodukte, die dann ins Meer gelangen.» Außerdem sterben auch ohne Gift jede Menge Tiere: «Das Ding saugt jeden Tag 2,7 Millionen Badewannen Wasser aus der Jade!» Zwar seien die Rohre mit Gittern versehen, «doch da rutschen kleine Fische und andere Tiere durch, die dann an den Filteranlagen abgereinigt werden», sagt Eilers. Wie das das Ökosystem beeinträchtigt: Auch das weiß keiner. «Die uns beschriebenen Dimensionen der Ansaugöffnungen machen wenig Hoffnung, dass Schiffe dieser Art naturverbunden und artenschutzfreundlich wären», konstatiert sie. «Ich habe immer wieder bei den entsprechenden Behörden nachgefragt. Und was antworten die? ‹Das dort anfallende Biomaterial wird fachgerecht an Land entsorgt›», fügt sie wütend hinzu. «Biomaterial! Das sind Tiere!»

All das ließe sich vermeiden. Dafür haben sich Stefanie Eilers und ihre Verbündeten schon lange eingesetzt, bevor die *Höegh Esperanza* hier ankam. Denn früh ist bekannt, dass das Regasifizierungsschiff eine überholte und äußerst umweltschädliche Technik nutzt. Zum einen könnten die Ansaugrohre per Ultraschall gereinigt werden statt mit Chemie – andere Regasifizierungsschiffe machen das bereits, und auch die zweite schwimmende Anlage, die in Wilhelmshaven geplant ist, soll damit ausgerüstet sein.[11] Zum anderen gibt es Heiz- und Pumpsysteme, die an Bord mit einem geschlossenen Wasserkreislauf arbeiten, sodass nicht permanent Meerwasser angesaugt, Tiere getötet und Gift ausgeleitet werden müsste. «Wir haben wirklich geglaubt, dass das Schiff entsprechend umgerüstet wird, bevor es hierherkommt», sagt Eilers. Doch das ist nicht geschehen. So wie es jetzt läuft, ist es für Uniper wohl am günstigsten – jenes Energieunternehmen, das mit Datteln 4 im Mai 2020 noch ein neues Steinkohlekraftwerk eröffnet, wenige Wochen, bevor die Bundesregierung den Kohleausstieg beschließt.

Seit Oktober 2023 laufen die Bauarbeiten für das zweite schwimmende LNG-Terminal, das von der niederländischen Firma Tree Energy Solutions (TES) betrieben werden wird. Es soll Teil eines «Green Energy Hub» werden, mit dem TES die «fossilfreie Zukunft» erreichen will.[12] Dieser «Hub» soll zu einem Energiepark mit zehn Tanks ausgebaut werden, in denen irgendwann Wasserstoff gespeichert und verarbeitet werden soll. Und zwar mitten im EU-Vogelschutzgebiet Voslapper Groden Nord.[13] Dazu ist noch ein Exportterminal für eingefangenes CO_2 geplant, das zur Speicherung oder Weiterverarbeitung verschifft werden soll.[14] Direkt vor dem Naturschutzgebiet soll das feste LNG-Terminal gebaut werden. Wenn diese Pläne Wirklichkeit werden, dann «wäre es das erste Mal, dass in der EU ein Natura-2000-Gebiet zerschlagen wird», sagt Stefanie Eilers. Und das, obwohl der Europäische Gerichtshof die Bundesrepublik bereits wegen mehrerer Verstöße gegen das EU-Naturschutzrecht verklagt hat: Deutschland und Niedersachsen haben zu wenig Schutzgebiete ausgewiesen und verwalten diese wenigen auch noch schlecht.[15]

Muss man es noch extra erwähnen? 150 Tier- und Pflanzenarten werden jeden Tag weltweit ausgelöscht. Jede zweite Vogelart in Deutschland ist inzwischen bedroht. Die Zerstörung der Biodiversität ist dramatisch, ihre Folgen stehen denen der Klimakrise in nichts nach. Beide verschärfen sich gegenseitig. Und beide haben ein und dieselbe Ursache: rücksichtsloses Wirtschaftswachstum weit über die planetaren Grenzen hinaus. Wenn also die Artenvielfalt dem Klimaschutz geopfert wird, dann geht es in Wahrheit um etwas völlig anderes.

«Wir wollen bis 2045 klimaneutral werden – und gleichzeitig ein starkes Industrieland bleiben», sagt Bundeskanzler Olaf Scholz im Januar 2023 beim Weltwirtschaftsforum in Davos. «Das kann und das wird auch gelingen! In nicht einmal sieben Monaten haben wir in Deutschland eine völlig neue Importinfrastruktur für Flüssiggas aufgebaut, nutzbar zukünftig auch für Wasserstoff.» Seltsam: So ein Tempo gibt es beim Ausbau der erneuerbaren Energie nicht. Windparks warten Jahre auf Genehmigungen. Von der dringend nötigen Verkehrs-, Landwirtschafts- und Wärmewende und dem Kohleausstieg ganz zu schweigen. «Wir müssen raus aus Kohle, Öl und Gas. Fast hätte ich gesagt: mit Vollgas. Also unsere Devise lautet, jetzt erst recht. Denn was uns nicht passieren darf, das ist, jetzt in eine globale Renaissance der fossilen Energie hineinzuschlittern», sagt Olaf Scholz beim Petersberger Klimadialog im Juli 2022. Aber er legt nicht einmal Tempo in seine eigene Rede. Wie er den Text ohne Betonung vom Blatt abliest, wie er sich verhaspelt, ist erschreckend. Es klingt eher so, als würde ein Schüler einen Aufsatz zu einem Thema vortragen, das ihn überhaupt nicht interessiert.[16]

Es scheint einfacher, grüne Nebelkerzen zu werfen: die LNG-Terminals, so sagt Bundeswirtschaftsminister Robert Habeck, bevor der erste Pfosten für den Anleger in den Wilhelmshavener Meeresboden gerammt wird, seien «wasserstoffready» und dafür geeignet, grünen Wasserstoff nach Deutschland zu bringen. Man denke hier «gleichzeitig die Loslösung der fossilen Infrastruktur mit».[17] Wasserstoff ist der argumentative Joker, das As aus dem Ärmel der Apologeten eines Grünen Kapitalismus, bei dem die Wirtschaft immer weiterwachsen soll – nur angeblich klimaneutral. Allerdings wird der Wasserstoff heute fast ausschließlich aus Erdgas hergestellt und schadet dem Klima. Klimafreundlich ist nur grüner Wasserstoff. Er wird mit erneuerbarer Energie produziert und kann theoretisch überall da eingesetzt werden, wo heute Gas oder Erdöl verwendet wird. Er ist allerdings kaum verfügbar, denn ihn herzustellen, ist sehr teuer und verbraucht sehr viel Energie. Dennoch gelten LNG-Anlagen der Bundesregierung als «Brückentechnologie» zur Wasserstoffwirtschaft. Doch das ist nichts weiter als ein inhaltsleerer Kampfbegriff: Der Lobbyverband «Zukunft Gas» nennt Gas eine «Brückentechnologie», für den Braunkohleverband ist die Braunkohle eine «Brückentechnologie». Und die Atomlobby wollte den Atomausstieg verhindern, indem sie Atomenergie als «Brückentechnologie» bezeichnete. Doch diese Brücken führen nie in die klimagerechte Zukunft, wie es versprochen wird, sondern immer zum Erhalt oder gar zur Expansion umweltschädlicher Energieproduktionen.

Jetzt soll Wasserstoff auch noch die fossile LNG-Infrastruktur legitimieren. Doch die LNG-Anlagen in Deutschland sind keineswegs «wasserstoffready», wie die Bundesregierung behauptet. Die schwimmenden Terminals können überhaupt nicht für Nutzung von Wasserstoff umgerüstet werden. Und die geplanten festen Anlagen an Land können nicht ohne Weiteres einfach für einen anderen Rohstoff genutzt werden. Flüssigerdgas, Wasserstoff und Wasserstoff-Derivate wie Ammoniak haben völlig unterschiedliche chemische und physikalische Eigenschaften. Die Terminals müssten daher aufwendig und teuer umgebaut werden – die Kosten würden womöglich die eines Neubaus sogar übersteigen. Das sagt nicht irgendwer: Zu diesem Schluss kommt das Fraunhofer-Institut für System- und Innovationsforschung.[18] Abgesehen davon ist im LNG-Beschleunigungsgesetz nur von flüssigem Ammoniak die Rede. Und das ist nun wahrlich gar kein umwelt- und klimafreundlicher Rohstoff, ganz im Gegenteil: Ammoniak ist giftig und korrosiv und damit ein Gefahrenstoff. Bei seiner Produktion entsteht außerdem CO_2. Aus Ammoniak wieder Wasserstoff zu gewinnen ist äußerst energieaufwendig und teuer.[19] Vor allem aber wird aus Ammoniak Stickstoff-Dünger hergestellt, der die Böden auslaugt, die Gewässer eutrophiert und für Lachgasemissionen sorgt. Das Treibhausgas ist dreihundertmal klimawirksamer als CO_2.[20]

Man kann es also drehen, wie man will: LNG-Terminals an deutsche Küsten zu bauen, ist nicht Teil einer «Loslösung von fossiler Infrastruktur», wie Habeck sagt, sondern im Gegenteil: Sie sorgen für einen fossilen Lock-in, für die Festschreibung einer Technologie, die einen Wechsel zu beziehungsweise Investitionen in andere, klimagerechte Projekte erschwert oder gar blockiert. Laut LNG-Beschleunigungsgesetz sollen bis zu elf LNG-Anlagen gebaut und bis 2043 mit fossilem Flüssigerdgas betrieben werden.[21] Deutschland und deutsche Firmen haben bereits Langzeitlieferverträge mit Katar[22] und vor allem den USA geschlossen, die ab 2026 und dann für 15 bis 20 Jahre die Abnahme von klimaschädlichem LNG garantieren.[23] Die Deutsche Umwelthilfe hat im Mai 2022 vorgerechnet, dass alleine der Betrieb der sieben damals wahrscheinlichsten LNG-Projekte – darunter die *Höegh Esperanza* in Wilhelmshaven – über ihre Laufzeit insgesamt 2130 Millionen Tonnen CO_2 verursachen und damit drei Viertel des Restbudgets aufzehren würden, das Deutschland bleibt, um das 1,5-Grad-Ziel einzuhalten. Und in dieser Berechnung sind die Emissionen, die bei Transport und Fracking entstehen, noch gar nicht einkalkuliert.[24]

Fracking-Gas ist sogar noch klimaschädlicher als Energiegewinnung aus Kohle.[25] Das Gas, das fest in Gestein, etwa Schiefer, eingeschlossen ist, wird auf außerordentlich umweltschädliche Art und Weise gewonnen. Zu diesem Zweck wird bis zu 5000 Meter in die Tiefe gebohrt. Dann werden Millionen Liter «Fracking Fluid» – also Wasser, das mit Sand und Chemikalien vermischt ist – mit Hochdruck in den Untergrund gepresst. So wird das Gestein aufgesprengt. Durch die Risse strömt das Gas zusammen mit dem Lagerstättenwasser, das sich im Boden befindet, und dem giftigen Fracking Fluid aus dem Bohrloch.[26]

Fracking ist aus guten Gründen in Deutschland verboten. Der Wasserverbrauch ist immens: Eine Bohrung benötigt so viel Wasser wie ganz München an einem Tag.[27] Böden und Grundwasser werden vergiftet. Weil das Fracking Fluid krebserregende Stoffe enthält und das Lagerstättenwasser sogar radioaktiv sein oder Quecksilber enthalten kann, macht es die Menschen in der Umgebung krank: Kinder, die in der Nähe von Fracking-Bohrlöchern leben, bekommen zwei- bis dreimal häufiger Leukämie. Das Risiko ist selbst dann noch erhöht, wenn die Bohrlöcher zwei Kilometer von Wohnhäusern entfernt sind.[28] Dazu kommt die Gefahr von Erdbeben durch das Aufsprengen tiefer Gesteinsschichten. Und für das Klima ist das gewonnene Fracking-Gas selbst eine Katastrophe: Es besteht fast ausschließlich aus Methan.

Robert W. Howarth von der Cornell University hat herausgefunden, dass Fracking in Nordamerika für mehr als die Hälfte der weltweit gestiegenen Emissionen aus fossilen Brennstoffen und für etwa ein Drittel des gesamten weltweiten Anstiegs an Emissionen in den vergangenen rund zehn Jahren verantwortlich ist.[29] Methan bleibt zwar kürzer in der Atmosphäre als CO_2, wirkt in dieser Zeit aber sehr viel stärker. Laut Weltklimarat (IPCC) ist Methan in einem Zeitraum von zwanzig Jahren mindestens 86-mal klimawirksamer als CO_2.[30] Dabei gelangt Methan nicht nur bei der Nutzung und Verarbeitung von Erdgas in die Atmosphäre, sondern auch durch Lecks oder beim Abfackeln in der Industrie. Außerdem gibt es weltweit mindestens dreißig Millionen aufgegebene Bohrlöcher, die nicht sicher verschlossen sind und aus denen Methan entweicht. Tag und Nacht. Drei Millionen davon befinden sich in den USA. Laut US-Regierung entspricht allein dieser Umstand ungefähr den jährlichen Emissionen von 1,5 Millionen Autos.[31]

Von den direkten Auswirkungen des Frackings sind zudem, wieder einmal, vor allem arme und alte Menschen sowie People of Color betroffen, die den Großteil der Bevölkerung in den Gegenden stellen, in denen gefrackt wird. Vor allem in den USA sind viele Menschen diesen Risiken ausgesetzt: Die Nachfrage nach LNG in Europa hat für einen regelrechten Fracking-Boom gesorgt, denn das LNG aus den USA stammt zu 80 Prozent aus Fracking. Und 80 Prozent des LNG, das nach Deutschland kommt, stammt aus den USA.

2. Lake Charles: Gift am Golf von Mexiko

Zu meinen Füßen liegt ein Autoreifen, fest mit Muscheln verbacken. Halb in einen schmalen Streifen schmutzigen Sand versunken, wartet er auf bessere Zeiten, um ihn trocknet Schlamm zu einem tausendteiligen Puzzle. Ein Fischernetz aus zerfetzten Plastikschnüren harrt der Dinge unter einem bleichen Baumskelett. Eine graue, pockennarbige Spur wandert über Muscheln,

Kies, Scherben und Plastikmüll. Sie sieht aus wie Schlick, fühlt sich aber an wie harter Gummi. Wahrscheinlich sind das mit Ölresten vermischte Sedimente, so wie die schwarzen Teerklumpen, die überall verstreut auf dem Boden liegen. Über den weiten braunen Matsch suppt dünn schaumiges Salzwasser, der Golf von Mexiko glitzert fern am Horizont. «Es ist noch nicht lange her, da war das hier ein breiter weißer Sandstrand, an dem man baden konnte», sagt James Hiatt.

Der freudlose Küstenabschnitt im Cameron Parish in Südwest-Louisiana gehört eigentlich zum Holly Beach. Einheimische nennen die Gegend hier Cajun Riviera. Hinter dem Strand greifen die Wetlands tief ins Land. Vier große Naturschutzgebiete gibt es hier. Denn im Marschland, in den Sümpfen, Flüssen, Seenplatten und Eichenwäldern gibt es Luchse, Otter, Gürteltiere, Schildkröten, Delfine und Alligatoren sowie mehr als 400 Vogelarten: Das Wappentier des Bundesstaats Louisiana, der Braunpelikan, lebt hier, ebenso wie der Weißkopfseeadler, das Wappentier der USA. Außerdem Rosalöffler, Schopfkarakaras und Kokardenspechte und extrem seltene Vögel wie die Schieferralle und der zinnoberrote Fliegenschnäpper.

Was es hier jedoch auch gibt, sind ganz ordinäre Geier: «Vulture Global», so nennt James Hiatt das Unternehmen, das für die Kloake, vor der wir stehen, und für viele andere Sauereien verantwortlich ist. «Als sie das Terminal hier gebaut und den Hafen dafür vertieft haben, haben sie einfach den ganzen Abraum hier abgeladen, und niemand weiß, was da alles drinsteckt», sagt er und zeigt über die niedrigen Büsche hinter uns. Zwei riesige graue Betontanks sind dort auf der anderen Seite des Calcasieu Ship Channels zu sehen; davor liegt ein großer Tanker. Es ist das Flüssiggas-Exportterminal Calcasieu Pass der amerikanischen LNG-Firma Venture Global. Die erste Ladung LNG, die Anfang Januar 2023 auf der *Höegh Esperanza* in Wilhelmshaven eintrifft, kommt von hier.

James Hiatt hat, wie John Beard, selbst viele Jahre in Ölraffinerien gearbeitet. Und wie John ist James heute Vollzeit-Aktivist. Der 40-Jährige hat die Organisation «For a Better Bayou» gegründet und kämpft gegen die Öl-, Gas- und Petrochemie-Industrie, die in seiner Heimat die Luft verpestet, das Wasser verschmutzt und die Gesundheit der Menschen gefährdet. Am erbittertsten aber kämpft James gegen die LNG-Anlagen, die sich hier rasant ausbreiten, seit Europa nach Flüssiggas giert. Mehr als zwei Dutzend LNG-Terminals sollen in den USA erweitert oder neu gebaut werden, vor allem an der Golfküste. Das Environmental Integrity Project hat ausgerechnet, dass die in den USA geplanten Projekte zusammen 90 Millionen Tonnen Treibhausgase pro Jahr produzieren würden. Das entspricht den jährlichen Emissionen von 18 Millionen Autos.[32] Die Organisation wurde von dem Anwalt Erik V. Schaeffer und der Anwältin Michele Merkel gegründet, die beide zuvor bei der US-Umweltbehörde EPA gearbeitet haben. In einem Brandbrief an Joe Biden, den 170 Wissenschaftlerinnen und Wissenschaftler verfasst haben, ist sogar von 3,9 Milliarden Tonnen pro Jahr die Rede. Das entspräche dem jährlichen Treibhausgasausstoß der Europäischen Union.[33]

Würden wirklich alle beantragten Projekte in den USA genehmigt und umgesetzt,[34] dann wären außerdem Feuchtgebiete auf einer Fläche größer als der Chiemsee bedroht. Das gefährdet nicht nur die Artenvielfalt, sondern auch die Menschen: Die Wetlands sind ein wichtiger Schutz vor Hochwasser und den immer zahlreicher und heftiger werdenden Hurrikans. Die Klimaerwärmung setzt den Feuchtgebieten ohnehin schon zu, der Meeresspiegel steigt, und Louisianas Küste erodiert bereits dramatisch. Aber genau an der Küste Louisianas, der Frontlinie der Klimakrise, sollen die meisten der hochgefährlichen LNG-Anlagen stehen. Im Calcasieu Parish, wo Lake Charles liegt, und im Cameron Parish, wo wir am Strand stehen, sind insgesamt zehn Anlagen geplant. Drei davon – Sabine Lake LNG an der texanischen Grenze, Calcasieu Pass LNG und Cameron LNG – sind schon in Betrieb. Weiter östlich, am Mississippi, baut Venture Global die Anlage Plaquemines LNG.

James und ich passieren ein Gebilde aus Treibholz, Muscheln und bunten, vom Meer glatt geschliffenen Glasstücken. Ein Strauß verblichener Kunstblumen ist daran befestigt. «Ach das, das ist von unserer kleinen Zeremonie», sagt James und lächelt traurig. «Wir wollten daran erinnern, wie wertvoll und heilig dieses Land ist, und dass es beschützt werden muss.» Gemeinsam mit anderen Aktivistinnen und Gemeindemitgliedern setzte James im Februar dem kaputten Stück Welt hier ein Denkmal. Dahinter ragen die Betontanks und das Transportschiff auf. «Clean Energy» steht auf dem Bug.

Calcasieu Pass LNG ist mit einer Bauzeit von 29 Monaten das am schnellsten errichtete Export-Terminal der Geschichte. Doch die Anlage von Venture Global macht seit dem ersten Tag Probleme: Allein zwischen dem 19. Januar und dem 31. Mai 2022 wird an 91 Tagen Gas abgefackelt, manchmal sogar eine ganze Woche am Stück. Dieses sogenannte Flaring wird bei LNG-Terminals als Notfallmechanismus eingesetzt, wenn die Anlage Betriebsprobleme hat oder abgeschaltet werden muss. Venture Global meldete dem Louisiana Department of Environmental Quality aber nur fünf Unfälle.[35] Es sind Anwohnerinnen und Anwohner, die die große Zahl der Betriebsunfälle beobachten und notieren.

Zu denen, die das Abfackeln dokumentieren, gehört John Allaire. Er lebt in den Feuchtgebieten gegenüber der Anlage. Der ruinierte Strand, an dem wir stehen, gehört zu seinem Grundstück. Auch er hat in der Ölindustrie gearbeitet. Daher weiß er, was das dauernde Abfackeln bedeutet: In der Anlage läuft etwas gewaltig schief. Heute kämpft Allaire an der Seite von James Hiatt gegen LNG-Terminals. Der pensionierte Ingenieur hat an insgesamt 286 der ersten 343 Tage, an denen Calcasieu Pass LNG in Betrieb war, Verstöße gegen Genehmigungen festgestellt. Dazu gehören auch Emissionen von Luftschadstoffen wie Schwefeldioxid.

James zeigt mir Fotos, die Allaire von seinem unfreiwilligen Logenplatz aus gemacht hat. Darauf sind Feuerbälle zu sehen, die die Nacht erleuchten, und meterhoch lodernde Flammen. Manchmal färben die Fackeln den Himmel so rot, dass es scheint, als ginge die Sonne auf. Rauchschwaden ziehen über die Wetlands, röhrende Flares rauben den Menschen den Schlaf und scheuchen Tiere auf. «Und das passiert, während hier Tausende Zugvögel unterwegs sind», sagt James. «Das ist ein Vogelhighway hier.»

Allaire ist heute bei einer Konferenz in Houston, aber James hat den Schlüssel zu seinem Paradies. Es wird vielleicht nicht mehr lange eines bleiben. Nicht nur, weil Venture Global ihm schon Calcasieu Pass LNG vor die Nase gesetzt hat. Das LNG-Unternehmen plant direkt daneben ein zweites völlig überdimensioniertes Terminal, CP2 LNG. Es wäre das größte Exportterminal der USA und würde so viel Treibhausgase ausstoßen wie 32 Kohlekraftwerke zusammen.[36] Und damit nicht genug: Gegenüber den Venture-Global-Anlagen, direkt neben Allaires Grundstück, soll noch eine LNG-Anlage entstehen: Commonwealth LNG. Laut John Allaire würden dadurch mehr als vierzig Hektar Wetland und Wald zerstört werden und weitere zwanzig Hektar für Pipelines.

«Wenn das alles erst einmal hier steht, dann gibt es kein Zurück mehr», sagt James. «Wir können es uns einfach nicht leisten, diesen Weg zu gehen, das ist Selbstmord.» Tatsächlich sind die geplanten Anlagen nicht nur langfristig, sondern auch kurzfristig lebensgefährlich. «Vor zwei Wochen haben exakt da, wo die beiden neuen LNG-Anlagen stehen sollen, die Wetlands gebrannt», erzählt James. «John hat tagelang das Feuer bekämpft.» Der pensionierte Ingenieur weiß genau, wie gefährlich so eine Situation in unmittelbarer Nähe zu den Flüssiggastanks wäre: «An einem windigen Tag kann brennende Asche meterhoch von den Waldbränden aufgewirbelt werden und in die LNG-Anlagen gelangen», erklärt Allaire auf einer Pressekonferenz der NGO Louisiana Bucket Brigade drei Monate später. «Wenn sie auf dort austretendes Methan trifft, kann das zu einer Katastrophe führen.»[37] Tatsächlich wurden bei Calcasieu Pass LNG sowohl illegale Methanemissionen sowie Freisetzungen von so giftigem wie brennbarem Kohlenmonoxid festgestellt.[38] Bei der Anlage also, die Flüssigerdgas nach Deutschland liefert, das angeblich sauber ist.

Dabei entgingen die Menschen im Calcasieu Parish gerade erst knapp einem Desaster: Im Juni 2023 schlägt während eines Unwetters ein Blitz in einen Rohbenzintank südwestlich von Lake Charles ein. Es kommt zur Explosion. Das Feuer brennt vierzehn Stunden. Menschen, die im Umkreis von fünf Kilometern der Calcasieu Refining Company leben, müssen evakuiert werden. Die Raffinerie liegt gegenüber der geplanten Exportterminals Lake Charles LNG und Magnolia LNG und nur fünf Kilometer Luftlinie entfernt von Driftwood LNG, das wiederum neben dem bereits existierenden Exportterminal Cameron LNG stehen würde, wenn alle diese Anlagen genehmigt und gebaut würden. Der Grund, warum gerade an der Golfküste die meisten LNG-Terminals gebaut werden, ist, weil das Gas dort leicht auf Schiffe verladen und exportiert werden kann. Aber es muss natürlich auch irgendwie dorthin kommen. Allein in Louisiana gibt es 80 500 Kilometer Erdgas-Pipelines.[39]

Gegenüber der Stelle, die für Driftwood LNG vorgesehen ist, liegt Calcasieu Landing Point, ein kleiner Freizeithafen und Ausflugsort. Dorthin bringt mich James, als wir am Morgen unsere Tour rund um Lake Charles beginnen. «Das ist der einzige Ort im Calcasieu Parish, wo wir den Sonnenuntergang über dem Fluss genießen können und dabei auf Bäume schauen und nicht auf einen Haufen Schornsteine, Tanks und Destillationstürme», erklärt er. «Aber wenn all die Anlagen tatsächlich hier gebaut werden, dann ist das auch vorbei, dann stünden wir hier auf einem Fabrikparkplatz, in einem Betondschungel mit Rauch und Fackeln überall.» Noch schaut man aber über den Calcasieu River, der hier zum Devils

Elbow abknickt, auf Wäldchen und Bäume. Doch auch diese Idylle trügt: «Vorsicht! Der Staat Louisiana hat für dieses Gewässer einen Gesundheitshinweis herausgegeben. Essen Sie keinen Wels und kein Krabbenfleisch. Essen Sie andere Fische und Muscheln höchstens zweimal im Monat», warnt ein Schild.

Im Süden des Bundesstaats Louisiana befinden sich Industrieanlagen, die zu den größten Wasserverschmutzern der USA gehören.[40] Zwei davon stehen in Lake Charles, wo James Hiatt mit seiner Familie lebt: Die Phillips-66-Raffinerie leitet große Mengen Nickel in die Gewässer, ein giftiges Metall, das Fische schädigt. Die Citgo-Raffinerie setzt Stickstoff frei, einen Nährstoff, der Algen blühen lässt und für sauerstoffarme «Todeszonen» im Golf von Mexiko verantwortlich ist. Zwischen Lake Charles und der benachbarten Stadt Sulphur reihen sich auf einer Länge von fünfzehn Kilometern Raffinerien und Petrochemie-Komplexe aneinander. Wie John Beard in Port Arthur lebt auch James Hiatt auf einem Pulverfass. Wir fahren vorbei an der Chemiefabrik Biolab. «Dort brannte es 2020, als Hurrikan Laura hier wütete und Chlor aus einem Leck austrat», erzählt James. «Wir mussten in unseren Häusern bleiben, weil das Chlorgas in der Luft hing.» In fast direkter Nachbarschaft liegt die Anlage von Westlake Chemicals, dort explodierte 2022 ein Tank mit Dichlorethan, einem Chlorkohlenwasserstoff. Und jetzt kommen noch die LNG-Anlagen dazu.

Als wir durch die Industriegebiete in Richtung Calcasieu Pass fahren, seufzt James und streicht über seinen rotblonden Bart. «Weißt du, es ist wirklich hart, diese Touren zu fahren», sagt er. «Unser ganzes System ist nicht nachhaltig. Wenn wir diesen Weg weitergehen, sind alle in Gefahr. Es gibt absolut keinen Grund, warum wir für den Profit einiger weniger hier so weitermachen sollten.» Und das betrifft nicht nur die Menschen in Lake Charles und an der Golfküste: «Was in den kommenden vier Jahren in Lake Charles geschieht, das bestimmt darüber, was mit der Welt in den kommenden 40 Jahren passiert», ist James überzeugt.

Wir fahren in Richtung Süden. Am Straßenrand stehen Ölpumpen in den Wetlands. Vor dem Ort Hackberry ragen drei riesige Betontanks auf: Sie gehören zu der Anlage Cameron LNG der Firma Sempra LNG, die auch die Anlage in Port Arthur bauen will. «Selfie time!», ruft James und biegt auf dem nächstmöglichen Schotterparkplatz ab. Wir fotografieren uns zusammen mit unseren Smartphones vor den Flüssigerdgastanks, die selbst hier, in einer Entfernung von eineinhalb Kilometern, noch gigantisch aussehen.

«Mit Cameron LNG hat der Boom hier begonnen», sagt James. Und das mit deutscher Unterstützung: Deutsche Bank, Bayern LB und Helaba stellten Kredite von insgesamt fast 280 Millionen Euro zur Verfügung.[41] Im Mai 2019 eröffnete Donald Trump diese Anlage. Er lobte das «saubere amerikanische Gas», pries Amerika als «Energiesupermacht der Welt» und die «amerikanische Energie-Revolution».[42] Es gab großen Jubel im Publikum. Im Cameron Parish wählten 2016 sagenhafte 88,2 Prozent Trump. «Viele Leute hier verstehen nicht, dass jede LNG-Anlage hier ausschließlich für den Export gebaut wird, nicht für die lokale Energieversorgung. Hier vor Ort wird das Gas deshalb trotz der vielen Anlagen immer teurer, das betrifft vor allem ärmere Leute», sagt James. Niemand profitiere hier von den Anlagen. Im Gegenteil: Seit Cameron LNG in Betrieb ist, ist es mindestens 67 Mal zu Freisetzungen von Methan und Schadstoffen gekommen, etwa von krebserregendem Benzol. Während der Hurrikan Laura 2020 wütet, muss der Betrieb eingestellt werden. Und als es im Januar darauf heftig stürmt, treten wieder Methan und Benzol aus. Die Anlage ist offensichtlich nicht für Extremwetter geeignet, wie sie in Louisiana mit der Klimakrise aber immer häufiger vorkommen. Es sind wenig beruhigende Aussichten, dass Sempra diese Anlage erweitern möchte. Für den Ausbau gibt es auch ein grünes Deckmäntelchen: Eine CCS-Anlage, die CO_2 auffangen und speichern soll, ist ebenfalls angekündigt.

Eigentlich wollte James mir Pinky vorstellen, das rosafarbene Delfin-Weibchen, das dort lebt, wo der Calcasieu River in den Golf von Mexiko fließt. Aber sie ist nicht da. Dafür schießen Braunpelikane in den Fluss und flitzen mit summenden Flügelschlägen übers Wasser. Mit einer Fähre setzen wir über. Jetzt sehe ich doch noch einen Delfin aus dem Wasser springen. Auf der anderen Seite liegt der Ort Cameron.

«Willkommen in Cameron. Zögern Sie nicht, oder Sie verpassen die beste Zeit Ihres Lebens. Eine Liste der großartigen Dinge, die Sie hier sehen können: keine Umweltverschmutzung, keine Ampeln, kein Großstadtleben, keine Polizei, keine Züge (nur Boote).»[43] Diese Begrüßung ist an die Mauer eines Bootshauses am Fährhafen gepinselt. Fische, Wasser, Marschland und Pelikane machen das Wandgemälde komplett. Es stammt von 1975, als das noch alles zutraf und 2150 Menschen hier lebten. Heute sind es nur noch 300 Leute, und die idyllische Beschreibung klingt wie Hohn. 2005 zerstören die Sturmfluten, die Hurrikan Rita nach sich zieht, den Ort. Drei Jahre später gibt Hurrikan Ike Cameron den Rest, Überschwemmungen machen fast alle Häuser unbewohnbar. Die meisten Menschen sind danach gezwungen, in Wohnwagen zu ziehen, aber sie bauen ihre Häuser wieder auf sowie die Bibliothek, das Krankenhaus und ein Regierungsgebäude. 2020 folgen die Hurrikans Laura und Delta, und alles ist wieder kaputt. Das Krankenhaus ist bis heute nicht wieder aufgebaut, das nächste befindet sich nun eine Autostunde entfernt in Lake Charles. Dort, wo womöglich bald drei gefährliche LNG-Anlagen stehen, gibt es überhaupt keine medizinische Grundversorgung mehr. Aber dafür einen Jachthafen mit Edel-Restaurant, einem Fitnesspark und Ladestationen für E-Autos: The Lighthouse Bend. Mit diesem Projekt will das LNG-Unternehmen Venture Global, das von Steuererleichterungen in Höhe von 184 Millionen Dollar profitiert,[44] der Gemeinde hier etwas zurückgeben.[45] Ich frage mich, wem eigentlich genau, denn wenn ich mich hier umschaue, ist da nicht mehr viel

Gemeinde übrig. Erst recht keine, die Geld für ein Luxusessen hätte.

Wir halten vor der Ruine der Wakefield Memorial United Methodist Church. Die weiße Fassade ist weggerissen, das Holzgerüst darunter verwittert, Bretter liegen wie Mikadostäbchen auf dem Boden verstreut, als wäre das Desaster gerade eben erst passiert. Auf der anderen Straßenseite grüßt verkohltes Land, auf dem zartgrünes Gras sprießt. «Hier hat es neulich gebrannt», sagt James, holt seine Drohne aus dem Auto und lässt sie fliegen. Auf dem Monitor kann ich erkennen, wie riesig das verbrannte Gebiet ist. Es reicht fast bis zur LNG-Anlage Calcasieu Pass. «Die extreme Hitze diesen Sommer hat die Wetlands ausgetrocknet, deswegen sind die Feuer größer und häufiger», sagt James. «Das nimmt mit der Klimakrise weiter zu.» Drei Wochen nach meinem Besuch wütet rund sechzig Kilometer nördlich von Lake Charles der größte Waldbrand in der Geschichte Louisianas.

Die Spätnachmittagssonne badet das Marschland, durch das wir jetzt wieder zurück nach Lake Charles fahren, in goldenem Licht. Es tut weh zu ahnen, wie schön es hier vielleicht bald nicht mehr ist. Wahrscheinlich denken James und ich gerade das Gleiche, als er die Erschöpfungsstille im Auto unterbricht. «Kann ich dich mal was fragen? Warum machst du diese Arbeit? Und was machst du, damit du nicht verzweifelst?» «Ich bin in einem Dorf am Waldrand aufgewachsen und war immer viel draußen. Ich habe das immer geliebt, deswegen versuch ich, sooft es geht, in der Natur zu sein», sage ich. «Aber es macht mich auch traurig. Und je mehr ich weiß und sehe, wie viel wir davon verlieren, desto mehr.» James nickt und lächelt wehmütig. «Komm», sagt er, «ich zeige dir jetzt was Schönes.» Auf unserem Weg liegt das Cameron Prairie Wildlife Refuge. «Vielleicht sind ja sogar meine Lieblingsvögel da, die Rosalöffler.» Auf Holzbohlen laufen wir durch geschütztes Marsch- und Grasland. Wir sehen zwar keine Rosalöffler, dafür aber Seidenreiher, Seerosen, Sumpflilien und Alligatoren. «Weißt du, man redet ja heute so viel über Resilienz. Und wir in Louisiana, wir sind weiß Gott widerstandsfähig», sagt James. «Aber irgendwann wird man müde und will nicht immerzu resilient sein. Sondern einfach nur leben.»

3. Stade und Brunsbüttel: Alles für die Industrie

In Stade steht Heiner Baumgarten am Schiffsanleger Stadersand. Es ist Oktober 2023, und neben dem Fährhafen im Stadtteil Bützfleth wird gerade alles für die schwimmende LNG-Anlage vorbereitet. Außerdem soll hier ein festes Terminal an Land errichtet werden, das das Regasifizierungsschiff ersetzen soll. Am Ufer gegenüber liegt das Naturschutzgebiet Haseldorfer Binnenelbe mit Elbvorland. «Erst vor ein paar Tagen ist hier ein Frachtschiff havariert», sagt Baumgarten, «und ausgerechnet hier soll jetzt ein weiterer Störfallbetrieb gebaut werden.» So bezeichnet man Betriebe, bei denen wegen der Produktion oder Lagerung von gefährlichen Stoffen ein schwerer Störfall wahrscheinlich ist, der schlimme Auswirkungen auf Menschen und Natur hätte. Atomkraftwerke zum Beispiel. Oder Chemiefabriken. Und eben LNG-Anlagen mit ihrem hochexplosiven Lagergut.

Hinter den geplanten LNG-Terminals breitet sich der Chemiepark Stade aus. Dort steht unter anderem das größte Chlorchemiewerk Europas des US-Konzerns Dow Chemical. Rechts von uns dämmert das Atomkraftwerk Stade, das 2003 stillgelegt wurde. Es wird rückgebaut, sein radioaktiver Müll liegt seit 2017 in einem Zwischenlager auf dem Gelände. Man mag sich nicht vorstellen, was passiert, wenn ein LNG-Tanker an dieser Stelle havariert. «Das Schiff muss hier rangieren, dafür braucht es sechs Schlepper. Dabei ist das Hafenbecken hier nur 14,5 Meter tief, schon die Fähre hatte mit Grundberührung zu kämpfen», sagt

Baumgarten. «Außerdem ist die Fahrrinne hier eng und stark befahren.» Zusätzlicher Schiffsverkehr würde die Gefahr für Unfälle also weiter verschärfen. Keine gute Voraussetzung, weder für ein schwimmendes noch für ein festes LNG-Terminal.

Wegen dieser Sicherheitsrisiken, fehlendem Hochwasserschutz sowie zu erwartenden Klimaschäden gibt es fünfzig Einwendungen gegen die Pläne, etwa von der Deutschen Umwelthilfe und vom BUND Naturschutz Niedersachsen, bei dem Heiner Baumgarten im Vorstand sitzt.[46] Das Gewerbeaufsichtsamt Lüneburg aber ficht das nicht an. Der Bau des Anlegers für das schwimmende Terminal beginnt bereits, da ist die Einwendungsfrist noch gar nicht abgelaufen. Einen vereinbarten Erörterungstermin im Juli 2023, bei dem Bürgerinnen und Bürger sowie Organisationen derlei Bedenken äußern und ihre Fragen stellen könnten, sagt die Behörde überraschend ab. Begründung: «Die erhobenen Einwendungen bedürfen keiner Erläuterung.»[47] Rammschläge. Auch in Stade.

Zu den Einwendern gehört auch James Hiatt aus Lake Charles in Louisiana. Denn das LNG, das hierher geliefert wird, soll aus seiner Heimat kommen, genauer: vom Pannen-Terminal Calcasieu Pass LNG. Und künftig, sollte sie je eine Baugenehmigung bekommen, von der dort geplanten benachbarten Anlage CP2 LNG. Denn das Unternehmen Venture Global, welches das Terminal in Louisiana betreibt und ein weiteres bauen will, ist Vertragspartner des deutschen Energiekonzerns EnBW und des staatlichen Unternehmens SEFE (Secure Energy for Europe), ehemals Gazprom Germania. Beide haben Verträge mit der Projektgesellschaft Hanseatic Energy Hub geschlossen, die die Terminals in Stade betreibt. SEFE will über Stade von 2027 an mindestens vier Milliarden Kubikmeter Flüssigerdgas importieren, EnBW sechs Milliarden. Im Dezember 2023 schreiben SEFE und EnBW an die US-amerikanische Federal Energy Regulatory Commission (FERC). Sie ersuchen die Zulassungsbehörde darum, «der endgültigen Genehmigung von CP2 LNG und der CP Express Pipeline größte Bedeutung und Dringlichkeit beizumessen», und behaupten, dass CP2-LNG-Lieferungen erforderlich seien, um zur «Stabilität der deutschen Energieversorgung» beizutragen.[48]

Es sind nicht die einzigen deutschen Firmen, die bereits Langzeitverträge für die Abnahme von LNG mit amerikanischen Anbietern abgeschlossen haben. Der Energieriese RWE, der Staatskonzern Uniper sowie die deutschen Ableger der US-Firmen ConocoPhillips und Ineos haben ebenfalls langfristige Lieferverträge, die 2026 oder 2027 starten und für bis zu zwanzig Jahre laufen sollen. Laut der Untersuchung «Investitionen ins Klimachaos», die die Deutsche Umwelthilfe, die NGO Urgewald und der Aktivist und Berater Andy Gheorghiu zusammen erstellt haben, haben deutsche Banken und Technologieunternehmen mehr als fünf Milliarden Euro für Kredite und Anleihen zum Bau von LNG-Exportterminals in den USA bereitgestellt. Zu den Kreditgebern gehören Deutsche Bank, die Landesbank Baden-Württemberg (LBBW), der internationale Arm der deutschen Staatsbank KfW (KfW IPEX), Siemens, die Bayerische Landesbank (BayernLB), die Landesbank Hessen-Thüringen Girozentrale (Helaba), die genossenschaftliche DZ Bank sowie Allianz Global Investors. Damit ermöglichen deutsche Investoren Arbeiten an sieben LNG-Exportstandorten in den USA.[49] Mithilfe dieser Investitionen würden, geht man von den maximalen jährlichen Exportkapazitäten der aus Deutschland finanzierten Terminals aus, rund 416 Millionen Tonnen CO_2 freigesetzt. Das ist mehr als die Hälfte der gesamten Treibhausgasemissionen Deutschlands im Jahr 2022.[50]

Sechzig Kilometer Luftlinie von Stade-Bützfleth entfernt, kurz bevor die Elbe in die Nordsee fließt, ist in Brunsbüttel seit Dezember 2022 das schwimmende LNG-Terminal *Höegh Gannet* eifrig bei der Arbeit. Es steht am Gefahrgut-Terminal des Elbhafens, und seine Nachbarn haben es in sich: Schräg dahinter finden sich ein Kohlelager, der Chemiepark und eine Sondermüllverbrennungsanlage. Etwas weiter östlich das Atomkraftwerk Brunsbüttel, auf dessen Gelände ein Lager für schwach- und mittelradioktive Abfälle und ein Zwischenlager für hochradioaktiven Atommüll zu finden sind. Dreieinhalb Kilometer nördlich ist ein festes LNG-Terminal an Land geplant, aber noch nicht genehmigt. Es soll die schwimmende Einheit perspektivisch ersetzen. Fürs Erste aber sorgt die *Höegh Gannet* selbst 24 Stunden, sieben Tage die Woche für Lärm und Dreck. Weil das Schiff mit Marine-Diesel betrieben wird, stößt es 1,4-mal so viel Stickstoff, 5-mal so viel Kohlenmonoxid und 7,3-mal so viel krebserregendes Formaldehyd aus, wie es das Gesetzt eigentlich erlaubt. Gleich daneben beginnt der Deich, wo Schafe und Kühe weiden und Touristen der Elbmündung entgegenradeln. Ein paar Hundert Meter weiter beginnen die ersten Wohnhäuser. Hier so viel Gift zu emittieren ist trotzdem legal: denn Schleswig-Holsteins Landesamt für Umwelt genehmigt dem Kohle-Konzern RWE, der das LNG-Terminal das erste Jahr betreibt, höhere Schadstoff-Emissionen über den Grenzwerten. Ein Genehmigungsverfahren für den Betrieb des Schiffes gibt es überhaupt gar nicht, was soll schon schiefgehen?[51] Die Begründung für dieses ungewöhnliche Vorgehen: die Versorgungssicherheit in Deutschlands nach dem russischen Angriffskrieg sowie die sogenannte «Gasmangellage».[52]

Aber diese Dringlichkeit, die immer wieder für den Ausbau der LNG-Infrastruktur herhalten muss, gibt es nicht. Hat es nie gegeben. Neun Tage, bevor Deutschlands erste schwimmende LNG-Anlage in Wilhelmshaven anlegt, veröffentlicht das NewClimate Institute des Klimawissenschaftlers Niklas Höhne eine Studie, die belegt, dass die Pläne für die deutschen LNG-Terminals völlig überdimensioniert sind. Würden alle im LNG-Beschleunigungsgesetz genannten Projekte mit einer Gesamtkapazität von etwa 73 Milliarden Kubikmetern wirklich umgesetzt, würde das bedeuten, dass 50 Prozent mehr Gas importiert werden könnte, als vor dem Krieg aus Russland bezogen wurde.[53] Sogar Habecks Wirtschaftsministerium ging von deutlich weniger Bedarf an Terminals aus.[54] Das US-amerikanische Institute for Energy Economics and Financial Analysis (IEEFA) bescheinigt Europa ebenfalls den Bau von LNG-Überkapazitäten. Ein Großteil der Anlagen könnte mithin schon bald überflüssig werden.[55]

Im besten Fall werden aus den LNG-Projekten also milliardenschwere Investitionsruinen. Mehr als zehn Milliarden Euro hat die Bundesregierung zwischen 2022 und 2038 für ihre Flüssigerdgas-Pläne vorgesehen. Geld, das nun für den klimagerechten Umbau von Städten, Landwirtschaft, Verkehr und Energie fehlt. Auch Claudia Kemfert und Christian von Hirschhausen vom Deutschen Institut für Wirtschaftsforschung (DIW) rieten bereits im Februar 2023 zu einem Ausbaustopp. Zu Versorgungsengpässen sei es nicht gekommen, und sie seien auch künftig nicht zu erwarten.[56] Die gefürchtete Gasmangellage, mit der Habeck und Co. den LNG-Ausbau gegen jede klimapolitische Vernunft durchsetzen, war keine reale Gefahr. Natürlich, zu Beginn der Energiekrise, kurz nach dem russischen Angriffskrieg auf die Ukraine, mag die LNG-Strategie verständlich gewesen sein: als wirtschaftspolitische Panikreaktion. Aber wenn inzwischen gleich mehrfach belegt ist, dass es gar keinen solchen Bedarf gibt, erst recht nicht für die festen Terminals an Land – warum hält die Bundesregierung dann immer noch am LNG-Ausbau fest? Und warum legt sie keine eigenen Berechnungen vor, die die Dringlichkeit belegen würden?

Tatsächlich gibt es einen anderen Grund für den Bau der festen LNG-Terminals, nur wird dieser selten genannt. LNG ist nicht zuvörderst dafür vorgesehen, private Haushalte warm zu halten, sondern vor allem, um den immensen Energiehunger der Chemieindustrie zu decken. Das gibt das Bundeswirtschaftsministerium sogar zu: «Fakt ist aber, dass Deutschland als Übergang noch Gas braucht. Vor allem für die industriellen Prozesse», schreibt mir das BMWK auf Nachfrage.[57]

Im Jahr 2020 verbraucht die chemische Industrie insgesamt 383 Milliarden Kilowattstunden an Energie und Rohstoffen aus Öl und Gas, hat der BUND in seiner Studie «Blackbox Chemieindustrie» herausgefunden.[58] Danach sind die 750 Chemieunternehmen hierzulande für ein Viertel des Energieverbrauchs der deutschen Industrie verantwortlich. Sie vernutzen alleine so viel Gas wie 38 Prozent der Privathaushalte. Das größte Interesse am Import von Flüssigerdgas hat also die chemische Industrie: Sie braucht die großen Mengen Erdgas nicht allein als Energieträger, sondern auch als Grundstoff, etwa für die Produktion von Ammoniak für Dünger.[59] Feste LNG-Import-Terminals in Stade, Wilhelmshaven und Brunsbüttel waren tatsächlich schon Jahre vor der Energiekrise geplant, die Investitionen hätten sich aber nicht rentiert. Nun aber, dank sei dem LNG-Beschleunigungsgesetz, können diese Pläne endlich umgesetzt werden, und die chemische Industrie kann weiterhin viel Energie verfeuern.

In Wilhelmshaven etwa wurde ein LNG-Terminal bereits in den Siebzigerjahren diskutiert. 2008 will der Energieriese Eon die Pläne konkretisieren, gibt sie kurz darauf aber wieder auf. 2020 verwirft auch Uniper seine geplanten Investitionen, weil die Marktnachfrage zu gering ist. In Stade unterzeichnen 2018 die LNG Stade GmbH (seit 2019 Hanseatic Energy Hub GmbH) und die Dow Deutschland GmbH eine Kooperationsvereinbarung zum Bau eines LNG-Terminals.[60] Die Beteiligung von Dow Chemical kommt nicht von ungefähr: Deren Werk in Stade verbraucht allein ein Prozent des gesamten deutschen Strombedarfs.[61] Doch 2021 springt ein Kooperationspartner der Hanseatic Energy Hub GmbH ab. Die kanadische Firma GNL Quebec, die das Fracking-Gas aus Kanada liefern sollte, kann die Vereinbarung nicht einhalten: Nach heftigem Widerstand verweigert die Provinzregierung in Quebec die Genehmigung für die Gasförderung aus Umwelt- und Klimaschutzgründen.

Das Schleswig-Holsteinische Wirtschaftsministerium lässt bereits 2015 die Hafenbetreibergesellschaft Brunsbüttel Ports eine Bedarfsanalyse für ein LNG-Terminal in Brunsbüttel erstellen. Nutznießer soll der Chemiepark Chem Coast sein. Dort sitzt der norwegische Düngemittel- und Chemiekonzern Yara, der, wie

Dow in Stade, ebenfalls ein Prozent des Stroms in Deutschland verbraucht und zu Protokoll gibt, dass ein Flüssigerdgasterminal für ihn von «zentraler Bedeutung» sei.[62] 2019 unterzeichnete die Stadt Brunsbüttel einen Vertrag mit dem Investor German LNG. Der Bund beteiligt sich über die staatliche Kreditanstalt für Wiederaufbau mit 50 Prozent an dem Projekt.

Hinzu kommen geopolitische Gründe, die auch mit der umstrittenen – ebenfalls überflüssigen – Ostsee-Pipeline Nord Stream 2 von Russland nach Deutschland zu tun haben. Im Handelsstreit zwischen EU und US-Präsident Donald Trump 2018 standen Sanktionen gegen Nord Stream 2 im Raum, und Strafzölle für die europäische Stahl- und Autoindustrie wurden angedroht. EU-Kommissionspräsident Jean-Claude Juncker schließt mit Trump einen Deal, der LNG-Exporte in großem Stil aus den USA nach Europa ermöglicht, wenn Trump auf Strafzölle verzichtet. Nach dem Trump-Juncker-Deal steigen die LNG-Importe um sagenhafte 2418 Prozent.[63]

Auch die Bundesregierung erweist den USA Freundschaftsdienste: Die Deutsche Umwelthilfe gelangt in den Besitz eines geheimen Dokuments, aus dem hervorgeht, dass Olaf Scholz 2020 als Bundesfinanzminister der US-Regierung angeboten hat, in Wilhelmshaven und Brunsbüttel für eine Milliarde Euro Steuergeld LNG-Terminals für den Import von amerikanischem Flüssigerdgas zu bauen, wenn die USA im Gegenzug die Sanktionen gegen den Weiterbau und Betrieb von Nord Stream 2 fallen lassen.[64] «Der Vorwurf, wir hätten eine Milliarde Steuergeld ausgegeben, um Terminals für amerikanisches Gas zu bauen, entbehrt jeder Grundlage und ist entschieden zurückzuweisen», schreibt mir das Bundeswirtschaftsministerium in der Sache.[65] Fakt ist jedoch auch: Die Bundesregierung hat letztlich den zehnfachen Betrag für den Bau der LNG-Infrastruktur zur Verfügung gestellt.[66] Auf seiner Homepage rühmt sich das Bundeswirtschaftsministerium für die Sicherung der Erdgasversorgung, unter anderem aufgrund der «stabilen Lieferbeziehungen» zu den USA.[67] Das staatliche deutsche Energieunternehmen SEFE hat einen Langzeit-Liefervertrag mit dem US-Unternehmen Venture Global geschlossen.[68] Und Uniper, ebenfalls in staatlicher Hand, freut sich auf der Homepage über seine Partnerschaft mit Venture Global und Calcasieu Pass LNG bei Lake Charles.[69] Dass die erste LNG-Lieferung nach Wilhelmshaven aus dem Terminal Calcasieu Pass in Louisiana kommt, das ich mit James Hiatt besucht habe, ist bestens dokumentiert, und es gibt Medienberichte darüber. Sollte Venture Global die umstrittene Anlage CP2 daneben bauen dürfen, wäre das Unternehmen der größte LNG-Lieferant Deutschlands. Aber auf meine Frage, wie die Bundesregierung die Folgen der Exportterminals vor Ort in den USA einschätzt und in welcher Weise sie dafür Verantwortung übernimmt, bekomme ich vom BMWK die verblüffende Antwort, man könne «nicht darstellen, ob das LNG, welches wir beziehen, tatsächlich aus diesen Regionen kommt». Ernsthaft?

> «Venture Global was proud to host members of the German government for a tour of #*CalcasieuPass* yesterday. To date, approximately 25 cargoes from Calcasieu Pass have been sent to Germany with many more to come from #*CP2LNG* where German companies have committed to 4.25MTPA of long-term supply deals. We are honored to be Germany's largest long-term LNG supplier and look forward to supporting the energy security of this important US ally for decades to come.»

Das steht unter einem Foto, das Venture Global am 23. Januar 2024 auf Twitter postet.[70] Darauf zu sehen ist eine Delegation der deutschen Bundesregierung in der LNG-Anlage. Calcasieu LNG ist das Terminal neben den Wetlands und dem verhunzten Strand, den mir James Hiatt gezeigt hat. Das LNG-Terminal also, das ständig abfackeln muss, weil es so viele Probleme gibt. «Venture Global is proud to soon be Germany's largest global LNG supplier», twittert das Unternehmen im Februar 2024 und zeigt ein Foto. Darauf zu sehen ist Bundeskanzler Olaf Scholz mit dem Geschäftsführer von Venture Global, Mike Sabel.[71]

Ich schreibe eine weitere Mail an das grün geführte Wirtschaftsministerium, versehen mit den entsprechenden Belegen. Und ich wiederhole meine Frage, ob dem BMWK die Folgen für die Menschen vor Ort bekannt sind und wie das Ministerium gedenkt, Verantwortung zu übernehmen. Schließlich, das hat der langjährige Anti-Fracking-Aktivist und Berater Andy Gheorghiu über eine Anfrage an das Portal für Informationsfreiheit «Frag den Staat» herausgefunden, obliegt dem Wirtschaftsministerium die Beteiligungsführung an SEFE.[72] Und LNG gilt als Handelsgut mit potenziellen Menschenrechtsrisiken. Das Lieferkettengesetz würde hier also greifen. Aber auf meine zweite E-Mail bekomme ich keine Antwort vom BMWK.

An einem Samstagmorgen im Oktober 2023 stehen fünf Frauen fröstelnd am Deich in Hooksiel, um gegen die deutsch-amerikanische Freundschaft zu protestieren. Elida Castillo, Jenny Espino, Rebekah Hinojosa, Chloe Torres und Melanie Oldham sind aus den USA nach Europa gekommen, um den Menschen hier zu erzählen, was Fracking und der Ausbau der LNG-Terminals für den Export nach Deutschland in den Gemeinden anrichten, in denen sie leben. Sie waren bereits in Brüssel, ihre nächste Station ist Berlin, um dort mit Abgeordneten zu sprechen. Heute treffen die Aktivistinnen in Wilhelmshaven deutsche Mitstreiterinnen wie Stefanie Eilers vom Naturschutzbund, die gegen das Terminal kämpfen. Die geplante Bootstour, die uns näher an die *Höegh Esperanza* führen würde, muss leider entfallen. Der Wind ist scharf und eisig und schiebt immer wieder dunkle Regenwolken vor die Sonne, die sich über uns entleeren. Die Texanerinnen sind mit ihren dünnen Jacken für dieses Wetter überhaupt nicht gerüstet, aber sollte ihnen das etwas ausmachen, lassen sie es sich nicht anmerken. Zu wütend macht sie der Anblick des Regasifizierungsschiffs. Und zu viele Kameras und Mikrofone sind auf sie gerichtet: Das Medieninteresse an den Geschichten, die diese Frauen erzählen, ist groß.

«Ich komme aus Texas, wo Fracking erfunden wurde», beginnt Rebekah Hinojosa aus Brownsville. «Selbst auf dem Campus meiner Universität wurde gefrackt. Umweltorganisationen haben dort mit einer Spezialkamera gefilmt, und auf diesen Videos sahen wir, wie krebserregende Chemikalien wie Benzol, Toluol und Xylol bis in unsere Schlafräume drangen.» Es sei heuchlerisch, sagt sie, dass Deutschland Fracking einerseits verbiete, andererseits aber Fracking-Gas importiere.

Elida Castilla von Chispa Texas, einer Bewegung für Umweltgerechtigkeit, kommt aus Corpus Christi. Dort leben Latinx-Gemeinden in direkter Nähe zu petrochemischen Anlagen. Obendrauf sorgen zwei LNG-Terminals der Firma Cheniere für noch mehr giftige Emissionen, ein drittes wird gerade gebaut. «Sie sagen, sie sind gute Nachbarn. Aber gute Nachbarn töten euch nicht, sie verschmutzen nicht eure Häuser und wollen nicht auf eurem Rücken Geld verdienen», sagt Elida Castillo. «Wenn ich dieses Schiff hier sehe, macht mich das wütend und traurig, weil unsere Lieben deswegen krank werden und sterben», fügt Melanie Oldham hinzu. «Wir leben in ständiger Angst.» Oldham kommt aus Freeport, einer Industriestadt südlich von Houston am Golf von Mexiko, und sie hält die Kopie einer Zeitungsseite in eine Fernsehkamera. Darauf zu sehen sind drei große LNG-Tanks aus Beton, einer davon ist in einen großen Feuerball gehüllt. Darunter die Schlagzeile: «*Explosion at U.S. Natural Gas Tank*».

4. Freeport: Umweltrassismus und Profit

Vor dem fliederfarbenen Holzhaus ragt eine alte Eiche in den Himmel, am Eingang der Quintana Town Hall steht ein pinker Briefkasten in Form eines Flamingos. Im Garten hat jemand einen Grillplatz eingerichtet und ein Dach darüber gebaut, es ist in Pastellfarben gestrichen: gelb, türkis und rosa. Auf dem gepflegten Rasen wartet ein Klettergerüst auf Kinder, eine Schaukel und eine Tunnelrutsche leisten ihm Gesellschaft. Hohe Palmen wogen raschelnd in der Meeresbrise. Quintana ist ein winziger Ort mit etwas mehr als 50 Einwohnern. Er liegt am östlichen Ende einer schmalen Insel südlich von Freeport. Ein fröhlicher Ort, wären da nicht diese drei gewaltigen, grauen Betontanks knapp 500 Meter hinter dem Spielplatz: Freeport LNG. Es ist das Flüssigerdgas-Terminal, dessen Foto Melanie Oldham in Wilhelmshaven den TV-Journalisten gezeigt hat. Ein Jahr vor meinem Besuch, am 8. Juni 2022, kommt es hier zu einer mächtigen Explosion. Eine Pipeline platzt unter zu großem Druck, Methan tritt aus und entzündet sich. Der Feuerball ist mehr als hundert Meter hoch.

«Unser Haus hat gewackelt», sagt Manning Rollerson. Er engagiert sich bei Better Brazoria, einer Graswurzelbewegung gegen die Expansion der Industrie in und um Freeport, die Melanie Oldham gegründet hat. Manning lebt zweieinhalb Kilometer entfernt von der Anlage. «Niemand hat uns darüber informiert, was passiert ist», erzählt Manning. Die Menschen hören den Knall, sehen Flammen und die dicke schwarze Rauchwolke. Doch keine Sirene erklingt, das örtliche Sicherheitssystem springt nicht an, niemand wird evakuiert. «Viele haben von der Explosion erst aus den Nachrichten erfahren.» Jetzt erst bemerke ich, dass sich der hölzerne Pavillon neben der Town Hall zur Seite neigt. Er ist mit einem weiß-gelben Flatterband abgesperrt und wird von einem Balken notdürftig gestützt.

Auf der anderen Straßenseite: ein Vogelschutzgebiet. Zu den Sponsoren gehört Freeport LNG. Wir steigen auf den Beobachtungsturm. Von oben hat man einen weiten Blick über Büsche und Dünengras zum Meer. Bunte Strandhäuser ruhen auf Stelzen, am Horizont schwebt ein Paraglider. Die Wucht der Detonation schleudert damals Rettungsschwimmer aus ihren Hochstühlen, ein Kleinkind knallt auf einen Felsen und schlägt sich den Kopf auf. Doch das Unglück geht glimpflich aus. «Wenn das Feuer auf die Tanks übergegriffen hätte, dann wäre die ganze Insel in die Luft geflogen», sagt Manning.

Eine Untersuchung des Unfalls ergibt, dass ein Überdruckventil nicht richtig geschlossen war. Schon zwei Tage vorher hatte es technische Probleme mit den Leitungen gegeben, doch die Manager wollten die Anlage nicht abstellen. Laut dem Brandinspektor war die Detonation des Rohrs heftig genug, um Beton zu zerreißen. Trümmer fliegen durch die Anlage und beschädigen elektrische Geräte. Sie schlagen Funken, das ausströmende Gas entzündet sich. Erst nach der Explosion wird den Verantwortlichen des Werks klar, dass das interne Löschsystem nicht über genügend Wasser verfügt, um das Feuer zu löschen, sodass mehr als ein Dutzend umliegende Städte per Tankwagen Löschwasser liefern müssen.[73]

«Sie wussten, dass es Probleme gibt», sagt Manning wütend, «sie wussten es ganz genau, aber sie haben einfach weitergemacht.» Freeport LNG, dessen Bau von Deutscher Bank und Siemens mitfinanziert wurde, ist zu diesem Zeitpunkt die größte Anlage in den USA. Zwanzig Prozent aller LNG-Exporte stammen von dort, sie gehen vor allem nach Europa. Nach dem Brand schießt der Gaspreis in die Höhe, wovon wiederum die LNG-Exporteure in den USA profitieren. Schon im Februar 2023 geht die Anlage wieder in Betrieb. Seither leben die Gemeinden rundherum in Angst.

«*Who speaks for EJ in Freeport, TX?*» – Wer setzt sich für Umweltgerechtigkeit in Freeport ein?», steht auf dem schwarzen T-Shirt, das Manning trägt. «Offenbar niemand», denke ich. Freeport wird nahezu erdrückt von petrochemischen Anlagen. Hier wurde 1939 Dow Chemical gegründet, nachdem in der Gegend in den Zwanzigerjahren große Vorkommen von Schwefel entdeckt wurden. Die Anlagen des Konzerns bilden den größten Chemie-Komplex in der westlichen Hemisphäre: In und rund um Freeport nehmen alle Betriebsstätten von Dow zusammen fast 30 Quadratkilometer ein. Das ist eine Fläche fast so groß wie Freeport selbst. Dazu kommt ein mächtiges Werk von BASF, das direkt an Dow Chemical grenzt. Die Chemieindustrie ist hier der größte Arbeitgeber, auch Manning Rollerson hat in den Werken von BASF und Dow gearbeitet.

Doch die Chemieriesen geben nicht nur Arbeit: Laut einer Krebs-Cluster-Studie des Texas Department of State Health aus dem Jahr 2018 sind die Raten bestimmter Arten von Krebs, etwa an Nieren, Lunge, Leber, Blase, Magen, Prostata, Mittelohr und Rachen in Freeport signifikant höher als in anderen Teilen des Landes.[74] Aber statt todbringende Emissionen zu vermeiden, baut Dow Chemical lieber ein Krebszentrum in Lake Jackson, sechzehn Kilometer weit weg von Freeport. Um dort behandelt zu werden, braucht man viel Geld oder eine ziemlich gute Versicherung. Das erzählt mir Melanie Oldham, die als Physiotherapeutin viele Menschen betreut, die an Krebs leiden. Doch ein Drittel der Bevölkerung hier lebt unter der Armutsgrenze und kann sich eine Behandlung daher kaum leisten.

Wir überqueren den braunen, schlammigen Kanal und fahren zurück nach Freeport. «Als ich noch ein Kind war, durfte ich mich nach sechs Uhr abends nicht mehr jenseits dieser Gleise aufhalten», sagt Manning, als wir die Bahnschienen überqueren, die zum Hafen führen. Vor uns breitet sich eine große grasbestandene Fläche aus, die von einem Straßennetz durchzogen wird. Schaut man genau hin, kann man erkennen, dass dort einmal Häuser standen. Das East End von Freeport. Hierher, in den Windschatten der giftspuckenden Schwefelfabrik von Dow Chemical, trieben die rassistischen weißen Stadtherren in den Dreißigerjahren alle Schwarzen Menschen und zwangen sie in den «Negro District», wie sie ihn nannten. Mit den Jahren entwickelte sich dort eine lebendige Gemeinde mit Schulen, Geschäften, Kirchen und Restaurants. Aber auch die petrochemischen Anlagen und der Hafen rundherum wuchsen. In den Neunzigerjahren wird beschlossen, den Hafen für knapp 300 Millionen Dollar zum größten Tiefseehafen von Texas auszubauen, das East End ist im Weg. Wieder einmal sind die Menschen damit konfrontiert, ihre Heimat zu verlieren. Seit mehr als zwanzig Jahren knöpft der Hafen Freeport den Leuten ihre Grundstücke ab. Bewohnerinnen und Bewohner, die dem Unternehmen freiwillig ihren Grund und Boden überlassen, dürfen in neue Häuser umsiedeln. Die sind kleiner, von schlechterer Qualität, und sie liegen in einem Hochwassergebiet. Andere lassen sich auf miserable Deals ein und verkaufen ihre Häuser unter dem Marktpreis.[75] Sie haben Angst, leer auszugehen, denn der Hafen droht ihnen mit Enteignung. Umweltrassismus folgt der rassistischen Segregation auf dem Fuß.

Wir stehen vor dem letzten Haus, das hier im East End noch steht. Es wirkt, als werde es nur noch von Rost und Schimmel zusammengehalten. Das Dach ist kaputt, die Fassade heruntergekommen. «Die Stadt Freeport hat unser Viertel jahrelang systematisch abgewertet», sagt Manning, der in den Sechzigerjahren hier aufgewachsen ist. Straßen werden nicht repariert, Neu- und Umbauten nicht genehmigt. Irgendwann wird den East Endern sogar verboten, ihre Gebäude zu reparieren, und schließlich stuft die Stadt 2002 die Mehrzahl als baufällig ein. Manning muss das Haus, das seiner Familie seit siebzig Jahren gehört, abreißen. Für das Grundstück bietet ihm der Hafen Freeport 21 000 Dollar. «Eine Beleidigung» für Manning. Mit Gleichgesinnten, die ihr Eigentum ebenfalls nicht verschleudern wollen, reicht er Klage ein. Er möchte sein Grundstück an Freeport verpachten und so an den Profiten des Unternehmens teilhaben. Durchsetzen kann er sich damit bislang nicht.[76] «Wir Afroamerikaner wurden in dieser Stadt schon immer benachteiligt und werden es auch heute noch», sagt Manning. Erst sind es rassistische Gesetze, die sie zum Wegziehen bewegen sollen, dann die Industrie und schließlich der von ihr verursachte Krebs. «Wir waren zehn Leute, die angefangen haben, für das East End zu kämpfen», sagt Manning «aber die meisten sind gestorben. Jetzt sind wir nur noch zu dritt. Für die Unternehmen hier sind wir nicht mehr als ein Kollateralschaden.»

Am Ende unserer Rundfahrt zeigt mir Manning noch die Altstadt. Oder vielmehr das, was von Downtown Freeport noch übrig geblieben ist: kaputte Straßen, leer stehende Gebäude, verfallende Art-déco-Häuser. Verwitterte Fassaden, verblichene Ladenschilder. Hinter einigen Fenstern stapelt sich Gerümpel, in einem Hof zerbröseln Autowracks und Schrott. «Privatleute haben hier Häuser und Grundstücke gekauft», sagt Manning, «aber hier lädt jeder nur seinen Müll ab.» Vieles erinnert mich an Port Arthur, wo ich vor ein paar Tagen mit John Beard unterwegs war. Ich habe den Eindruck, dass hier sogar noch eine Spur grausamer mit den Menschen umgegangen wird. Am Ende der Hauptstraße stoßen wir auf einen kleinen Park, überraschend sprudelt sauberes Wasser in einem Springbrunnen. Dahinter prunkt das historische Museum. Im Zentrum der Ausstellung: die Erfolgsgeschichte von Dow Chemical.

5. Rügen: Deutschlandgeschwindigkeit versus Demokratie

Der Anblick, der sich mir am Hafen von Lubmin bietet, ist dermaßen absurd, dass mein Lachen kurz ins Hysterische kippt. Neben mir grinst Norbert Protz und nickt. «Alles, was das Herz begehrt», sagt er lakonisch. Und tatsächlich: Hier sieht es aus wie in einem Museumsdorf für Hochrisiko-Betriebe. Jenseits des kleinen Hafens fällt mein Blick auf das Atomkraftwerk Greifswald, dann auf die Tanks der Firma Deutsche Ölwerke Lubmin. Dazwischen liegt das Regasifizierungsschiff *Neptune*, das mit seinen 280 Metern Länge und 50 Metern Breite gerade mal so in das Hafenbecken passt. Vor der LNG-Anlage ankert ein kleineres rotes Schiff. Es ist eins von zwei Shuttles, die Flüssigerdgas vom schwimmenden Zwischenlager *Seapeak Hispania* holen und hierherbringen, wo es aufgewärmt und über die Anlandestation der Nord-Stream-1-Pipeline ins Gasnetz eingespeist wird.

Der Hafen Lubmin liegt am Greifswalder Bodden. Dieses flache Küstengewässer ist ein Natura-2000-Schutzgebiet und fast so groß wie der Bodensee. Es wird im Norden von der Insel Rügen und im Süden und Südwesten von der Vorpommerschen Festlandküste eingefasst. Neben dem Damm an der Mündung des Hafens sieht es aus, als hätte jemand den Stöpsel gezogen: Der Strand geht über in trockenen sandigen Grund und niedriges Brackwasser. «Sieht aus wie Ebbe, ist aber Windwatt», erklärt Norbert Protz. Es entsteht, wenn der Wind von Land her weht und das Wasser in den Bodden drückt. Erst wenn die Brise abflaut oder dreht, kehrt das Meer zurück. In Lubmin ist die Ostsee viel zu flach für den Tiefgang der dicken Tanker, die das LNG liefern. Deshalb liegt die *Seapeak Hispania* auch vor der Küste Rügens zwischen dem Seebad Binz und Sellin, wo das Wasser tiefer ist. Infolgedessen braucht es die Shuttle-Schiffe. «Das ist ein irrer Aufwand», sagt Protz. «Die Shuttle-Schiffe müssen von Schleppern rein- und wieder rausgezogen werden. Aber wenn etwas passiert, dann ist hier nur die freiwillige Feuerwehr und die Besatzung der *Neptune* zuständig.»[77]

Protz gehört der Bürgerinitiative «Lebensraum Vorpommern» an und kämpft auch wegen solcher Sicherheitsrisiken gegen das zweifelhafte LNG-Projekt. «Die würden dann das Wasser zum Löschen aus dem Hafenbecken pumpen. Aber das ist ja nur sieben Meter tief, da ist dann schnell Schluss, dann kommt nur noch Sand.»

Im stillgelegten AKW Greifswald lagern heute knapp 600 Tonnen hochradioaktiver Müll in 74 Castorbehältern. Laut BUND Naturschutz ist es besonders gefährdet durch Geschosse, etwa bei Terroranschlägen – oder eben, wenn 600-fach komprimiertes Gas explodieren und Trümmer durch die Gegend schießen würde.[78] Ein neues Lager für den Atommüll ist geplant, wird aber frühestens 2027 in Betrieb gehen. So lange könnten die zwei Störfallbetriebe direkt nebeneinanderliegen, denn das schwimmende LNG-Terminal hat eine vorläufige Genehmigung bis 2031.

Ebenfalls im Hafen von Lubmin liegt die 60 Jahre alte *Orfe*. Das Ölbekämpfungsschiff ist so in die Jahre gekommen, dass es nur noch bei gutem Wetter auslaufen kann. Schon bei einem Wellengang von einem halben Meter ist die *Orfe* nicht mehr seetüchtig. Dabei wächst der Schiffsverkehr in der Ostsee und damit die Gefahr von Havarien.[79] Obendrauf kommen jetzt noch das LNG-Zwischenlager vor der Küste Rügens, die LNG-Tanker, die das Flüssigerdgas dorthin liefern, und die Shuttleschiffe, die zwischen der *Seapeak Hispania* und der *Neptune* pendeln. Das LNG-Beschleunigungsgesetz schaltet nicht nur Umweltschutz aus, sondern führt offenbar auch dazu, dass es mit der Sicherheit nicht allzu genau genommen wird.

Dieses zweite LNG-Terminal in Deutschland, das in Lubmin an den Start geht, ist privat finanziert. Es wird von der Firma Deutsche ReGas betrieben – ein Start-up, das nur neun Monate vor Inbetriebnahme des Terminals im Januar 2023 von zwei illustren Unternehmern gegründet wurde. Diese kommen allerdings weder aus der Gas- noch aus der Energiebranche. Stephan Knabe und Ingo Wagner haben offenbar einfach das große Geld gewittert. Wagner, ehemaliger Investmentbanker, leitet ein Immobilienunternehmen, auch gehörte ihm ein Investmentfonds auf den Cayman Islands, der Steueroase in der Karibik.[80] Knabe ist Chef einer Steuer- und Unternehmensberatungsgesellschaft in der SUV-Hauptstadt Potsdam und Honorarkonsul des westafrikanischen Inselstaats São Tomé und Príncipe. Die *Süddeutsche Zeitung* recherchierte, dass hinter den beiden ein Knäuel aus Firmen und

Beteiligungen sowie eine Stiftung steht, das sich schwer entwirren lässt. Laut dem Artikel wollten die beiden zuvor schon Wasserstoff importieren, medizinisches Cannabis anbauen und eine Kakaomühle übernehmen.[81] Nichts davon hat geklappt. Aber die deutsche Energieversorgung traut man ihnen zu, dafür bekamen sie sogar den Segen von ganz oben: vom Bundeskanzler.

Ihren Einstieg ins LNG-Geschäft beschließen Knabe und Wagner laut SZ im Herbst 2021, als die Gaspreise in die Höhe schießen. Sie kaufen einen dunkelblauen BMW, melden ihn in Leipzig an, fahren dann mit dem Kennzeichen L-NG 2022 nach Mecklenburg-Vorpommern und stehen dort bei Lokalpolitikern und Behörden auf der Matte. Lubmin scheint als Standort ideal, weil dort aufgrund der Nord-Stream-1-Pipeline bereits Gas-Infrastruktur vorhanden ist. Knabe und Wagner sammeln 100 Millionen Euro Startkapital von privaten Investoren und chartern im Juli 2022 das Regasifizierungsschiff *Neptune* vom französischen Ölkonzern Total Energies. Zwei Monate zuvor hat die Bundesregierung das LNG-Beschleunigungsgesetz beschlossen. Es ist wie gemacht für LNG-Cowboys wie Knabe und Wagner.

Am Ende interessiert sich sogar Bundeskanzler Olaf Scholz für die vollmundigen Versprechen der beiden. Er besucht Knabe in dessen Potsdamer Büro; seither ist das Terminal in Lubmin Chefsache. Pikantes Detail: Scholz hält das Treffen mit Knabe geheim, obwohl er als Bundeskanzler verpflichtet ist, seine Termine offenzulegen. Aber Scholz ist auch Wahlkreisabgeordneter von Potsdam. Als solcher muss er das nicht, und in dieser Eigenschaft habe er Knabe getroffen. Sagt Scholz. Dass das nicht das einzige Treffen in der Sache ist, findet der CDU-Abgeordnete Matthias Hauer, Mitglied im Wirecard-Untersuchungsausschuss, über Fragen an die Bundesregierung heraus.[82] Ihren Angaben zufolge haben sich auch Wirtschaftsminister Robert Habeck und seine Staatssekretäre mit der Deutschen ReGas getroffen.

Hauer stört sich aber noch an etwas anderem: «Die Antwort auf meine Einzelfrage offenbart die völlige Ahnungslosigkeit der Bundesregierung, woher die immensen Finanzmittel des Unternehmens Deutsche ReGas zum Ausbau der LNG-Struktur in Deutschland stammen», sagt er dem *Stern*.[83] Offenbar hat es niemand für nötig gehalten zu prüfen, woher die hohen Summen stammen. Laut Deutscher ReGas kommt das Geld von mehreren Dutzend Einzelaktionären vor allem aus der Schweiz, Frankreich, Großbritannien und aus «Family Offices»* in den USA sowie von großen Infrastrukturinvestoren wie der australischen Macquarie-Gruppe.[84]

Während zwei Spekulanten aus dem Nichts binnen kürzester Zeit einen Störfallbetrieb errichten dürfen, bleibt den Menschen vor Ort wenig Zeit, sich auch nur die Unterlagen dafür anzuschauen. Sie liegen zunächst an nur fünf Werktagen im Staatlichen Umweltamt in Stralsund und im Amt Lubmin öffentlich aus. Einsicht nur nach vorheriger Terminabsprache während der Bürozeiten. Am Ende wird die Frist allerdings verlängert, und Verbände erhalten einen digitalen Zugang. Schließlich werden mehr als 1000 Einwendungen eingereicht, auch von der Deutschen Umwelthilfe, die das Projekt für nicht genehmigungsfähig hält,[85] sowie von Norbert Protz und der Bürgerinitiative. Hat es was gebracht? «Es ist alles abgeschmettert worden», sagt Protz und winkt ab. Jetzt arbeitet die *Neptune* im Hafen von Lubmin – und zwar ohne wasserrechtliche Genehmigung.[86] Anfangs so laut, dass die Häuser im zwei Kilometer entfernten Örtchen Spandowerhagen vibrieren.

Am 14. Januar 2023 dreht Bundeskanzler Olaf Scholz auf der *Neptune* den Gashahn auf und lobt dabei abermals seine «Deutschlandgeschwindigkeit»; eine wasserrechtliche Genehmigung gibt es da immer noch nicht. Neben ihm stehen Knabe und Wagner von der Deutschen ReGas. Es ist ein kleines, aber hübsches Detail, dass die Firma ausgerechnet ein Konto bei der Privatbank Warburg führt[87] – das ist die Bank, die in den Cum-Ex-Skandal verwickelt ist.

---

* «Family Offices» sind Gesellschaften insbesondere in den USA, die private Großvermögen von Eigentümerfamilien verwalten.

An den Inhalt von Gesprächen mit deren Miteigentümer Christian Olearius kann sich Olaf aber beim besten Willen nicht erinnern.

Mit an Bord ist Scholz' SPD-Kollegin Manuela Schwesig, die lange und mit grenzwertigen Methoden für die überflüssige Ostseepipeline Nord Stream 2 gekämpft hat. Die Eröffnung des LNG-Terminals, das hier in Windeseile errichtet wurde, vorgeblich um russisches Gas zu ersetzen, kommt da gerade recht. Das lässt sich gut nutzen, um vom zweifelhaften Engagement der Ministerpräsidentin von Mecklenburg-Vorpommern für das deutsch-russische Projekt abzulenken.[88]

Das Hafenbecken, in dem die *Neptune* liegt, diente einst als Kühlwasserreservoir für das Atomkraftwerk Greifswald. Das wird 1990 wegen eklatanter Sicherheitsmängel abgeschaltet und nun seit mehr als dreißig Jahren zurückgebaut. Westlich davon findet sich die Anlandung der Nord-Stream-2-Pipeline, die nie in Betrieb gehen wird. Dazwischen: die *Neptune* der Deutschen ReGas, deren große Versprechen bislang ebensolche geblieben sind. Fünf Milliarden Kubikmeter Gas, so hatte das Start-up angekündigt, wolle man jährlich ins Gasnetz einspeisen. Das Ziel wurde schon im ersten Jahr grandios verfehlt: Gerade einmal ein Fünftel davon, nämlich eine Milliarde Kubikmeter, wurde angelandet.[89] AKW Greifswald, Nord Stream 2, LNG: drei energiepolitische Pleiten auf einem Fleck. Und dabei wird es nicht bleiben. Norbert Protz zeigt über die Ostsee hinweg in Richtung Rügen. Draußen vor der Küste der Insel ist ein Schiff mit zwei Kränen erkennbar. Die *Castoro 10*, ein Baggerschiff, bereitet dort schon geschäftig den nächsten Irrsinn vor.

Es ist früher Abend, als ich auf der Insel Rügen ankomme. Die Septembersonne geht gerade hinter dem Seebad Binz unter. Ich flaniere durch das Spalier, das die mondänen weißen Villen auf dem Weg zum Strand bilden. An der Seepromenade spielt eine Frau auf einem weißen Flügel. Ich laufe bis ans Ende der hölzernen Seebrücke. Von hier hat man einen fantastischen Blick auf die opulente Bäderarchitektur, auf den feinen Sand am Strand mit seinen Körben, die sich in der Abendsonne rosa färben, und auf die bewaldete Steilküste der Binzer Bucht. Die Natur auf dieser Insel ist einzigartig, artenreich und spektakulär. Hier gibt es nicht nur die berühmten Kreidefelsen, sondern auch uralte Buchenwälder, die zum UNESCO-Weltnaturerbe gehören. Weiters Binnenseen und Moore, Salzwiesen und Lagunen, Dünen und Heidelandschaften, sanfte Hügel und steile Küsten. Es gibt zwei Nationalparks, ein Biosphärenreservat und 28 Natur- und Vogelschutzgebiete. Viele streng geschützte und bedrohte Arten haben hier ihre Heimat: Westlich von Rügen leben noch ein paar Hundert Schweinswale, die Sandbänke werden seit Kurzem wieder von Kegelrobben bewohnt. Die Seegraswiesen im Greifswalder Bodden sind das wichtigste Heringslaichgebiet der Ostsee, und mit viel Mühe und Millionen Euro wird hier in einem internationalen Projekt der Baltische Stör wieder angesiedelt, der vor zwanzig Jahren als ausgestorben galt.[90] Zudem ist dieses Naturparadies für eineinhalb Millionen Menschen jedes Jahr Reiseziel und Sehnsuchtsort.

Für den größten Schweinswalfan der Bundesregierung hingegen ist dies genau der richtige Platz für das größte fossile Projekt Europas. Nach dem Willen von Robert Habeck und Olaf Scholz soll auch vor Rügen ein riesiges schwimmendes LNG-Terminal errichtet werden. So schnell es geht, und scheinbar um jeden Preis. Am Horizont sind die Vorboten zu sehen: Zwei große rote Schiffe mit der Aufschrift «LNG» bewegen sich in Richtung eines enormen Kahns. Es sind die beiden Shuttleschiffe, die sich auf den Weg zur *Seapeak Hispania* machen, um dort das Flüssigerdgas für die *Neptune* in Lubmin zu holen. Wenn die Brise nicht allzu steif ist, kann man ihr Wummern hören.

Karsten Schneider, 59 Jahre alt, ist zwei Meter groß und kräftig gebaut, er hat schon viele Meisterschaften im Hammerwerfen und Kugelstoßen gewonnen. Doch was seit dem 24. Januar 2023 mit seiner Gemeinde passiert, das haut auch den Binzer Bürgermeister um. «Bis zu diesem Tag habe ich daran geglaubt, dass wir in einer makellosen Demokratie leben. Ich habe daran geglaubt, dass die Rechtsstaatlichkeit nicht von der Politik beeinflusst wird. Ich habe daran geglaubt, dass Fake News nicht die Oberhand gewinnen können», sagt der Parteilose und macht eine kleine dramaturgische Pause, «aber ich habe als kommunaler Politiker erfahren müssen, dass das nicht so ist.» Schneider ist seit zwölf Jahren im Amt, als ihm Vertreter des deutschen Energieriesen RWE an jenem Dienstag im Januar einen Besuch abstatten. Der Bürgermeister empfängt sie zusammen mit dem Tourismusdirektor Kai Gardeja im «Haus des Gastes». Von den Managern erfährt er, dass die Bundesregierung RWE damit beauftragt hat, vor der Ostseeinsel das größte schwimmende LNG-Terminal Europas zu bauen. «Sie haben uns eine Präsentation gezeigt, da war erst ein großes Schiff vor Sellin zu sehen», erinnert sich Schneider. «Da haben bei mir schon die Alarmglocken geläutet, denn das würde man ja auch von hier aus sehen.» Doch mit jeder Seite der Präsentation werden es mehr Schiffe. «Am Ende waren es drei FSRU plus je zwei Tanker.» Zwei Türme wollte RWE fünf Kilometer vor Sellin in den Meeresboden rammen. Bis zu vier Regasifizierungsschiffe – *Floating Storage and Regasification Units* (FSRU), 300 Meter lange und 50 Meter hohe Monstren – sollten dort dauerhaft stationiert und von LNG-Tankern beladen werden. Zusätzlich soll eine knapp 40 Kilometer lange Pipeline bis Lubmin gelegt werden. Durch den hochsensiblen und streng geschützten Greifswalder Bodden. Vor eine Insel, die fast ausschließlich vom Tourismus lebt.

Schneider lehnt sich im Sessel in seinem Büro zurück und lacht kurz auf: «Da habe ich Kai Gardeja angeschaut und gefragt: Denkst du das Gleiche wie ich? Er sagte Ja, und ich sagte: Nein danke.» Doch die RWE-Leute sind nicht gekommen, um um Erlaubnis zu fragen oder seine Meinung einzuholen. Sie teilen ihm vollendete Tatsachen mit. Im Mai würden sie beginnen, Leitungen zu legen, Ende September stünden die Terminals, über die für die kommenden zwanzig Jahre Flüssigerdgas importiert würde.

Im Februar stellt Mecklenburg-Vorpommerns Wirtschaftsminister Reinhard Meyer die LNG-Pläne vor. Gleichzeitig beantragt die RWE-Tochter Gas Link Lubmin den Bau für die Gasleitung, und kurz darauf stellt RWE eine Bauplattform an die Südwestspitze Rügens, obwohl es noch keine Genehmigung gibt. «Erkundungsarbeiten», erklärt RWE den verschreckten Bürgerinnen und Bürgern und zieht die Plattform tags darauf wieder ab.

«Falls ich als Bürgermeister in die Geschichtsbücher eingehen sollte, dann als der Bürgermeister, der alles versucht hat, um dieses unnötige Projekt zu verhindern», sagt Schneider. Und er versucht wirklich alles. Im Februar startet er eine Petition an Robert Habeck, 37 der 39 Bürgermeister auf Rügen unterzeichnen. Am Ende bekommen sie 95 000 Unterschriften zusammen und schaffen es in den Petitionsausschuss im Bundestag. Demonstrationen und Protestkundgebungen finden auf dem Kurplatz statt, eine Menschenkette am Strand, Musikfestivals, Performances. Dazu etliche Einwendungen, Klagen und Befangenheitsanträge.

Daraufhin verwirft die Bundesregierung den Standort Sellin und nimmt stattdessen den Hafen Mukran am nördlichen Ende der Binzer Bucht ins Visier – kurz vor Sassnitz und direkt gegenüber dem Strand von Binz. Statt vier sollen dort nur zwei Terminals liegen. Der schwere Schiffsverkehr zöge den Besucherinnen und Besuchern des größten Seebades der Insel nun direkt vor der Nase vorbei. Schneider und Gardeja schreiben einen offenen Brief an die Landesregierung und mehrere Briefe an Habeck und Scholz. Sie bekommen keine Antwort. Erst Ende April, ein Vierteljahr nach RWE, kommen auch Scholz und Habeck ins «Haus des Gastes» nach Rügen. Zusammen mit Ministerpräsidentin Manuela Schwesig und Gaslobbyisten treffen sie Karsten Schneider hinter verschlossenen Türen. Den Bürgerinnen und Bürgern, von denen mehrere Hundert draußen demonstrieren, stellen sie sich nicht. Bis heute nicht. Sie sind auch nicht gekommen, um zu diskutieren. Bedenken werden kleingeredet, Fragen bleiben offen, so erzählt es mir Schneider. Abermals wird betont, wie wichtig das LNG-Terminal sei, um von Putins Gas unabhängig zu werden. Dass das Projekt strategisch bedeutend sei, um Ostdeutschland, Osteuropa und Bayern zu versorgen.

«Ich habe dem Kanzler damals gesagt, dass ich es für äußerst problematisch halte, wie das vorangetrieben wird», erinnert sich Schneider, «weil das die Leute an die rechten Ränder treiben wird. Und dass wir bei den Wahlen unser blaues Wunder erleben, wenn das Terminal hier durchkommt.» Tatsächlich mobilisiert auch die AfD gegen das Terminal. Sie will zurück zum russischen Gas und zu Nord Stream 2 (und zudem alle Vorhaben der erneuerbaren Energie gleich mit einkassieren). Prompt stößt der Widerstand auf Rügen in den Medien auf Kritik: Die Rede ist von «Egoismus, Kurzfristdenken, Vollkaskowünschen»,[91] von «Nimby»-Mentalität (*Not in My Backyard*). Dabei liegen da schon längst die Studien vor, die belegen, dass die Gasspeicher gut gefüllt sind und die Bundesregierung LNG-Überkapazitäten plant. Darüber hinaus fließt weiterhin russisches Gas nach Deutschland. Russland liefert LNG an Belgien und die Niederlande, dort wird es jeweils in Gas umgewandelt und fließt per Pipeline ins deutsche Gasnetz. Aber Fakten scheinen keine Rolle zu spielen bei diesem autoritären Projekt.

Dann springt RWE ab. Vermutlich fürchtet der Konzern, der seit vielen Jahren an seinem grünen Image bastelt, ein zweites Lützerath. Zu diesem Zeitpunkt ist es gerade einmal drei Monate her, dass dort blockiert und heftig gegen den Kohlekonzern protestiert wurde, der das rheinische Dorf samt acht Windrädern abreißen lässt, um aus seinem Tagebau Garzweiler noch mehr Kohle zu baggern. Nun hat sich die Klimabewegung auch dem Protest auf Rügen angeschlossen: Das Bündnis «Ende Gelände» plant ein Protestcamp am Pfingstwochenende 2023.

Doch schnell sind Nachfolger für das Projekt gefunden: Olaf Scholz' neue LNG-Freunde von der Deutschen ReGas übernehmen das LNG-Terminal mit zwei FSRU im Hafen von Mukran. Eines davon die *Neptune*, die aus Lubmin nach Rügen umziehen soll. Dafür muss eine 50 Kilometer lange Pipeline durch den Greifswalder Bodden gebaggert werden. Die Bundesregierung hat es nun besonders eilig, Fakten zu schaffen, schließlich soll hier schon im Winter 2023/24 Gas fließen. Anfang Juli stimmt der Bundestag mit 369 zu 301 Stimmen und vier Enthaltungen dafür, Rügen und das Terminal Mukran in das LNG-Beschleunigungsgesetz aufzunehmen. Robert Habeck, der sich für diese Gesetzesänderung stark gemacht hat, gibt seine Stimme nicht ab.[92]

«Wenn die Fahrrinne am Hafen in Mukran für das Terminal vertieft und verbreitert wird, dann ändern sich hier die Strömungsverhältnisse, und der Strand versteinert, das ist bereits in Prora passiert, und das könnte dann der ganzen Bucht drohen», fürchtet Schneider. «Sagen Sie mir: Wer will dann noch nach Rügen kommen, wenn hier ein Steinstrand ist? Wenn es Tag und Nacht wummert? Es gibt schon jetzt Dreck und Anspülungen am Strand, die wir vor den LNG-Schiffen nicht kannten», sagt der Bürgermeister. Viele fürchten große Einbußen, wenn die Baustellen und Tanker Lärm, Dreck und Gift bringen, wenn sie die Aussicht verschandeln und das Ökosystem ruinieren. «Dann sind Tausende Arbeitsplätze gefährdet, denn die Insel hier lebt vom Tourismus», sagt Karsten Schneider.

«Karsten Schneider mit K», so stellt er sich mir vor, als wir uns das erste Mal begegnen. Denn es gibt da noch den Carsten Schneider mit C: Der SPD-Bundestagsabgeordnete gehört zu denen, die das Terminal wollen, koste es, was es wolle. Wenn in Leuna und Erfurt, dort, wo die Chemie- und Großindustrie im Osten sitzt, die Lichter ausgingen, weil kein Gas mehr da wäre, dann kämen erst recht keine Touristen mehr nach Rügen, sagt der Ostbeauftragte Schneider mit C. Viele ostdeutsche Chemie- und Pharmaunternehmen sowie der ostdeutsche Chemieverband haben sich für ein LNG-Terminal vor Rügen ausgesprochen.[93]

Diesen Satz des Ostbeauftragten haben sich viele, mit denen

ich hier an diesem Wochenende im September auf Rügen spreche, gemerkt. Und sie sind empört darüber, wie die Politik ihre Sorgen vom Tisch wischt, ihren Widerstand abwertet und von oben herab urteilt. «Die westdeutsche Wohlstandsgesellschaft ist im Osten angekommen» – noch so ein herablassender Satz von Carsten Schneider mit C, der gar nicht verstehen kann, warum es auf Rügen einen solchen Aufstand gibt.[94] Das Gespräch sucht der Ostbeauftragte daher nur mit den Leuten in Sassnitz, wo der parteilose Bürgermeister Leon Kräusche als einer der ganz wenigen das LNG-Terminal unbedingt haben will.

Am südöstlichen Zipfel von Rügen, in Thiessow, schaue ich über den Greifswalder Bodden in Richtung Lubmin, wo ich am Tag zuvor Norbert Protz getroffen habe. Das Spezialschiff *Castoro 10* hat vor rund zwei Wochen angefangen, den ersten 25 Kilometer langen Abschnitt der Pipeline von Lubmin nach Mukran zu verlegen. Unter meinen Füßen spüre ich die Vibration. Tag und Nacht baggert das Schiff das hochsensible Ökosystem auf. Eine Umweltverträglichkeitsprüfung gibt es selbst hier nicht, man verlässt sich auf alte Gutachten für den Nord-Stream-2-Bau.[95] Dabei zerschneidet die Pipeline gleich vier wichtige Schutzgebiete. Die Baggerarbeiten wühlen Sedimente auf, die Wasserpflanzen, die CO_2 speichern, ersticken. Wenn Nährstoffe aufgewirbelt werden, befeuert das die Algenblüte, die wiederum nimmt den Seegraswiesen das Licht, um wachsen zu können. Der Heringslaichplatz wäre damit Geschichte. Die Boddenrandschwelle zur offenen Ostsee hin, die ebenfalls geschütztes Gebiet ist, soll tiefer gelegt werden. Damit wird nicht nur das ganze Gefüge des Greifswalder Boddens verändert, sondern auch der Lebensraum von Muscheln, Schwämmen und Seenelken sowie Fischen und Krebsen, die wiederum die Nahrungsgrundlage vieler größerer Meeressäuger wie dem Schweinswal und von Seevögeln sind. Lärm und Dreck des zusätzlichen Schiffsverkehrs werden den Biotopen und allen, die in ihnen leben, zusätzlichen Schaden zufügen.

Der EU-Naturschutz verbietet den Mitgliedsstaaten ausdrücklich, den Zustand von ihren Natura-2000-Gebieten zu verschlechtern.[96] Der Greifswalder Bodden und benachbarte Gebiete könnten daher ihren Schutzstatus verlieren. Dann wäre der Weg frei für noch mehr umstrittene industrielle Großprojekte im Meer. «Wenn so etwas in einem Schutzgebiet möglich ist – was ist dann erst in einem nicht geschützten Gebiet denkbar?», fragt Henning von Nordheim. Er ist Honorar-Professor für Meeresnaturschutz an der Universität Rostock und fürchtet einen Dammbruch: «Dieses Vorgehen ist ein Präzedenzfall, eine Blaupause, die auch künftig aus der Schublade geholt werden wird.» Das LNG-Beschleunigungsgesetz habe substanzielles nationales und europäisches Naturschutzrecht ausgehebelt. «Wir haben für die Biodiversitätsschutzgesetze Jahrzehnte lang gekämpft und die Schutzgebietsregulierungen gegen viele Widerstände mühsam erarbeitet», sagt von Nordheim, «und dann werden entgegen aller Zusagen der Bundes- und Landesregierung sowohl der Meeresschutz und massive ökologische Bedenken missachtet.»

Der Schutz von Umwelt, Klima, Menschenrechten in der Lieferkette sowie von unseren Lebensgrundlagen hat in Deutschland keine parlamentarische Vertretung. Nicht einmal mit einer Regierungsbeteiligung der Grünen. Und erst recht nicht mit einem grünen Wirtschaftsminister, der hier unter dem Deckmantel von Versorgungssicherheit, Energie-Unabhängigkeit und Klimaschutz den Ausbau fossiler Infrastruktur vorantreibt.

Eine Allee aus dicht gewachsenen Laubbäumen endet an einem alten Gutshaus. Auf der Wiese sind bunte Zelte verteilt, an einem verwitterten Gebäude hängt ein bemaltes Bettlaken: «Auf Rügen und überall – Pipelines zu Altmetall». Darunter bricht Mr Krabs aus der Cartoon-Serie *SpongeBob* ein Rohr auseinander, auf dem «LNG» steht. Am vorletzten Wochenende im September versammelt sich hier auf dem Lebensgut Frankenthal im weniger touristischen Süden der Insel das zweite Aktionscamp «Gemeinsam gegen LNG auf Rügen». Auf dem Boden vor den Kompost-Klos liegen Farbtuben, Pinsel, Sprühdosen, Schablonen und Schilder. «LNG – Leider Nicht Geil» und «LNG – Lügen Nicht Genehmigen» lauten die Parolen. An einer Wäscheleine hängen Maleranzüge. Umgedrehte, gekreuzte Schlägel und Eisen zieren sie, die frische pinke und hellblaue Farbe trocknet in der warmen Nachmittagssonne. Die weißen Overalls sind das Markenzeichen der Bewegung für Klimagerechtigkeit Ende Gelände, man kennt sie aus den Medienbildern und von den Besetzungen der Kohlegruben im Rheinischen und Lausitzer Revier, aus den Protesten um Lützerath und den Hambacher Forst, von den Demos gegen die Internationale Automobilausstellung IAA. Doch dieser Protest auf Rügen ist anders. «Alle gegen LNG» ist das Motto. Alle heißt: Ende Gelände kämpft gemeinsam mit den lokalen Bündnissen und Bürgerinitiativen. Rügen ist viel zu weit weg vom Rest des Landes, um eine Massenbewegung wie in Lützerath zu organisieren. Umgekehrt ist das Thema zu groß für die kleinen Bewegungen vor Ort allein. Noch dazu, weil die AfD versucht hat, den Protest gegen LNG zu vereinnahmen.

Den fossilen Lock-in via LNG zu verhindern, ist für die meisten hier einer der wichtigsten Kämpfe überhaupt. Für Ricky Gärtner zum Beispiel, die dafür extra von Wien nach Rügen gezogen ist, um dauerhaft den Widerstand vor Ort zu unterstützen. Die 19-Jährige heißt nur als Aktivistin so und findet, «dass LNG symbolisch ist für das, was gerade auf der Welt passiert». Sie sitzt auf einem Podium in der ehemaligen Scheune des Lebensguts Frankenthal. Viele Plätze sind belegt. «Ich bin mir sicher, dass ihr versteht, was wir hier durchmachen», sagt James Hiatt auf der Videoleinwand. Er ist dem Camp aus Lake Charles zugeschaltet und wedelt mit einem Plüschgeier in die Kamera. Es ist sein Symbol für den LNG-Konzern Global Venture – oder eben, wie James ihn nennt, «Global Vulture» –, der LNG-Anlagen mit deutscher Unterstützung in seiner Heimat baut. «Wir stecken da gemeinsam drin, und wir brauchen einander sehr», spricht James den Leuten Mut zu. Gelebte globale Solidarität. Anfangs hatte die Deutsche ReGas zwar angekündigt, kein umstrittenes Fracking-Gas aus den USA zu importieren. Aber schon der zweite Tanker, der an der *Seapeak Hispania* anlegt, kommt aus Louisiana. Gefüllt ist die *Cool Voyager* mit Flüssigerdgas aus dem Terminal Cameron LNG, das Donald Trump in Lake Charles eröffnet hat.[97]

Es tut gut zu wissen, nicht allein zu sein gegen die globalen Geier auf beiden Seiten des Atlantiks. Auch mir. Die Rügenerinnen und Rügener, die gegen das Projekt sind, mögen anfangs skeptisch gegenüber dem Schulterschluss mit Ende Gelände gewesen sein, jetzt freuen sie sich, dass die Klimabewegung hier ist. Sie haben zu viel zu verlieren, und viele von ihnen sind frustriert, fassungslos und wütend darüber, mit welcher Gewalttätigkeit das Projekt hier umgesetzt und mit welcher Kaltschnäuzigkeit ihnen begegnet wird. Das ist im Camp deutlich zu spüren. «Mit welchem Recht nehmen die uns das, was wir lieben?» Das fragt Stefanie Dobelstein. Sie ist hier als Tochter eines Küstenfischers aufgewachsen und arbeitet als Grundschullehrerin. Sie hat 2021 die Bürgerinitiative Lebenswertes Rügen mitgegründet und ist deren Sprecherin. Seither kämpft sie gegen touristische Großprojekte auf ihrer Insel, und jetzt eben auch gegen industrielle.

«Als wir von dem LNG-Terminal gehört haben, da haben wir erst einmal laut gelacht», erinnert sich Dobelstein. «Ein LNG-Terminal in einem Natura-2000-Gebiet, neben einem Biosphärenreservat und einem UNESCO-Weltnaturerbe, das ist so absurd, das ist so krank, ich habe das einfach nicht für voll genommen.» Man habe schon ganz andere Kämpfe gewonnen, zum Beispiel 1992 den gegen die Meyer-Werft Papenburg, die kurz nach der Wende eine Insel vor Mukran aufschütten und eine monströse Werkshalle darauf bauen wollte. «Wir haben gedacht, das pusten wir ganz schnell weg», sagt Dobelstein, «aber jetzt wird das hier zum Horrorprojekt.» Neben ihr sitzt Andrea Kähler, sie ist Rechtsanwältin und Vorstand der Bürgervereinigung Sellin. «Wir dachten, das wischen wir vom Tisch, da schreiben wir ein paar Briefe und machen vielleicht eine Demo, dann werden die das verstehen», sagt sie. «Aber wir haben nicht nur einmal demonstriert, wir haben jede Menge Briefe geschrieben und 1200 Einwendungen gemacht, wir haben eine Petition eingereicht und vor dem Petitionsausschuss im Bundestag gesprochen», zählt Kähler auf. «Wir haben ganz brav alle demokratischen Mittel genutzt, die es gibt. Aber wir haben kein Gehör gefunden.» Auf ihrem Schoß liegt zum Beweis ein dicker Aktenordner mit Gutachten zum Terminal, immer wieder liest sie daraus vor, immer wieder ist sie von Neuem empört darüber, was sie da lesen muss. Dann hält sie ein dünnes lila Bändchen hoch. *Postdemokratie*, der Essay des britischen Politikwissenschaftlers Colin Crouch. «Das beschreibt ziemlich gut, worum es hier geht», sagt sie und meint die darin beschriebene Simulation einer Demokratie, in der politische Beteiligung aber nicht wirklich stattfindet. «Uns wird ‹Not in my backyard› vorgeworfen, wir werden als Lokalpatrioten belächelt», ärgert sich Dobelstein. Das Traurigste sei, «dass die Leute so lernen, dass es nichts bringt, sich zu engagieren. Es haben eh schon viele keine große Motivation, politisch aktiv zu werden. Erst hatten sie in der DDR nichts zu melden, dann wurden sie vom Kapitalismus überrollt. Sie glauben nicht an ihre Wirkmächtigkeit. Und das ist jetzt der Beweis.»

Am nächsten Tag gibt es im Camp eine Pressekonferenz. Mr. Krabs hängt vor der Eingangstür des Haupthauses, flankiert von zwei türkisfarbenen Kreuzen. Eine Reminiszenz an die gelben Kreuze aus dem Kampf gegen die Castor-Transporte im Wendland. Davor ist ein Biertisch aufgebaut. Hier sitzt der Wirtschaftswissenschaftler Christian von Hirschhausen. Er sagt es klipp und klar: «Das fossile LNG-Projekt Mukran ist energiewirtschaftlich nicht notwendig und wird nicht dringend für die Versorgungssicherheit im kommenden Winter benötigt. Das Projekt ist klimapolitisch nicht sinnvoll, da es den Lebensraum der Ostsee gefährdet, zusätzliche klimaschädliche Emissionen verursacht und eine nachhaltige regionale Wirtschaftsentwicklung auf Rügen behindert.» Von Hirschhausen lehrt Wirtschafts- und Infrastrukturpolitik an der Technischen Universität Berlin und ist Forschungsdirektor am Deutschen Institut für Wirtschaftsforschung (DIW) in Berlin. Das DIW hat bereits im April 2022 belegt, dass der geplante Ausbau der LNG-Terminals Überkapazitäten schaffe. Im Protestcamp auf Rügen stellt von Hirschhausen eine neue Studie vor, die er unter anderem mit seiner DIW-Kollegin und renommierten Klimaökonomin Claudia Kemfert durchgeführt hat.[98] Darin steht, dass die Gasspeicher in Deutschland und Europa zu Beginn der Heizperiode zu je 95 Prozent gefüllt sind. Selbst in sehr kalten Wintermonaten ließen sich sowohl Deutschland als auch Osteuropa, das teilweise beliefert werden müsste, ausreichend versorgen. Es gebe weder Netzengpässe noch eine Gasmangellage. Eine echte Gasmangellage, wie sie als Schreckensszenario immer wieder an die Wand gemalt wird, braucht drei Voraussetzungen, die gleichzeitig gegeben sein müssen: ein extrem kalter Winter, die Zerstörung von wichtigen Pipelines etwa aus Norwegen und keine Bereitschaft von Bevölkerung und Industrie, Gas einzusparen. Ein ziemlich unwahrscheinliches Szenario.

Die DIW-Studie kritisiert außerdem die schamlose Behauptung der Bundesregierung, dass die LNG-Infrastruktur zum Erreichen der nachhaltigen Entwicklungsziele der Vereinten Nationen (*Sustainable Development Goals* – SDG) beitrage – unter anderem zum Zugang zu bezahlbarer sauberer Energie (SDG 7), menschenwürdige Arbeit und nachhaltiges Wirtschaftswachstum (SDG 8) und Klimaschutz (SDG 13). Das sei eine «Umdeutung der Nachhaltigkeitsziele zur Legitimation des fossilen Projekts».

Das Rügen-Hotel ist ein schmuckloser graubrauner DDR-Bau aus den Sechzigerjahren am Ende der Fußgängerzone. Gewundene Treppen führen von dem Betonklotz zu einem gepflasterten Platz, der sich zum Stadthafen Sassnitz öffnet. Er ist noch recht leer an diesem Samstagmorgen, und so hat man freien Blick auf das Meer und die *Seapeak Hispania*, die da draußen liegt. Doch dieser Blick wird zunehmend verstellt, je mehr Demonstrantinnen und Aktivisten sich hier versammeln und ihre Banner ausbreiten. Viele haben sich türkise Kreuze auf die Wangen gemalt und tragen türkisfarbene Paillettentücher um den Hals. «Geht arbeiten», ruft ein alter Passant ihnen zu. Der Platz ist voll, die Rednerinnen und Redner treten ans Mikrofon. Dann gibt es Tumult in der Menge. Jemand hat Leon Kräusche am Rand des Platzes entdeckt, den Bürgermeister von Sassnitz, der sich für das LNG-Terminal einsetzt. Es ertönen Rufe, er soll ans Mikro kommen und mit den Leuten reden. Aber Kräusche reagiert nicht darauf und wird schließlich ausgebuht. Später gesellen sich Andrea Kähler, Ricky Gärtner und Christian von Hirschhausen zu ihm, um mit ihm zu diskutieren. Von Hirschhausen drückt ihm die DIW-Studie in die Hand und bittet ihn, sie zu lesen. «Warum soll ich die Welt retten?», fragt der Bürgermeister trotzig. Binz habe zehnmal so viele Gästebetten wie Sassnitz. Er zeigt auf die andere Straßenseite, wo die alten Stubnitz Lichtspiele verfallen.

Es stimmt ja. Sassnitz ist weit weniger mondän und herausgeputzt als das Seebad Binz. Hier übernachten die wenigsten Gäste von allen Seebädern. Die Arbeitslosenquote liegt bei rund zehn Prozent. Kräusche hat selbst im Hafen Mukran gearbeitet und war dort für Gewerbe- und Industrieansiedlung verantwortlich. Er hofft auf Steuereinnahmen durch das Terminal und auf Betriebe, die sich ansiedeln. «Sassnitz kann mehr», das ist Kräusches Wahlslogan. Seit der Wende gibt es Pläne und Hoffnungen, dass aus dem Fährhafen ein Industriegebiet wird. Bislang haben sie sich nicht erfüllt. Nun halten Bundesregierung und Deutsche ReGas den Sassnitzern wieder die Karotte vor die Nase – diesmal heißt sie «Wasserstoff». Wie unrealistisch das in Wahrheit ist, das legt die DIW-Studie ebenfalls ausführlich dar. Die FSRU können gar nicht für die Wasserstoff-Nutzung umgebaut werden. Und eine Wasserstoffinfrastruktur an Land wäre ein komplett neues Projekt, das auch ein eigenes Genehmigungsverfahren bräuchte.

So schafft es der Kapitalismus, Menschen vor sich herzutreiben, zu spalten und dazu zu zwingen, die eigenen Lebensgrundlagen zu zerstören, um den Profit anderer zu sichern.

Ein Passant hört das Gespräch mit Kräusche und schüttelt den Kopf. «So ein Unsinn, was der da redet. Hier wird es nie ein Industriegebiet geben. Aber jeder Job hier hängt am Tourismus, jeder Handwerker, alle», sagt er und beobachtet, wie sich die Ende-Gelände-Gruppe in den weißen Anzügen formiert. «Aber das hier ist nicht mein Protest. Den vereinnahmen jetzt diese Klimaaktivisten. Eigentlich müssten hier Rügener demonstrieren», sagt er, dreht sich um und geht nach Hause. Der Zug bewegt sich auf der Landstraße in Richtung Hafen Mukran. Dort laufen wir an den riesigen Röhren vorbei, die hier noch von Nord Stream 2 herumliegen. Jetzt sollen sie für die LNG-Infrastruktur verbaut werden. Dann bricht ein Teil der Ende-Gelände-Gruppe aus dem Demozug aus und stürmt das Hafengelände. Einem anderen Teil gelingt es, Pipelines zu besetzen. Schließlich gibt es eine Straßenblockade. Es sind nicht nur geübte Klimaaktivisten, die sich hier auf den Boden setzen, auch die Engagierten aus den Bürgerinitiativen wagen diesen einen Schritt weiter vom Protest zum zivilen Ungehorsam.

Mit jedem Tag, den sich das Jahr dem Winter nähert und die Pipeline nicht fertig wird, wächst die Hoffnung auf Rügen. Das Deutschlandtempo stockt, wegen schlechtem Wetter unterbricht der Gasnetzbetreiber Gascade die Bauarbeiten. Das Beschleunigungsgesetz würde hinfällig, wenn das Terminal nicht im Winter 23/24 Gas liefert. Ende Dezember ist die Pipeline immer noch im Bau, und im Januar beginnen Heringslaichsaison und Vogelrastzeit. Dann gilt absolutes Bauverbot. Das hat Robert Habeck bei seinem Besuch in Binz selbst bekräftigt: Die Anbindungsleitung müsse bis Jahresende fertiggestellt sein, sonst müssten die Arbeiten wegen des Herings bis Mai ruhen.[99] Sie wird nicht fertig werden, und der Klimaschutzminister wird sein Wort brechen. Gascade bekommt vom Bergamt Stralsund die Sondererlaubnis, im

Januar und Februar weiterzuarbeiten. Die Deutsche Umwelthilfe versucht zum wiederholten Mal, den Bau vor Gericht zu stoppen. Und diesmal hat sie mit ihren Eilanträgen tatsächlich Erfolg. Zumindest kurz. Das Bundesverwaltungsgericht verhängt vorläufig einen Baustopp, hebt diese Entscheidung wenig später aber wieder auf. Begründung: Die Klagen gegen die längere Bauzeit seien unbegründet, Verstöße gegen Naturschutzrecht nicht festzustellen.[100] Am Samstag, den 24. Februar legt das Regasifizierungsschiff *Energos Power* im Hafen Mukran an und geht in Probebetrieb. Deutschlandgeschwindigkeit sticht Demokratie. Exakt ein Vierteljahr zuvor wird die Deutsche ReGas von der LNG-Lobby für den World LNG Award nominiert – für einen «Herausragenden Beitrag 2023».[101]

Am Tag, als das Bundesverwaltungsgericht den Weiterbau der Pipeline vor Rügen erlaubt, verkündet US-Präsident Joe Biden ein Moratorium für den Ausbau weiterer LNG-Exportterminals. Projekten, die noch keine Genehmigung haben, wird bis auf Weiteres keine erteilt. Betroffen ist davon auch Venture Globals Anlage CP2, gegen die James Hiatt und seine Verbündeten in Louisiana seit Jahren kämpfen und auf deren Bau das deutsche Staatsunternehmen SEFE so sehr drängt. Ganz schön peinlich für das grün geführte deutsche Wirtschaftsministerium. Jetzt, so fordern es Umweltverbände, müsse auch die Bundesregierung den Ausbau der Infrastruktur in Deutschland auf Eis legen und überprüfen. Abermals veröffentlichen Claudia Kemfert und Christian von Hirschhausen eine Analyse, die belegt, dass die Gasversorgung in Deutschland stabil ist und der Ausbau der fossilen LNG-Infrastruktur überflüssig.[102]

Warum also hält die Bundesregierung so verbissen an ihren Plänen fest? Das frage ich das Bundeswirtschaftsministerium – und bekomme eine etwas trotzige Antwort: «Aufgrund des russischen Angriffskriegs gegen die Ukraine hat sich die Bundesregierung dazu entschieden, sich von Gas-Importen aus Russland zu lösen und diese Gasmengen unter anderem durch Flüssiggas

(LNG) zu ersetzen. Ein weitestgehender Ersatz über andere terrestrische Fernnetzleitungen ist derzeit nicht möglich. Insofern ist die schnelle Errichtung von LNG-Terminals noch wichtiger geworden», so das BMWK. «Dies stellt das klimapolitische Ziel Deutschlands jedoch nicht infrage. Im Gegenteil. Minister Habeck hat mehrfach darauf hingewiesen, dass die Bekämpfung der Energiekrise und die Bekämpfung des Klimawandels Hand in Hand gehen muss und die aktuelle Energiekrise eine schnellere Abkehr von Öl und Gas und damit einen wesentlich schnelleren Ausbau der erneuerbaren Energien erfordert und das Vorantreiben des Wasserstoff-Hochlaufs.»

Es werden also die ewig gleichen, längst widerlegten Narrative wiederholt. Bizarr. Denn gleichzeitig erklärt Robert Habeck die Energiekrise für beendet: «Diese Krise haben wir abgearbeitet», erklärt er bei einer öffentlichen Veranstaltung in Berlin im Frühjahr 2024, die Energieversorgung sei stabil.[103] Die Gasspeicher sind zu mehr als zwei Dritteln gefüllt, der Gasverbrauch sowie die Gaspreise sind gesunken. Zur Bewältigung der Krise hat die LNG-Infrastruktur, die in Deutschlandgeschwindigkeit errichtet wird, allerdings am wenigsten beigetragen. Im Januar 2024 veröffentlichte die Bundesnetzagentur die Daten zur Gasversorgung 2023. Der Anteil von LNG an den deutschen Gasimporten betrug: sagenhafte sieben Prozent.[104]

«Die Leute konnten sehen, dass sie stark beschäftigt waren, des Kaisers neue Kleider fertig zu machen. Sie taten, als ob sie das Zeug aus dem Webstuhl nähmen, sie schnitten mit großen Scheren in die Luft, sie nähten mit Nähnadeln ohne Faden und sagten zuletzt: ‹Nun sind die Kleider fertig!›»

Hans Christian Andersen, *Des Kaisers neue Kleider*

III. PHANTOM-KLIMASCHUTZ

Wie technologische Scheinlösungen die Krise vorantreiben

1. Neue Monster:
CO$_2$-Speicherung, klimaneutrales Öl
und Geoengineering

Grüner Nebel wabert über den Boden. Der Geruch von faulen Eiern und ein ohrenbetäubendes Dröhnen erfüllen die Luft. Autos stehen kreuz und quer auf den Straßen. Menschen torkeln orientierungslos durchs Dunkel. Sie taumeln wie Zombies, laufen im Kreis, zittern und ringen panisch nach Luft. Manche liegen bewusstlos in ihren Fahrzeugen, Schaum dringt aus Mündern und Nasen. Andere kollabieren in ihren Häusern oder kippen beim Angeln am Flussufer einfach um. Es sind Szenen wie in einem Horrorfilm, die sich am 22. Februar 2020 rund um den kleinen Ort Satartia im Yazoo County des US-Bundesstaats Mississippi abspielen.[1] Der Grund dafür ist eine geplatzte CO$_2$-Pipeline. Durch sie pumpt das Unternehmen Denbury Kohlenstoffdioxid in das nahe gelegene Tinsley-Ölfeld, um mithilfe des Gases Öl aus dem Boden zu pressen, das mit konventionellen Methoden nicht herausgeholt werden kann. Um 60 Prozent kann die Ausbeute einer Ölquelle gesteigert werden, wenn man die Technologie der «Enhanced Oil Recovery» (EOR) anwendet.

CO$_2$ ist nicht nur ein extrem klimaschädliches Gas, sondern auch ein tödliches. Es verdrängt Sauerstoff und erschwert das Atmen. Je größer die Menge des Gases und je länger man ihm ausgesetzt ist, desto gefährlicher ist seine Wirkung: Sie reicht von Bewusstlosigkeit über Koma bis hin zum Tod. Jedes Jahr gibt es weltweit rund hundert tödliche Arbeits- und Industrieunfälle mit CO$_2$. Selbst niedrige Konzentrationen können Panik, Schwindel, Verwirrung und Bewusstseinszustände wie auf Drogen hervorrufen.

Von dem Pipeline-Unfall sind fast dreihundert Menschen in

Satartia und Umgebung betroffen, 49 von ihnen werden in Krankenhäuser eingeliefert. Der Ort muss evakuiert werden. Wäre der Wind an diesem Tag aus einer anderen Richtung gekommen oder das Unglück nicht am frühen Abend passiert, sondern nachts und unbemerkt, wären womöglich viele Menschen zu Tode gekommen. In Satartia überleben einige nur um Haaresbreite; einige sind noch immer krank. Viele, die in den Kliniken verarztet werden, leiden bis heute unter Spätfolgen, ähnlich denen von Long Covid: chronische Müdigkeit, Schlafmangel, Konzentrationsschwäche, Lungenfunktionsstörungen und Atemwegsbeschwerden. Manche sind seit dem Unglück arbeitsunfähig. Auch weil sie falsch behandelt werden: Die Krankenhäuser der Region wissen nicht, womit sie es zu tun haben, das Personal ist auf solche Unfälle nicht vorbereitet. Dabei ist das Tinsley-Ölfeld gerade einmal neun Kilometer Luftlinie von Satartia entfernt und die Firma Denbury auf EOR spezialisiert. Sie baut und betreibt CO_2-Pipelines und ist selbst an mehr als einem Dutzend Ölfeldern in Mississippi, Louisiana und Texas beteiligt.

Das Kohlenstoffdioxid, das in das Tinsley-Ölfeld gepresst wird, stammt aus einem erloschenen Vulkan, dem Jackson Dome. Er liegt unter der gleichnamigen Hauptstadt des Bundesstaats Mississippi. Das CO_2 von dort, so stellt sich später heraus, ist mit hochgiftigem Schwefelwasserstoff kontaminiert – eine besonders gefährliche Mischung. Daher auch die grüne Wolke und der Gestank, denn reines CO_2 ist farb- und geruchlos.

Dem engagierten Sheriff Terry Gann und der freiwilligen Feuerwehr ist es zu verdanken, dass es keine Toten gibt. Gann sammelt Menschen von der Straße ein, befreit sie aus Autos und Häusern. So lange, bis er selbst fast kollabiert und ins Krankenhaus eingeliefert werden muss. Er trägt keine Schutzkleidung, denn die Rettungskräfte erfahren erst auf Nachfrage beim Unternehmen, was genau passiert ist. Und das, obwohl Denbury von der geplatzten Pipeline weiß.[2] Vier Stunden lang strömt das giftige Gasgemisch aus der geborstenen Pipeline, bis Denbury die Lage wieder unter Kontrolle hat. Auch am nächsten Tag steht noch Gas in den Häusern von Satartia.

Es ist nicht der erste Unfall, den die Firma im Zusammenhang mit injiziertem Kohlenstoffdioxid in Ölfelder verzeichnet, und es wird auch nicht der letzte bleiben. Bereits 2011 kommt es auf dem Tinsley-Feld zu einem Blow-out: Eine Fontäne aus CO_2, vermengt mit Wasser, Schlamm und Bohrflüssigkeit, schießt aus dem Boden – 37 Tage dauert es, bis sie unter Kontrolle gebracht werden kann. Ein Arbeiter wird verletzt, viele Rehe, Vögel und andere Tiere ersticken. Im Jahr 2013 tritt über mehr als sechs Wochen hinweg unterirdisch CO_2 aus, die Luftqualität verschlechtert sich. Als die Leitung nach dem Unfall im Frühjahr 2020 ein halbes Jahr später wieder in Betrieb genommen wird, treten abermals große Mengen Kohlenstoffdioxid aus.

CO_2 einzufangen, zu transportieren und zu speichern, ist mit hohen Risiken verbunden. Und trotzdem wächst bei immer mehr Regierungen auf der Welt die Bereitschaft, diese Risiken einzugehen – in Namen des Klimaschutzes. Sie wollen mehr Anlagen, die CO_2 direkt an der Quelle abscheiden und speichern; «Carbon Capture and Storage» (CCS) nennt sich das. Mehr Anlagen, die abgeschiedenen Kohlenstoff weiterverarbeiten, etwa zu Dünger, Bau- oder Treibstoffen, «Carbon Capture and Utilization» (CCU). Und mehr Anlagen, die Kohlenstoffdioxid aus der Luft saugen («Direct Air Capture»). Ihre Nutzung gilt in steigendem Maße als «alternativlos», je weiter das 1,5-Grad-Ziel unerreichbar zu werden scheint.

Drei Jahre nach Satartia steht CCS im Fokus der UN-Klimakonferenz in Dubai und schafft es prominent in die Abschlusserklärung. Nur 55 Tage nach der COP28 präsentiert die EU-Kommission das Netto-Null-Industrie-Gesetz. Dieses sieht unter anderem vor, bis 2030 jährlich 50 Millionen Tonnen CO_2 einzufangen, und bis zum Jahr 2050 sogar 450 Millionen Tonnen. Das wären dreizehn Prozent der jährlichen Emissionen der EU.[3] Brüssel möchte mit CCS am liebsten gar schon bis 2040 (statt 2050) die Treibhausgasemissionen um mindestens neunzig Prozent im Vergleich zu 1990 senken. Große Pläne. Kleines Problem: Weder existieren diese Technologien im großen Maßstab, noch geben Projekte in dieser Richtung Grund zu der Hoffnung, dass sie je zum Klimaschutz beitragen werden.

Denn wenn etwas zu schön klingt, um wahr zu sein, dann ist es das meistens auch nicht. Es ist natürlich eine verlockende Vorstellung: Wir können weiter CO_2 in die Luft blasen wie gehabt, weil es irgendjemand irgendwo anders auffängt oder herausfiltert und verbuddelt oder verarbeitet. Nur leider: «Es ist ein Hirngespinst, bei Öl und Gas so weiterzumachen wie bisher und darauf zu hoffen, dass ein umfassender Einsatz der Kohlendioxidabscheidung die Emissionen verringern wird.» Das sagt Fatih Birol, Wirtschaftswissenschaftler und Direktor der Internationalen Energieagentur.[4] Denn es gibt bis heute keinen einzigen Beleg dafür, dass das Abscheiden, Einfangen und Speichern von CO_2 dem Klima überhaupt nutzt. Und nicht nur das: Es gibt auch kein ausgereiftes technisches Verfahren, das flächendeckend und langfristig eingesetzt werden könnte. Keines, das gewährleisten könnte, dass – die Atomkraft lässt grüßen – das CO_2 auch für immer unter der Erde bleibt, oder zumindest für die nächsten paar Hunderttausend Jahre. Im Gegenteil: Laut dem Production Gap Report, den das Umweltprogramm der Vereinten Nationen (UNEP) kurz vor der Klimakonferenz in Dubai veröffentlicht, sind in den vergangenen dreißig Jahren rund 80 Prozent der CCS-Pilotanlagen gescheitert.[5]

In den wenigen Jahren, die uns noch bleiben, um die Emissionen real zu senken und die schlimmsten Auswirkungen der Klimakrise zu verhindern, entscheiden sich Regierungen auf der ganzen Welt für Phantom-Klimaschutz. Statt heute zu handeln, vertraut man immer noch auf Erfindungen von morgen, getreu dem Motto: Ich weiß, es wird einmal ein Wunder gescheh'n. Auch die deutsche Bundesregierung setzt darauf, dass Märchen wahr werden. Zwar war in Deutschland CCS die längste Zeit aus gutem Grund verboten. Doch nun wird das grün geführte Wirtschaftsministerium nicht nur die Gesetze entsprechend ändern, sondern CCS und CCU auch finanziell fördern.[6] Zwar beteuert man dort immer noch, dass zuerst CO_2 eingespart werden müsse – aber, fragt man sich, wann und wo soll denn damit begonnen werden?

Carbon Management heißt die neue Strategie. Das klingt nach tüchtigen und smarten Wirtschaftsbossen, die jetzt professionell und tatkräftig anpacken beim Klimaschutz, und nicht nach Politikern, die immer nur verbieten und Vorschriften machen. Tatsächlich aber ist es eine Kapitulation: Statt den Ausstieg aus Öl, Gas und Kohle voranzutreiben, statt sie zur realen CO_2-Reduktion zu zwingen, verwaltet die Politik den Dreck der Industrie. Schlimmer noch: Indem sie spekulative Scheinlösungen wie CCS unterstützt, ermöglicht es die Politik der Wirtschaft, ihr schmutziges Kerngeschäft nicht nur beizubehalten, sondern es sogar noch zu erweitern – unter einem grünen Deckmantel. Das ist auch der Grund, weshalb die Öl- und Gasindustrie die CCS-Ideologie seit Jahren propagiert. Auf der Klimakonferenz in Dubai waren fast fünfhundert Lobbyistinnen und Lobbyisten für CCS anwesend, die für die Öl- und Gasindustrie arbeiten.[7] «Bei der Klimakonferenz 2022 in Scharm el-Scheich war CCS noch kein großes Thema, bei der COP28 stand es auf einmal im Mittelpunkt – in den Pavillons, in den Veranstaltungen und auch in den Verhandlungen», sagt Lili Fuhr vom Center for International Environmental Law (CIEL). «Man konnte gut beobachten, wie die fossile Industrie damit Greenwashing betreibt.» Zu den Mitgliedern des Global CCS Institute, das in Dubai besonders präsent war, gehören Ölkonzerne wie Adnoc, BP, Chevron, Occidental Petroleum, Philipps 66, Shell und Total sowie Regierungen von ölfördernden Staaten wie Saudi-Arabien, Australien, Großbritannien und USA.[8] Sultan Ahmed al-Dschaber, in Personalunion Industrieminister der Vereinigten Arabischen Emirate, Chef des staatlichen Ölkonzerns Adnoc sowie Präsident der COP28, hat sich bereits im Vorfeld des Klimagipfels für CCS zur Lösung der Klimakrise ausgesprochen. Adnoc investiert selbst 15 Milliarden Dollar in Projekte zur Reduktion von Emissionen – darunter auch ein CCS-Projekt. Das sind allerdings gerade einmal zehn Prozent dessen, was der Konzern in die Ausweitung der Öl- und Gasförderung bis 2027 stecken will. Die NGO Global Witness hat analysiert, dass Adnoc 343 Jahre bräuchte, um all das CO_2 auf diese Weise einzufangen, das dieses Unternehmen bis 2030 emittiert.[9]

392 solcher CCS-Projekte zählt das Global CCS Institute in seinem Statusreport 2023 weltweit. Der Großteil, 325, sind angekündigt, im Bau befinden sich gerade einmal 26. Lediglich 41 CCS-Anlagen sind derzeit in Betrieb und verfügen zusammengenommen angeblich über die Kapazität, 49 Millionen Tonnen CO_2 pro Jahr einzufangen:[10] Das wären mickrige 0,13 Prozent des globalen CO_2-Ausstoßes von 2022. Doch diese Zahl ist nur hypothetisch. Denn bislang ist die Geschichte dieser Technologie vor allem eine des Scheiterns. Von den zwischen 1995 und 2018 begonnenen 260 CCS-Projekten sind nur 27 fertiggestellt worden. Seit 2009 haben Regierungen weltweit mehr als acht Milliarden Dollar für CCS-Projekte bereitgestellt, aber nur ein Drittel davon wurde ausgegeben: Die angekündigten Projekte kommen kaum über die grobe Skizzierung hinaus.[11]

Drei prominente Beispiele: das US-Vorzeigeprojekt Petra Nova, die Century-Anlage des Öl- und Gaskonzerns Occidental Petroleum sowie Gorgon von Chevron in Australien. Alle drei nehmen für sich in Anspruch, das größte CCS-Projekt der Welt zu sein. Ohne solche Superlative kommen Techno-Fantasten scheinbar nicht aus. Petra Nova sollte von einem Kohlekraftwerk im texanischen Thompson jährlich 1,6 Millionen Tonnen CO_2 abscheiden. Eine Milliarde Dollar kostete die Anlage. Die US-Regierung, die mit diesem Vorzeigeprojekt das Potenzial von CCS unter Beweis stellen wollte, schoss 195 Millionen Dollar zu. Drei Jahre und eine Menge Probleme später wird Petra Nova 2020 stillgelegt. Laut der damaligen Betreiberfirma habe die CCS-Anlage mehr als 90 Prozent des von dem Kohlekraftwerk freigesetzten CO_2 abgefangen. Später belegt die US-Umweltschutzbehörde EPA: Es waren gerade einmal sieben Prozent.[12] Eine Milliarde Dollar für sieben Prozent CO_2 weniger von einem einzigen Kraftwerk!

Im Oktober 2023 verkauft Occidental Petroleum (kurz «Oxy») seine Century-Anlage in Texas für einen Bruchteil der Baukosten. Oxy hat es nicht geschafft, die Anlage auszulasten: der Betrieb ist zu teuer. Das CCS-Projekt arbeitet über Jahre nur mit einem Drittel der Kapazität und scheidet viel weniger CO_2 ab als angekündigt.[13] Im Gorgon-Gasprojekt von Chevron vor der Küste Westaustraliens sind die Emissionen trotz Abscheidung und Speicherung von CO_2 seit dem Bau der CCS-Anlage sogar um mehr als 50 Prozent gestiegen. Jedes Jahr sollen hier rund vier Millionen Tonnen CO_2 gespeichert werden, die bei der Förderung sonst aus den Lagerstätten entweichen. Doch Messungen ergaben, dass die Menge des unterirdisch gespeicherten CO_2 von Jahr zu Jahr abnahm, während die Fördermenge zunahm. Laut den Betreibern gibt es Probleme mit dem Druck beim Einspeisen des CO_2 in die unterirdischen Lagerstätten.[14] Das sind nur drei prominente Pleiten. In der Studie «The Carbon Capture Crux: Lessons Learned» nimmt das Institute for Energy Economics and Financial Analysis (IEEFA) insgesamt 13 Modellprojekte weltweit unter die Lupe. Fast alle sind gescheitert.[15]

Selbst wenn es Petra Nova gelungen wäre, die versprochenen Mengen CO_2 einzufangen, hätte das dem Klima nichts genutzt. Im Gegenteil. Das abgeschiedene CO_2 nämlich sollte per Pipeline in ein Ölfeld verbracht werden, um dort die Produktion zu maximieren: Mittels Enhanced Oil Recovery (EOR) wollte man die Ölförderung von 300 auf 15 000 Barrel pro Tag erhöhen.[16] Genau dafür wird CCS heute vorrangig eingesetzt: Drei Viertel des abgeschiedenen CO_2 werden laut der IEEFA-Studie jedes Jahr wieder in die Erde gepumpt, um noch mehr Öl zu gewinnen.[17] «Befürworter von CCS schätzen, dass der Einsatz von so eingefangenem CO_2 für EOR dafür sorgen könnte, dass bis 2040 allein in den USA

40 Prozent mehr Kohle und bis zu 923 Millionen Barrel Öl zusätzlich gefördert werden könnte», schreibt das Center for International Environmental Law (CIEL) im Bericht «Fuel to Fire».[18] Die internationale Umweltrechtsorganisation arbeitet und forscht unter anderem zu technischen Scheinlösungen wie CCS. In den USA ist diese EOR-Methode nicht neu, sie wird bereits seit den Siebzigerjahren angewandt. Erfunden wurde sie sogar schon vor mehr als hundert Jahren: In den 1920er-Jahren begann man damit, CO_2 abzuspalten, um bei der Gasproduktion reineres Methan zu erhalten.[19] CCS ist also keine neue Technologie. Und erst recht keine, die für den Klimaschutz erfunden wurde, sondern für den Benefit der fossilen Industrie.

Das Interesse der Ölindustrie an CCS liegt also nicht darin, auf diese Weise das Klima zu schützen. Stattdessen wettet man darauf, mit CCS in Zukunft billiges CO_2 zu erhalten, um mithilfe der EOR noch mehr fossile Energien aus dem Boden zu holen. Und das wird umso günstiger, je stärker CCS und ähnliche Technologien staatlich gefördert werden. In den USA sollen 10 Milliarden Dollar in Form von Subventionen, Krediten und Steuergutschriften in diese Scheinlösung fließen.[20] Unternehmen bekommen pro Tonne abgeschiedenem CO_2 eine Steuergutschrift von 85 Dollar, wenn es anschließend dauerhaft gespeichert wird, und 60 Dollar pro Tonne CO_2, wenn das CO_2 abgespalten und für EOR genutzt wird.[21] Öl aus dieser Form der Gewinnung gilt dann zudem noch als klimafreundlich und emissionsarm – ein staatliches Ölförderprogramm im Namen des Klimaschutzes: Besser könnte es für Big Oil gar nicht laufen.

Man muss noch einmal daran erinnern: Die Verbrennung von fossilen Energieträgern ist für etwa 91 Prozent der weltweiten Emissionen verantwortlich, die zwanzig größten fossilen Konzerne haben mehr als ein Drittel aller Treibhausgasemissionen seit 1965 verursacht. Keine andere Industrie treibt die Klimakrise so voran wie die Öl- und Gasindustrie.[22] Und kaum eine andere streicht so satte Gewinne ein: 2022 verdienten allein die fünf größte Konzerne Exxon, Chevron, Shell, BP und Total zusammen rund 195 Milliarden Dollar. Das sind mehr als 6100 Dollar pro Sekunde.[23] Logisch, dass die Kontrolle über die Klimaschutzpolitik und die Deutungshoheit bei Debatten um die Klimakrise zu ihrem Geschäft gehören. Die Ölkonzerne wissen seit den Siebzigerjahren vom Zusammenhang von CO_2-Ausstoß und Klimakrise sowie von deren Folgen.[24] Sie haben dieses Wissen genutzt, um über Jahrzehnte Zweifel in der Öffentlichkeit zu säen, was die Realität der Klimakrise betrifft. Sie investierten viele Milliarden in Klimaleugner-Thinktanks und Desinformationskampagnen und finanzierten den Wahlkampf von Senatskandidaten, die Klimaschutz verhindern wollten. 2004 prägt der britische Ölkonzern BP den Begriff des «ökologischen Fußabdrucks» und schiebt damit die Schuld an der Klimakrise dem Einzelnen in die Schuhe. Mit BPs CO_2-Rechner können die Menschen nun die Emissionen ihres individuellen Konsums messen, und sich schuldig fühlen – im Gegensatz zur Ölindustrie. BP ändert zudem seinen Namen in Beyond Petroleum und gibt an, fortan auf Sonnen- und Windenergie zu setzen. Der Anteil der Investitionen in erneuerbare Energie beträgt da sagenhafte vier Prozent. Andere Ölkonzerne folgen dem Beispiel der «Mutter des Greenwashings». Das geht so lange gut, bis mit der Explosion von Deepwater Horizon die größte Ölpest aller Zeiten in Erinnerung ruft, dass BP im Golf von Mexiko nicht nach Sonnenenergie bohrt.[25]

Heute geriert sich die Ölindustrie gar als Retterin in allerletzter Minute. So wie die Gas-Lobby vielen Regierungen Erdgas als klimafreundliche Technologie verkauft hat, so haben es Ölmultis geschafft, CCS als letzten Ausweg aus der Klimakatastrophe auf die globale Agenda zu setzen. Und sie machen überhaupt keinen Hehl daraus, dass sie CCS und ähnliche Technologien als ihren eigenen Rettungsanker betrachten. «Wir sind davon überzeugt, dass unsere Technologie zur direkten Abscheidung von CO_2 diejenige sein wird, die unsere Industrie auf Dauer erhalten wird. Sie gibt uns die Lizenz, die nächsten sechzig, siebzig, achtzig Jahre weiterzumachen», sagt Vicki Hollub, Präsidentin des Öl- und Gaskonzerns Occidental Petroleum.[26]

Oxy ist einer der größten Promoter von Carbon Management-Methoden wie CCS und Direct Air Capture (DAC). Bei der DAC-Technologie wird das CO_2 nicht am Ort der Entstehung abgefangen, sondern mit «Kohlenstoffstaubsaugern» aus der Luft entfernt. Oxy baut gerade für eine Milliarde Dollar die weltweit größte Anlage dieser Art im Permian Bassin in Texas. Das gehört zu den größten Erdölfeldern der Welt; ein Großteil des Fracking-Gases in den USA stammt ebenfalls von dort. Das Stratos genannte Projekt soll pro Jahr 500 000 Tonnen CO_2 aus der Luft saugen. Auch Oxy will das eingefangene CO_2 anschließend hauptsächlich für die Gewinnung von Öl nutzen. 135 solcher Anlagen plant Oxy bis 2035.[27] Solche großen Versprechen haben wohl auch Adnoc-CEO Sultan al-Dschaber dazu veranlasst, mit Saamir Elshihabi einen Oxy-Manager ins Führungsteam des Klimagipfels von Dubai zu holen. Kurz vor dem Gipfel verkündete Oxy, in den Vereinigten Arabischen Emiraten die Möglichkeiten für DAC ausloten zu wollen.[28]

Vicki Hollub behauptet, dass «die Kombination von Direct Air Capture und Enhanced Oil Recovery zu einer Netto-Null-Emission führen kann, weil wir mehr Kohlenstoff aus der Atmosphäre entfernen, als das daraus erzeugte Öl bei seiner Nutzung emittiert».[29] Oxy spricht daher vom künftigen «Netto-Null-Öl».

Aber das ist selbstverständlich Quatsch. Das US-Department of Energy (DOE) kommt zu dem Ergebnis, dass Stratos zusätzliche 350 000 Tonnen Treibhausgase pro Jahr ausstoßen wird, wenn das eingefangene CO_2 zur Ölgewinnung genutzt wird.[30] Selbst wenn das eingefangene CO_2 unter der Erde gespeichert würde – das plant Oxy zumindest mit einem kleinen Teil –, entstünden pro eingefangener Tonne CO_2 610 Kilogramm Emissionen. Jede eingefangene Tonne wären dann netto nur 390 Kilo. Weil die Technologie so viel Energie beim Bau und im Betrieb verbraucht, könnte Stratos letztlich nur 195 000 Tonnen pro Jahr wirklich einfangen.

Das Center for International Environmental Law (CIEL) zählt in seinem Report «Direct Air Capture – Big Oil's Latest Smokescreen»[31] weitere große Probleme auf. So vernutzt die Technologie pro Tonne eingefangenem CO_2 zwischen 5000 und 13 000 Liter Wasser. Außerdem benötigt DAC einen Haufen Chemikalien, um das CO_2 aus der Luft zu filtern: giftiges und umweltschädliches Kaliumhydroxid zum Beispiel. Würden alle geplanten DAC-Anlagen bis 2030 tatsächlich gebaut und ihre volle Kapazität ausschöpfen, würden sie nur 0,01 Prozent der globalen Emissionen einfangen. So viel stößt laut CIEL bereits eine einzige petrochemische Anlage aus, etwa die Plastik-Fabrik des Unternehmens Formosa Plastics in Point Comfort, Texas. 30 000 solcher Anlagen bräuchte es weltweit tatsächlich, um die globalen Emissionen einzufangen, rechnet der Report vor. Diese würden dann mehr als die Hälfte der Energie, die die gesamte Menschheit heute verbraucht, zusätzlich benötigen, um betrieben werden zu können.[32] Eine absurde Vorstellung.

Für die NGO CIEL ist der Fall klar: «Stratos ist besser geeignet, Subventionen aufzusaugen als Kohlenstoff.» CIEL rechnet vor, dass Oxy für Stratos durch Steuererleichterung auf mindestens 100 Millionen US-Dollar staatlicher Subventionen kommen könnte.[33] Dann wäre DAC für das Unternehmen eine reine Gelddruckmaschine: Nicht nur, dass der Konzern gigantische Subventionen einstreicht und mit dem eingefangenen CO_2 noch mehr Öl produzieren und verkaufen kann. Obendrauf plant Oxy, CO_2-Gutschriften aus dem vermeintlichen Klimaschutzprojekt zu verkaufen – und zwar, unter anderem, an Amazon, Airbus und United Airlines.[34] So können sich weitere große Verschmutzer mit Zertifikaten aus dreckiger Produktion eindecken, um ihre eigenen Emissionen grün zu waschen. Ach ja: Der Investmentkonzern Black Rock hat eine halbe Milliarde Dollar in Stratos gesteckt – auch er kann das als nachhaltiges Investment verbuchen.[35] Grüner Kapitalismus vom Feinsten.

Es würde einen Bruchteil kosten und wirklich CO_2 sparen,

würde das viele Geld für erneuerbare Energie verwendet, die fossile Energie ersetzt. CIEL rechnet vor, dass für 146 Millionen Dollar 54 Windräder gebaut und ans US-amerikanische Stromnetz angeschlossen werden könnten, die real 195 000 Tonnen pro Jahr einsparen würden.

Der bislang größte Kohlenstoffstaubsauger der Welt heißt Orca und steht auf Island. Er wird vom Schweizer Start-up Climeworks betrieben. Trotz vieler lobpreisender Medienberichte und der Eigenbezeichnung als «world's first large-scale carbon dioxide removal plant» ist das ambitionierte Projekt nicht einmal ein Tropfen auf den heißen Stein. Zwar wird das eingefangene CO_2 von Orca nicht für die Ölförderung genutzt, sondern in Gestein gepresst. Doch die Anlage schafft gerade einmal 4000 Tonnen CO_2 pro Jahr, und die Kosten für eine Tonne aus der Luft entferntes CO_2 betragen 1000 Euro.[36] Nur zum Vergleich: Alleine das praktisch kostenfrei umsetzbare Tempolimit auf deutschen Straßen von 130 Kilometern pro Stunde, dem sich die Bundesregierung auf irrationale Weise verweigert, würde laut Umweltbundesamt 6,7 Millionen Tonnen CO_2 pro Jahr einsparen. Eine Geschwindigkeitsbeschränkung von 120 auf der Autobahn und 80 auf der Landstraße sogar acht Millionen Tonnen.[37] Einer schwedisch-deutschen Forschergruppe zufolge brächte ein Tempolimit von 130 sogar Wohlfahrtsgewinne von 959 Millionen Euro im Jahr – durch weniger Unfälle, weniger Emissionen, weniger Infrastrukturreparaturen und einen niedrigeren Kraftstoffverbrauch.[38] Würde man mit Direct Air Capture versuchen, dieselben Einsparungen zu erreichen, dann «brauchen wir nur 1675 dieser Anlagen, um das Rasen auszugleichen. Für nur 6,7 Milliarden Euro pro Jahr!», so bringt es Stefan Rahmstorf vom Potsdam Institut für Klimafolgenforschung (PiK) in einem Tweet auf den Punkt.[39]

Eine der vielen Fernsehaufnahmen von Robert Habeck, in denen der Bundeswirtschaftsminister bei Eiseskälte und Schmuddelwetter einen Schutzhelm trägt, stammt aus dem Januar 2023. Habeck steht vor einem Zementwerk im südnorwegischen Brevik, Schnee sammelt sich auf den Schultern seiner neongelben Arbeitsjacke mit dem Firmenlogo von Heidelberg Cement. Der Konzern, der sich heute Heidelberg Materials nennt, gehört zu den klimaschädlichsten Unternehmen im DAX[40] und zu den «Carbon Majors», also den hundert Konzernen, die seit den Achtzigerjahren für siebzig Prozent der globalen Treibhausgasemissionen verantwortlich sind.[41] Acht bis zehn Prozent der globalen Treibhausgasemissionen stammen aus der Herstellung von Zement. Das ist dreimal so viel, wie der globale Flugverkehr ausstößt. Denn wenn Kalkstein zu Zement verarbeitet wird, wird das darin gebundene CO_2 freigesetzt. Zusätzlich braucht die Produktion riesige Mengen an Energie. Doch Heidelberg Materials verspricht, in seinem norwegischen Werk in Brevik den ersten «Net-Zero-Zement» zu produzieren und die Emissionen zu halbieren – mithilfe von CCS. Das klingt groß. Aber es wäre gerade einmal ein halbes Prozent des globalen CO_2-Ausstoßes des Unternehmens.[42] Das CO_2 soll an der Quelle abgeschieden, verflüssigt, auf einen Tanker geladen und nach Kollsnes an der norwegischen Westküste transportiert werden. Dort soll es in eine Pipeline geleitet und in 2600 Meter Tiefe unter dem Meeresboden verpresst werden. In Kollsnes entsteht gerade das Großprojekt Northern Lights, ein Joint Venture von Shell, Total Energies und dem staatlichen norwegischen Ölkonzern Equinor, ehemals Statoil. Das Projekt Northern Lights gehört zur Initiative der norwegischen Regierung namens Longship, die in ganz Norwegen eine umfangreiche Infrastruktur für CO_2-Speicherung und -Abscheidung entwickelt. 2,5 Milliarden Euro soll der Bau der dazu nötigen Transportschiffe, Zwischenlager und Pipelines kosten. Zwei Drittel davon zahlt der norwegische Staat.[43]

«Es gibt bestimmte industrielle Prozesse, Zementwerke gehören dazu, die kriegt man, nach alldem, was wir heute wissen, nicht klimaneutral, es sei denn, man scheidet das CO_2 ab», sagt Habeck bei seinem Besuch in Norwegen in die *Tagesschau*

Kamera.⁴⁴ CCS sei für die sogenannten «unvermeidbaren Restemissionen» (im Klima-Fachjargon «Hard to abate» genannt) alternativlos. Dieses Narrativ gehört zum TINA-Prinzip des Grünen Kapitalismus. *There is no Alternative* ist ein politisches Schlagwort des Neoliberalismus, das auf die britische Premierministerin Margaret Thatcher zurückgeht und den Abbau des Sozialstaats zugunsten der Wirtschaft rechtfertigen sollte. Heute wird auf diese Weise die Abwicklung des Klimaschutzes zugunsten das «Weiter so» der fossilen und Schwerindustrie legitimiert. Denn selbstverständlich gäbe es durchaus Alternativen, gerade zur Herstellung von Stahl und Beton, die immer als Beispiel für den CCS-Bedarf herangezogen werden. Es müsste, nur zum Beispiel, sehr viel mehr recycelt werden, es dürften sehr viel weniger Autos, Häuser, Gewerbegebiete, Protzbürobauten, Einkaufszentren und irrsinnige Großprojekte wie Stuttgart 21 sowie überflüssige Regionalflughäfen gebaut werden. Leerstand könnte aufgelöst, Wohnraum renoviert und Wohnkonzerne vergesellschaftet werden. Aber der Rückbau schädlicher Industrien, der so dringend nötig wäre, steht politisch nicht zur Debatte. «Wir verkaufen unsere Zukunft für die nächsten Quartalszahlen, das kommende Wahlergebnis und das heutige Vergnügen», urteilt der Soziologie Jens Beckert.⁴⁵ Zu groß sind die Konflikte zwischen den Interessen der Wirtschaft, gesellschaftlichen Widerständen und Bemühungen um Klimaschutz, die womöglich erst in Zukunft wirksam werden. Das Narrativ der «unvermeidbaren Restemissionen» und der «negativen Emissionen» mittels CCS hilft, diesen Konflikt zu verschleiern und scheinbar zu befrieden.

Im Dezember 2020, als die Grünen noch in der Opposition sind, sagt derselbe Habeck in den Medien nämlich etwas ganz anderes: «Es wäre die falsche Strategie, jetzt auf Technologien wie CCS zu setzen, ohne das Mögliche in anderen Bereichen zu tun.» Die große Gefahr einer CCS-Debatte sei, «dass sie all jenen in die Hände spielt, die es mit einem schnellen Ausstieg aus den Fossilen doch nicht ernst meinen». Es müsse stattdessen darum gehen, «radikal weniger» Kohlendioxid zu produzieren.[46] Als Wirtschaftsminister erklärt er, nur knappe drei Jahre später, dass es dafür nun schon zu spät sei. Weitreichende Versuche wird man vergeblich suchen, dennoch sagt Habeck: «Wir sind leider nicht mehr in einer Situation, wo wir uns wünschen könnten, wie die Welt ist, sondern wo wir mit der Technik, die wir haben, Entscheidungen treffen müssen.»[47] Dabei ist lange bekannt, dass tatsächlich das Gegenteil passieren muss: Anstatt CO_2 unter die Erde zu stopfen, müssten Öl, Gas und Kohle in der Erde gelassen werden. Es dürften keine neuen Vorkommen mehr erschlossen und auch die bereits erschlossenen nicht mehr komplett ausgebeutet werden.[48]

Aber allen Fakten zum Trotz hat sich die Vorstellung durchgesetzt, dass es ohne CO_2-Abscheidungs- und Speichertechnologien «nicht mehr geht». Selbst «die Wissenschaft» und auch der Weltklimarat seien sich darüber einig, so behaupten es auch viele Medien, dass wir CCS und andere CO_2-Speichertechnologien «brauchen» werden.[49] Die dominante Erzählung unserer Zeit ist, dass ideologische Diskurse dieses lang ersehnte grüne Technikwunder verhindern würden, das wir doch so dringend benötigen. «Die Aussage ‹wir brauchen› ist aber nicht gleichbedeutend mit ‹wir können es bekommen›», schreibt mir Almuth Ernsting von Biofuelwatch dazu in einer E-Mail. «Zu sagen, dass wir CCS und ähnliche Technologien brauchen, ist eigentlich nicht weit weg von der Aussage, dass es äußerst hilfreich wäre, wenn es CO_2-fressende Außerirdische gäbe, die die Erde besuchen.»

Wissenschaftlicher Konsens ist, dass nur der Ausstieg aus fossilen Brennstoffen die katastrophalsten Folgen der Klimakrise verhindern kann. Genau das spiegelt sich auch und gerade an vielen Stellen in den Berichten des Weltklimarats (IPCC) wider, dem wichtigsten klimawissenschaftlichen Gremium.[50] Zum Beispiel im 6. Sachstandsbericht, der 2022 veröffentlicht wurde. Darin stellt die Arbeitsgruppe III des IPCC fest, dass CCS eine der am wenigsten wirksamen und gleichzeitig eine der teuersten

Methoden zur Emissionsreduzierung bis 2030 ist.[51] In seinem CCS-Sonderbericht äußert der IPCC seine Bedenken hinsichtlich der Gefahren bei der CO_2-Speicherung: «Die CO_2-Speicherung ist nicht unbedingt dauerhaft. Physikalische Leckagen aus den Lagerstätten sind möglich durch (1) allmähliche und langfristige Freisetzung oder (2) plötzliche Freisetzung von CO_2.»[52] Im berühmten 1,5-Grad-Sonderbericht schreibt der IPCC, es sei unbewiesen, dass Kohlenstoffdioxid-Abscheidungstechnologien in großem Maßstab funktionierten. Sie könnten stattdessen «die Bemühungen um eine kurzfristige Emissionsreduzierung behindern, unzureichende politische Maßnahmen verschleiern, zu einem übermäßigen Vertrauen in Technologien führen, die noch in den Kinderschuhen stecken, künftige Generationen überfordern, neue Konflikte über eine gerechte Lastenverteilung hervorrufen, sich auf die Ernährungssicherheit, die biologische Vielfalt oder Landrechte auswirken», heißt es dort.[53]

Mit dem Gesetz zur Änderung des Kohlenstoffdioxid-Speicherungsgesetzes, das Robert Habeck im Februar 2024 vorlegt, geht der grüne Wirtschaftsminister aber sogar noch einen großen Schritt hinter die Abschlusserklärung der Klimakonferenz in Dubai zurück: Er will künftig sogar CCS für Gaskraftwerke erlauben. Der Einsatz von CCS war bislang (außer für Kohlekraftwerke) für die Energieerzeugung – auf der COP28 hart erkämpft – ausgeschlossen worden. Indem CCS im Gesetz nun als «unverzichtbarer Beitrag zur Erfüllung der Pflichten aus dem Klimaschutzgesetz» beschreiben wird, wird es nun sogar dem Ausbau erneuerbarer Energien sowie der Energieeinsparung zur Erreichung der gesetzlichen Klimaziele gleichgestellt, kritisiert die Deutsche Umwelthilfe in einer Stellungnahme.[54]

Das Großprojekt Northern Lights in Norwegen soll CO_2-Mülldeponie für ganz Europa sein. Neben Heidelberg Materials will auch der norwegische Düngemittelkonzern Yara die Emissionen seines niederländischen Werks dort entsorgen. Auch die deutsche

Bundesregierung zeigt Interesse. Der deutsche Öl- und Gaskonzern Wintershall DEA hat bereits angekündigt, in Wilhelmshaven ein CO_2-Zwischenlager zu bauen. Von dort aus soll eine neunhundert Kilometer lange Pipeline nach Norwegen und Dänemark führen, um dort die deutschen Abgase unter dem Meeresgrund zu verklappen. Für die Ölkonzerne und die norwegische Regierung ist die Klimamüllhalde ein prima Geschäftsmodell: Bis zu 180 Euro pro Tonne kostet die Abscheidung und Speicherung von CO_2.[55] Die norwegische Regierung freut sich bereits über eine «neue kommerzielle Industrie».[56] Tatsächlich handelt es sich um Grünen Katastrophenkapitalismus, denn das Geschäftsmodell funktioniert und wächst ja nur dann, wenn weiterhin möglichst viel CO_2 ausgestoßen wird. CCS ist also nicht einmal in der Theorie kompatibel mit einer sozialen und ökologischen Transformation, die den Ausstieg aus Öl, Gas und Kohle und schmutziger Produktion beinhalten muss. Allerdings soll in der ersten Phase des Projekts ab 2024 gerade einmal Platz für 1,5 Millionen Tonnen CO_2 sein, in der zweiten ab 2025 für fünf Millionen Tonnen.[57] Nur zum Vergleich: Allein in Deutschland stößt der Industriesektor, dessen Emissionen überwiegend als «unvermeidbar» gelten, 110 Millionen Tonnen CO_2 pro Jahr aus.[58]

Das Northern-Lights-Projekt erfährt auch deshalb so große Aufmerksamkeit, weil es in Norwegen bereits zwei kommerzielle Offshore-CCS-Anlagen gibt: Sleipner und Snøhvit. Sie gelten weltweit als Musterbeispiel für diese Technologie und werden stets als Beweis dafür angeführt, dass sie funktioniert. Die Realität sieht anders aus: Es sind Pannen-Betriebe. Genau genommen sind sie sogar Belege dafür, dass CCS eine gefährliche Wette auf die Zukunft ist. Grant Hauber, Ingenieur und Berater beim Institute for Energy Economics and Financial Analysis (IEEFA), hat die beiden Anlagen für seine Studie «Norway's Sleipner and Snøhvit CCS: Industry Models or Cautionary Tales?» untersucht.[59] Haubers Studie zeigt die erheblichen Risiken dieser Technologie. Zusammen speichern die beiden Anlagen 1,8 Millionen Tonnen CO_2

pro Jahr, 22 Millionen Tonnen wurden bereits in unterirdische Stollen injiziert. Sleipner und Snøhvit werden vom staatlichen Ölkonzern Equinor betrieben, sie gehören zu den ausgereiftesten, am besten untersuchten, überwachten und kontrollierten Speicherstätten der Welt. Seit 1996 injiziert Equinor (damals noch Statoil) eingefangenes CO_2 von seinem Sleipner-Gasfeld in Gesteinsschichten unter der Nordsee. Ziel des CCS-Projekts war es, CO_2-Steuern zu vermeiden, die Norwegen seit 1991 erhebt.

Drei Jahre nach Beginn gibt es im Sleipner-Projekt eine beunruhigende Entdeckung: Große Mengen des dort gespeicherten CO_2 waren von der tiefer gelegenen Injektionsstelle in höhere, bis dahin nicht identifizierte Schichten aufgestiegen. Wären diese nicht abgeschlossen gewesen, der gespeicherte Kohlenstoff wäre einfach wieder entwichen. 2008 startet Statoil das zweite Offshore-CCS-Projekt, in dem die Emissionen des Snøhvit-Gasfeldes gespeichert werden. Die Snøhvit-Speicherstätte bereitete schon nach 18 Monaten Probleme: Sie stieß das CO_2 ab, der Druck stieg rasch, und eine neue Speicherstätte musste schnell gefunden werden, um die bereits eingefangenen Mengen unterbringen zu können. Sieben Milliarden Euro haben die Erschließung des Snøhvit-Feldes und die CSS-Infrastruktur dort gekostet, doch die Kapazitäten waren wesentlich geringer als berechnet. Weitere zweihundert Millionen Euro musste Equinor hinblättern, um eine neue Speicherstätte zu finden.

Trotz alldem gelten Sleipner und Snøhvit als Blaupause für den geplanten enormen Ausbau für marines CCS. Mehr als fünfzig solcher Projekte weltweit wollen CO_2 unter dem Meeresgrund speichern, zählt CIEL in seiner Untersuchung «Deep Trouble. The Risks of Offshore Carbon Capture and Storage»[60] auf. Nach der Berechnung von CIEL wären die geplanten Projekte dafür ausgelegt, zweihundertmal mehr CO_2 unter das Meer zu pumpen als die bereits bestehenden Deponien Sleipner und Snøhvit. Der Großteil dieser Projekte ist in der Nordsee und im Golf von Mexiko geplant – in Norwegen, den Niederlanden, Belgien und Großbritannien sowie in Texas und Louisiana. Also ausgerechnet dort, wo die Meere ohnehin schon lange unter der Öl- und Gasförderung leiden. Aus dem Meeresboden austretendes CO_2 trägt zur weiteren Versauerung der Meere bei, die wegen der Klimakrise sowieso schon in Mitleidenschaft gezogen sind. So entstünden neue sogenannte Todeszonen: sauerstofffreie Regionen unter Wasser, in denen kein Leben mehr möglich wäre. Auch Robert Habecks CCS-Gesetz sieht die Speicherung von Kohlenstoffdioxid unter der Nordsee vor.

Jeder einzelne Schritt in der CCS-Kette birgt Risiken und richtet Schäden an. Das Einfangen des Klimagases braucht viel fossile Energie und stößt somit selbst CO_2 aus. Es werden Chemikalien verwendet, die zur Luftverschmutzung beitragen. CCS-Anlagen können die Emissionen von schädlichem Feinstaub, Stickoxiden und die von giftigem Ammoniak deutlich erhöhen.[61]

Die meisten CCS-Projekte sind an der Golfküste geplant, wo die Bewohnerinnen und Bewohner schon heute unter den giftigen Emissionen der fossilen und petrochemischen Industrie leiden. Wird das CO_2 per Schiff zu den Lagerstätten transportiert, wird zusätzlich CO_2 ausgestoßen – denn die Schiffe fahren mit fossilen Rohstoffen. Das Transportschiff im Northern-Lights-Projekt fährt mit LNG, also Fracking-Gas. Außerdem muss das verflüssigte Kohlenstoffdioxid gekühlt transportiert werden, was ebenfalls Energie kostet. Der Energie-Analyst Rystad hat CO_2-Schifffahrtsrouten, die im Jahr 2030 in Betrieb gehen könnten, untersucht, und kommt zu dem Ergebnis, dass Schiffe, die lange Strecken zurücklegen, bis zu fünf Prozent ihres gesamten transportierten CO_2 ausstoßen könnten.[62] Es müssen außerdem neue Spezial-Pipelines gebaut werden, weil die bestehenden Öl- und Gas-Pipelines nicht für den Transport von flüssigem CO_2 geeignet sind.[63] Eine – zum Teil von der Ölindustrie finanzierte – Studie der Universität Princeton veranschlagt zu diesem Zweck ein Pipeline-Netz in den USA von mehr als 100 000 Kilometern Länge. Das bräuchte Investments von 170 Milliarden Dollar. Und selbst solch ein Netz könnte nur fünfzehn Prozent der CO_2-Emissionen der USA transportieren.[64]

Je mehr Pipelines das Land durchpflügen, desto größer ist auch die Gefahr für Unfälle wie in Satartia. Verunreinigtes Kohlenstoffdioxid, CO_2 aus unterschiedlichen industriellen Quellen, wie es das Projekt Northern Lights transportieren und speichern will, aber auch Wasser, besonders Salzwasser – all das kann die Stahlrohre angreifen, spröde machen und schließlich dafür sorgen, dass sie platzen. Steven Jansto, Wissenschaftler, Ingenieur und Experte für Metallurgie und insbesondere Stahlverarbeitung, stellt in einem Gutachten zu CCS fest, dass noch zu viele technische Unsicherheiten bestehen, was die Pipelines und andere Infrastruktur bei CCS betrifft. «CCS ist keine gut geprüfte und bewährte Technologie, was den Betrieb und die Wartung betrifft», schreibt Jansto. «Wie Fallstudien zur natürlichen und anthropogenen CO_2-Produktion zeigen, werfen sie viele betriebliche Probleme auf, die den sicheren Einsatz dieser Technologie in dem für die Erzielung der erforderlichen Ergebnisse erforderlichen Umfang exorbitant teuer machen würden.»[65]

Jansto empfiehlt, dass das CO_2 aller Parteien, die ihren CO_2-Abfallstrom in eine Pipeline einleiten, analysiert werden muss. Das müsste auch für die chemische Zusammensetzung des Bodens gelten, durch den die Pipeline verläuft. Noch komplizierter und gefährlicher sind die Lagerstätten selbst: Das sind ja natürliche geologische Formationen, sprich: Sie sind aus porösem Gestein und gefüllt mit Salzwasser, Mineralien und Sand. Kein Ingenieur der Welt kann voraussagen, wie sich das injizierte CO_2 dort verhalten wird, erst recht nicht, wenn es dort aus verschiedenen Industriequellen vermischt wird. Gespeichertes CO_2 kann außerdem so starken Druck erzeugen, dass es menschengemachte Erdbeben auslöst. Bei einem CCS-Projekt in Salah in Algerien verursachte zu hoher Druck bereits Risse im Gestein, die Erdoberfläche wurde um fast einen Zentimeter angehoben.[66]

Die Risiken sind bei jeder Speicherstätte anders. «Selbst bei umfangreichen seismografischen und gravimetrischen Untersuchungen des Untergrunds gibt es keine Möglichkeit, Schichtengrenzen, Verwerfungen oder Variationen innerhalb dieser geologischen Grenzen endgültig und erschöpfend zu ermitteln», resümiert Grant Hauber. Das bedeutet, dass jede CCS-Speicherstätte lückenlos überwacht werden und es Pläne geben müsste, was bei Störungen oder Veränderungen zu tun wäre. Und zwar über viele Jahrzehnte hinweg. Ein finanzieller, technischer und personeller Aufwand, der sich kaum beziffern lässt. Wer für Schäden aufkommt (versicherbar ist CCS vermutlich genauso wenig wie die Atomkraft) und inwiefern die CCS-Lagerung mit verschiedenen nationalen und internationalen Abkommen und Gesetzen bis in die ferne Zukunft überhaupt kompatibel sein könnte, ist ebenso eine offene Frage wie die, inwiefern CO_2-Pipelines oder -Speicher militärische Ziele werden könnten (siehe Nord Stream 2).

So weit muss man aber nicht einmal gehen, denn das naheliegendste und wahrscheinlichste Risiko ist, dass das CO_2 wieder austritt. Das ist in jedem Arbeitsschritt denkbar: beim Einfangen, beim Verladen, beim Transport, beim Injizieren und vor allem im Speicher selbst. Weltweit gibt es bereits jetzt geschätzte dreißig Millionen offene Bohrlöcher in Öl- und Gasfördergebieten. Besonders viele alte Bohrlöcher, aus denen das CO_2 unbemerkt wieder entweichen könnte, gibt es übrigens in der Nordsee und im Golf von Mexiko. Viele CCS-Projekte wollen solche erschöpften Öl- und Gasfelder als Speicher nutzen oder tun es bereits: das CCS-Projekt Greensand in Dänemark etwa, das sich gerade in der Pilotphase befindet. Das wünscht sich auch die EU: Die Öl- und Gaskonzerne «verfügen über die Mittel, die Fähigkeiten und das Wissen, um Lagerstätten zur Verfügung zu stellen», zitiert Euractiv einen EU-Kommissar. «Das ist etwas, was die Öl- und Gasindustrie sehr gut machen kann. Es ist eine der Möglichkeiten, wie sie positiv zum Übergang beitragen kann.»[67]

Zu teuer, hochgefährlich, von unzähligen Pannen gekennzeichnet, nicht versicherbar, unzuverlässig, komplett von staatlichen Subventionen abhängig und profitabel nur für die Industrie: Das erinnert stark an die Atomkraft. Nach mehr als sechzig Jahren gibt es dafür nicht einmal einen Plan, wie, ob und wo der Müll bis auf alle Zeit und Ewigkeiten gelagert werden könnte. Aber die Propheten der Speichertechnologie bedienen sich ausgerechnet der Argumente der Klimagerechtigkeitsbewegung. Sie tippen hektisch auf die Uhr und behaupten, wir müssten jetzt CO_2 verbuddeln, alles andere sei zu spät – während sie gleichzeitig der Öl- und Gasindustrie das Geschäft sichern. Jede weitere katastrophale Nachricht über den Fortschritt der Klimakrise spielt dann den Verursachern in die Hände: Die Dringlichkeit gilt nicht mehr dem Ausstieg aus den Fossilen, sondern der Umsetzung von CCS und DAC.

CCS und DAC gehören zu dem, was im weitesten Sinne unter Geoengineering zusammengefasst wird. Mit diesem Schlagwort werden Großtechnologien beschrieben, die das Klima selbst verändern und teilweise sogar in die Erdatmosphäre eingreifen. Etwa durch die Erzeugung künstlicher Wolken, die Reflexion der Sonnenstrahlen oder das Düngen von Ozeanen, um CO_2-absorbierende Algen wachsen zu lassen. Besonders umstritten ist das sogenannte Solar Radiation Management (SRM), die Verdunklung der Sonne durch Schwefelpartikel in der Stratosphäre. Im Gegensatz zu CCS ist SRM technisch leicht zu bewerkstelligen, es wäre wohl nicht einmal wahnsinnig teuer, und man könnte die Erde auf diese Weise tatsächlich abkühlen. Belegt ist das etwa durch den Ausbruch des Vulkans Pinatuba auf den Philippinen 1991. Nach Eintritt von dessen Aschewolke in die Stratosphäre sank die Temperatur im Jahr darauf weltweit um ein halbes Grad.

Das Versprechen der Sonnenverdunklung ist sogar noch ein viel größeres als das von CCS: die Erderwärmung könnte quasi rückgängig gemacht werden. Doch die Manipulation natürlicher Systeme birgt gefährliche Nebenwirkungen, die unumkehrbar sind. Studien belegen, dass Schwefelinjektionen auf der Nordhalbkugel den Monsun in Afrika und Asien beeinflussen. Das würde dort zu Dürren, Ernteausfällen und in der Folge Hungerkatastrophen führen.[68] «Wenn Schwefelinjektionen in die Stratosphäre großflächige Dürren in Nordamerika und Deutschland zur Folge hätten und nicht für die Sahelzone und Indien, wer würde da noch diesen Plan B so ernsthaft erwägen?», fragt Naomi Klein in ihrem Buch *Die Entscheidung: Kapitalismus vs. Klima*.[69]

Nichts verdeutlicht so sehr wie Geoengineering, dass die Klimakrise und deren Bearbeitung eine Frage ungleicher globaler Machtverhältnisse ist: Nur zehn Prozent der Weltbevölkerung sind für die Hälfte der globalen Emissionen verantwortlich. 80 Prozent der menschengemachten Emissionen stammen aus den sogenannten Industrieländern, in denen aber nur zwanzig Prozent der Menschen leben. Alle anderen leben in Ländern, die unter den Folgen der Klimakrise schon längst leiden. Um den Status quo auf Kosten der Länder des Südens zu halten, werden gefährliche Pläne B und C verhandelt, um Plan A zu verhindern, nämlich den schnellen Ausstieg aus der fossilen Energie.

Es ist erstaunlich, in welcher Geschwindigkeit sich diese vermeintliche Wunderwaffe als «Notfallplan» und «letzter Ausweg» in die Debatte geschlichen hat. Waren es vor zehn Jahren noch Machbarkeitsfantasien eines kleinen Kreises von Technologie-Freaks rund um Software-Tycoon Bill Gates und den ehemaligen Technologie-Chef von Microsoft, Nathan Myhrvolt, gesellten sich zu den von Kritikern als «Geo-Clique» bezeichneten Männern bald auch die Harvard- beziehungsweise Stanford-Wissenschaftler David Keith und Ken Caldeira.[70] Die scheinbare Handlungsunfähigkeit der Länder, die besonders viele Emissionen ausstoßen, und die Heftigkeit, mit der die Klimakrise voranschreitet, geben das Tempo vor, mit dem diese technische Wunderwaffe auf die Agenda rückt. Länder mit besonders hohen Emissionen – USA,

Großbritannien und China – haben die meisten Forschungsprogramme zu Geoengineering. 2021 etwa beauftragte der US-Kongress Wissenschaftlerinnen und Wissenschaftler mit der Erforschung von Geoengineering, und auch die EU will Optionen prüfen.[71] «Es scheint nur eine Frage der Zeit, bis die Last der Klimakrise auf den Schultern der Gesellschaft zu schwer, zu unerträglich wird und Geoengineering sich als einziger Ausweg an die Oberfläche des politischen Diskurses gräbt. Als letzte und trügerische Option, um zu einem vermeintlichen Normalzustand zurückzukehren», schreibt David Zauner auf *Klimareporter*.[72] Mit anderen Worten: Nicht das Wirtschaftssystem soll geändert werden, um den Planeten zu retten – der Planet soll verändert werden, um den Kapitalismus zu retten.

Zu spät ist es allerdings wirklich, wenn sich in ein paar weiteren vergeudeten Jahren herausstellen wird, dass Zaubertechnologien wie CCS, DAC und SRM nicht funktionieren. Wer aber übernimmt dann die Verantwortung? Wie weit werden die Schäden dann fortgeschritten sein? Wie viele Treibhausgase sind im Schatten solcher Scheinlösungen zusätzlich in die Atmosphäre geblasen worden? Und wie schwer wird es dann erst sein, aus Öl und Gas wirklich auszusteigen, wenn die fossile Infrastruktur noch stärker ausgebaut ist als heutzutage?

Der Unfall in Satartia kam 2020 zustande, weil es zuvor ungewöhnlich heftig geregnet hatte und sich der aufgeweichte Boden daraufhin bewegte. Das führte zu einem Bersten der Pipeline. So steht es im Untersuchungsbericht der Betreiber-Firma Denbury. Denbury besitzt 750 Bohrlöcher, in die CO_2 für die Ölförderung geleitetet werden kann. Sie sind alle über ein großes Pipeline-Netzwerk verbunden. Mittlerweile hat der Ölkonzern Exxon Denbury übernommen. Und wird noch viel mehr Pipelines bauen, denn in Louisiana sind rund zwanzig CCS-Anlagen sowohl an Land als auch im Meer geplant,[73] also genau dort, wo die Klimakrise bereits besonders heftig wütet, mit Hurrikans, Überschwemmungen und Starkregen. Es braucht nicht viel Fantasie, um sich eine düstere Zukunft mit CCS vorzustellen. Aber ein hohes Maß an Realitätsverweigerung, um tatsächlich zu glauben, dass uns diese Technik retten wird.

2. Zurück in die Zukunft: Das Comeback des Atomkraft-Zombies

Tagelang hat es wie aus Eimern gegossen, doch der 1. Mai 1986 ist ein strahlender Frühlingstag. Im wahrsten Sinne des Wortes: Fünf Tage zuvor ist der Reaktor des sowjetischen Atomkraftwerks Tschernobyl explodiert. Als ich beim Mai-Ausflug an den Löwenzahnwiesen meiner bayerischen Heimat entlangradele, machen mir die dampfenden Kühltürme am Horizont noch mehr Angst als sonst. Dabei wissen wir an dem Tag noch gar nicht, dass die Regenwolken den GAU direkt vor unsere Haustür getragen haben und sich auch bei uns bereits radioaktives Material verteilt hat. Wenig später entsorgt meine Familie das gerade sprießende Gemüse aus unserem Garten, wir essen fortan aus Dosen und der Tiefkühltruhe, schlucken Jodtabletten und bleiben, soweit das möglich ist, im Haus.

Ich bin mit den atomunheilschwangeren Büchern von Gudrun Pausewang groß geworden, zwischen dem AKW Gundremmingen und den Pershing-II-Raketen im Unterallgäu. Diese Region trifft der radioaktive Fallout nach Tschernobyl besonders stark. Der GAU von Tschernobyl hat mich geprägt, die Anti-Atomkraftproteste haben mich politisiert. Dementsprechend ist für mich der 15. April 2023 ein großer Feiertag: Die letzten drei Atomkraftwerke in Deutschland werden endlich für immer abgeschaltet.

Allerdings sieht es kurz zuvor noch so aus, als würde die Party abgesagt. Mit der Energiekrise nach dem russischen Angriff auf die Ukraine erlebt die Atomkraft eine beispiellose ideologische Renaissance. Wie ein Zombie kriecht die Debatte um diese Wahnsinnstechnologie wieder aus ihrem Loch und in die Nachrichten: Liberale, Konservative und Rechte fordern lautstark Laufzeitverlängerung, ja sogar den Bau neuer Atomkraftwerke für die «Energiesicherheit». Sie verbreiten Angst und Schrecken vor einem «Blackout». Den hat es (im Gegensatz zu atomaren GAUs) allerdings nie gegeben, und er ist auch nicht wahrscheinlich. Im ganzen Jahr 2020 ist der Strom insgesamt für nur zehn Minuten ausgefallen.[74] Der flächendeckende Stromausfall aufgrund des Atomausstiegs ist eine Legende, die hart an der Verschwörungsideologie vorbeischrammt. Die größte Gefahr für einen großflächigen Stromausfall geht stattdessen von starken Unwettern aus, die Masten und Leitungen beschädigen können. Wenn also irgendetwas einen Blackout wahrscheinlich macht, dann die Klimakrise.

Ironischerweise sind es aber vor allem Verschwörungsideologen, Klimaleugner, Rechte und Energiewendehasser sowie Profiteure des Systems, die Angst und Panik vor einem Blackout schüren, sollten alle AKW in Deutschland endgültig abgeschaltet werden. Wer welche Erzählungen verbreitet und warum, das hat Steffen Kuntzner vom Recherchenetzwerk Correctiv wunderbar analysiert.[75] Aber das Gift, das in deutsche Ohren geträufelt wird, wirkt prompt: Das Land bekommt eine kollektive Panikattacke. Binnen weniger Tage dreht sich die gesellschaftliche Stimmung: Auf den letzten Metern lehnen zwei Drittel der Deutschen den Atomausstieg auf einmal ab. Kurz nach dem GAU in Fukushima waren die Umfrageergebnisse noch fast exakt andersherum gewesen: Die überwiegende Mehrheit in Deutschland wollte raus aus der Atomenergie.[76]

Vielleicht muss man ein bisschen zurückschauen, um zu verstehen, warum dieser Backlash so absurd ist – und so gefährlich. Denn der Atomausstieg ist eine große zivilgesellschaftliche und demokratische Errungenschaft, die Vernunft und Allgemeinwohl gegen Ideologie, Wirtschaftsinteressen und harte politische Widerstände durchgesetzt hat. Schließlich ist die Atomkraft die teuerste, unrentabelste, gefährlichste und – bezieht man die Verheerungen mit ein, die der Uranabbau hinterlässt – auch eine der umweltschädlichsten Formen der Energiegewinnung.[77] Der Ausstieg ist nämlich nicht einfach von oben beschlossen worden, auch wenn das manche glauben möchten. Nicht von Angela Merkel und, nein, auch nicht von den Grünen. Es ist der Erfolg des hartnäckigen Protests von Graswurzelbewegungen. Aus ihnen heraus bildet sich später die Partei Die Grünen, die die Forderung nach dem Atomausstieg in ihrem Gründungskonsens trägt.

Und doch sind es ausgerechnet die Grünen, die den Atomausstieg beinahe vereitelt hätten: Im Jahr 2000 vereinbart die rot-grüne Bundesregierung mit den Energiekonzernen, die die Atomkraftwerke betreiben, den Atomausstieg im sogenannten Atomkonsens.[78] Wann welche Anlage abgeschaltet wird, das berechnet sich bizarrer Weise nicht nach Alter oder Risiko, sondern beruht auf der Strommenge, die das jeweilige AKW produziert. Ausgehend von einer Regellaufzeit von 32 Jahren wird bestimmt, wie viele Terawattstunden die AKW noch produzieren dürfen. Diese sogenannten Restlaufzeiten von abgeschalteten AKW dürfen die Energieriesen dann auf andere Kraftwerke übertragen und können diese so länger am Netz lassen. Ohne Restlaufzeiten zum Beispiel hätte das älteste und gefährlichste AKW, Biblis, in dessen Pannenmeilern A und B es zusammen 900 meldepflichtige Ereignisse und sogar gefährliche Zwischenfälle gab, sehr viel früher stillgelegt werden können.[79]

Am Ende hilft der Atomkonsens dem deutschen Energie-Oligopol aus EnBW, Eon, RWE und Vattenfall, die damals 80 Prozent des Stroms produzieren, sogar dabei, den Betrieb ihrer Kraftwerke über die nächste Bundestagswahl hinaus zu verlängern.[80] Denn es zeichnet sich bald ab, dass 2009 eine gelb-schwarze Regierung den Atomausstieg wieder kassieren würde. Und genauso kommt es auch: Angela Merkel macht den Atomausstieg der vorherigen Regierung rückgängig und vereinbart eine großzügige Laufzeitverlängerung. Dabei wäre es auch geblieben, hätte es nicht am 11. März 2011 den GAU von Fukushima gegeben. Der treibt die Anti-Atom-Bewegung blitzschnell und massenhaft auf die Straße. Im ganzen Land sammeln sich an Montagabenden Menschen zu Mahnwachen. Selbst in den konservativsten Ecken Oberbayerns demonstrieren Menschen in Dirndl und Tracht und skandieren «Abschalten». An Bauernhöfen und in Gärten wehen Bayernflaggen mit Anti-AKW-Motiv. Markus Söder, damals bayerischer Umweltminister und von jeher Atomkraft-Fan, lässt dann aber mit großem Getöse eine Woche später das AKW Isar 1 in der Nähe von Landshut abschalten. Angela Merkel verhängt zunächst ein Atom-Moratorium, der Bundestag beschließt ein Vierteljahr später den endgültigen Atomausstieg.

Zwölf Jahre später trompetet die CSU, der Atomausstieg sei eine «ideologisch verblendete Fehlentscheidung» gewesen. Derselbe Markus Söder, jetzt allerdings bayerischer Ministerpräsident, will das Atomkraftwerk Isar 2 «in Landesverantwortung» weiterbetreiben lassen. Doch das ist gesetzlich gar nicht möglich, und die Betreiber-Firma Preussenelektra muss dem Landesfürsten erklären, dass das auch technisch gar nicht geht, selbst wenn man wollte.[81] Übrigens genau dem Markus Söder, der Atommüll-Endlager in Bayern strikt ablehnt.[82]

Auch CDU und FDP schlagen 2023 überraschend populistische Töne in Bezug auf die Atomkraft an. Beim Dreikönigstreffen im Januar 2022 hatte FDP-Chef Christian Lindner noch erklärt, Atomkraft sei in Deutschland keine Option mehr und aufgrund der zu großen Haftung des Staates ordnungspolitisch schlicht nicht vertretbar.[83] Im Dezember 2022 äußerte sich auch Friedrich Merz dahin gehend, dass der beschlossene Atomausstieg unumkehrbar sei.[84] Kurz vor dem endgültigen Atom-Aus entpuppen sich Merz und Lindner jedoch als größte Atomkraft-Aktivisten, und die Medien schreiben den lächerlichen Popanz der Ewiggestrigen zum «Atomstreit» hoch.[85] Die ganze Hysterie treibt die Ampel dann dazu, das Atomgesetz zu ändern. Sie genehmigt den so überflüssigen wie riskanten Streckbetrieb der AKW Neckarwestheim 2, Isar 2 und Emsland. Obwohl die alle zehn Jahre vorgeschriebene Sicherheitsprüfung dieser Reaktoren da schon dreizehn Jahre zurückliegt (was daran liegt, dass ja vorgesehen war, sie abzuschalten).[86] Obwohl es allein in diesen drei AKW zusammen mehr als 400 meldepflichtige Ereignisse gegeben hat. Und obwohl die Atomkraft im Jahr 2022 nur noch knapp sieben Prozent zur Nettostromproduktion beiträgt. Tatsächlich ist der Streckbetrieb völlig nutzlos. Die drei Anlagen liefern, wie sich später herausstellt, kaum zusätzliche Energie im Winter.[87]

Fast wäre es den Propagandisten der Atomkraft gelungen, diese im Zuge der Energiekrise wieder salonfähig zu machen. Der gute heimische Atomstrom gegen das böse russische Gas, so die unterschwellige Botschaft. Dabei sind europäische Atomkraftwerke von Uran aus Russland abhängig.

Besorgniserregend ist, wie allen Fakten zum Trotz wieder einmal die Ideologie über die Vernunft siegt. Denn eine Ideologie ist die Atomkraft von Anfang an. So wenig wie CCS für den Klimaschutz erfunden wurde, wurde die Atomkraft für die zivile Energieproduktion entwickelt – sie ist schlicht ein Nebenprodukt von Atomwaffen und Aufrüstung. Als Energieträger ist die Atomkraft von jeher auf Subventionen angewiesen und damit teurer als jede andere Form der Energieerzeugung. Sie kostet ein Vielfaches von Ökostrom. Nach einer Untersuchung des Forums ökologische Marktwirtschaft hat die Atomkraft in Deutschland seit 1955 zwischen 200 und 300 Milliarden Euro an staatlichen Förderungen verschlungen.[88] In einer Studie des DIW analysierte Claudia Kemfert alle 674 seit 1951 gebauten AKW weltweit. Von Beginn an habe diese Energie keine Chance auf ökonomische Wettbewerbsfähigkeit gehabt, die Kosten dieser Energieproduktion seien kontinuierlich gestiegen und stets von staatlichen Subventionen abhängig gewesen, resümiert Kemfert. Private Investitionen in AKW, die nicht staatlich abgesichert seien, gebe es nicht, weil sie schlicht nicht rentabel seien.[89] Investitionen in ein neues Kraftwerk mit einer Leistung von 1000 Megawatt führten durchschnittlich zu Verlusten von knapp fünf Milliarden Euro, rechnet Kemfert vor. Darüber hinaus haftet die Allgemeinheit auch im Falle eines Unglücks, denn die Atomkraft ist nicht versicherbar: Laut einer Studie des Versicherungsforums Leipzig lägen die Prämien für eine adäquate Unfallversicherung für AKW-Betreiber bei bis zu 67 Euro je Kilowattstunde. Die Folgekosten bei einem Desaster sind astronomisch: Der GAU von Tschernobyl kostete die Welt rund 650 Milliarden Euro,[90] der von Fukushima hat voraussichtlich Schäden zwischen 200 und 700 Milliarden Euro verursacht.[91]

Wer heute ein neues Atomkraftwerk baut, der schaufelt ein Milliardengrab. Vier prominente Beispiele: Hinkley Point in Großbritannien, Flamanville in Frankreich, Vogtle 3 in den USA und Olkiluoto in Finnland. Bei Baubeginn 2016 hieß es, der Reaktor Hinkley Point C im südwestenglischen Bridgewater würde 18 Milliarden Pfund kosten und 2025 in Betrieb gehen. Acht Jahre später korrigiert der französische Staatskonzern EDF, der das AKW baut, den Betriebsbeginn nach hinten: Womöglich geht Hinkley Point erst 2031 ans Netz. Die Kosten werden sich mindestens verdoppeln.[92]

Es ist nicht das einzige Fiasko des AKW-Bauers. Seit siebzehn Jahren versucht EDF, in der Normandie den Druckwasserreaktor Flamanville zu bauen. 2012 hätte das AKW laufen sollen, jetzt wird es – vielleicht – 2024 ans Netz gehen. Ursprünglich waren 3,3 Milliarden Euro veranschlagt worden, letztlich werden es wohl 19.[93] Vogtle 3 in Georgia hat eine Bauzeit von 14 Jahren statt der versprochenen 36 Monate, die Kosten verdoppelten sich auf 30 Milliarden Dollar. Schließlich das finnische Atomkraftwerk Olkiluoto 3 von Siemens und dem französischen Konzern Framatome: Geplant war, es in vier Jahren zu bauen, Kostenpunkt drei Milliarden Euro. Daraus wurden fast zwanzig Jahre und zwölf

Milliarden Euro. Seit der Inbetriebnahme im April 2023 fiel das Kraftwerk mehrmals wegen Pannen aus. Wie all diese Kraftwerke jemals kostendeckend arbeiten sollen? Ein Rätsel. Und trotzdem schauen viele aus Deutschland neidisch nach Finnland, wo sogar die finnischen Grünen pro Atomkraft sind und es gar keine Proteste gibt. Das Atomkraftwerk sei, so sagt es die Betreiberfirma, «Finnlands größtes Klimaprojekt».[94]

Es gab eine Zeit, da haben die meisten von uns lauthals gelacht über den plumpen Versuch, Atomkraft als Klimaschutz zu verkaufen. Erinnert sich noch jemand an «Deutschlands ungeliebte Klimaschützer»? Diese Werbeanzeigen und Plakate zeigten eine grüne Wiese mit Schäfchen im Vordergrund, im Hintergrund sieht man das AKW Brunsbüttel. «Klimaschützer unter sich» steht auf einem anderen. Man sieht das Kernkraftwerk Brokdorf umringt von Windrädern. Daneben die Behauptung: «Kernkraftwerk Brokdorf und Windenergie: CO_2-Ausstoß = Null.» Wer den angegebenen Link www.klimaschuetzer.de anklickte, landete auf der Homepage der Lobby-Organisation Deutsches Atomforum. Dafür gibt es 2007 den «EU Worst Lobbying Award» und jede Menge Häme. Und die Windradfirma Enercon untersagt es der Atomlobby per Gericht, mit ihren Windrädern ausgerechnet für Atomkraft zu werben.[95]

Umso verrückter, dass das Framing von Atomstrom als «klimaneutral» verfangen hat. Die EU-Kommission stufte im Juli 2022 Atomstrom und Gas als nachhaltig und klimafreundlich ein und listet beide in der Taxonomie. Das bedeutet, dass Investitionen in diese beiden Technologien als «grün» gelten. Bei der Klimakonferenz in Dubai schafft es der Ausbau der Atomkraft sogar in die Abschlusserklärung. Das hat eine Allianz aus 22 Staaten durchgesetzt, darunter Großbritannien, Frankreich, Kanada und USA. Sie wollen die Atomkapazitäten bis 2050 verdreifachen. Das wären mehr als tausend neue Atomkraftwerke in 27 Jahren. Völlig illusorisch, sagt Mycle Schneider, der Herausgeber des «World

Nuclear Status Report». Die reine Bauzeit (Planung nicht eingerechnet) dauere im Schnitt 10 bis 15 Jahre. Jeder achte Neubau der Nukleargeschichte wurde vor seiner Inbetriebnahme aufgegeben. Selbst wenn man nur den im Vergleich zu Kohlekraftwerken geringeren CO_2-Ausstoß bei der Stromproduktion betrachten würde: die Klimaziele sind mit diesen Bauzeiten, den Kosten und der Unzuverlässigkeit dieser Technologie nicht erreichbar.[96]

Viele Atomkonzerne sind pleite. Der französische Atomkonzern EDF musste bereits vom Staat gerettet werden, weil ihn seine maroden Reaktoren immer weiter in den Ruin getrieben haben. Nettoverschuldung: sagenhafte 65 Milliarden Euro. Nach der Vergesellschaftung seiner Schulden scheffelt das Unternehmen jetzt aber wieder private Milliardengewinne.[97] Dabei stehen in Frankreich, das seinen Strom zu 70 Prozent aus Atomkraft bezieht, im Jahr 2022 die Atomkraftwerke im Schnitt jeweils 152 Tage still. Zum einen, weil viele von ihnen sanierungsbedürftig sind. Und zum anderen, weil die Klimakrise die Technologie in die Knie zwingt: Die ausgetrockneten Flüsse können kein Kühlwasser liefern, sodass die Meiler mit hohem Energieaufwand gekühlt werden müssen. Unter anderem mit – welche Ironie! – importiertem Öko-Strom aus Deutschland.[98]

«Die ganze Welt baut Atomkraftwerke, nur die Deutschen sind so blöd und steigen aus.» Diese Behauptung geistert sinngemäß seit dem endgültigen Atomausstieg immer wieder durch Zeitungskommentare, tendenziöse Dokus und Talkshows. Das ist Unsinn. Denn diesen oft behaupteten Bauboom gibt es überhaupt nicht. Im Gegenteil: Laut dem «World Nuclear Industry Status Report 2023» geht der Anteil an Atomkraftwerken sogar zurück. 2023 sind weltweit 407 Reaktoren am Netz, 31 weniger als zum Höchststand von 438 im Jahr 2002. Zwischen 2003 und 2022 werden weltweit 99 Reaktoren in Betrieb genommen und 105 stillgelegt. Die Menge von Ökostrom übersteigt auch global längst die von Atomstrom: Letzterer hat nur noch einen Anteil von 9,2 Prozent am globalen Strommix – der niedrigste Wert seit 40 Jahren. Etwa 80 Prozent aller weltweit zugebauten Erzeugungskapazität war 2023 erneuerbar. Sonnen- und Windstrom kommen auf einen Anteil von elf Prozent.[99]

Sämtliche Versuche, die alte Mähre Atomkraft doch noch am Leben zu halten, sind bisher gescheitert: Seit den Fünfzigerjahren tüfteln Forschende an der Kernfusion. Sie soll so viel Energie freisetzen, dass sie sich wie eine Mini-Sonne selbst aufrechterhalten kann. Eine endlose Energiequelle wäre das, die kaum radioaktiven Müll hinterlassen würde. Doch bis heute ist es nicht gelungen, mehr Energie daraus zu gewinnen, als eingesetzt wird. Selbst optimistische Forschende rechnen damit, dass die Technologie, sollte sie überhaupt jemals funktionieren, frühestens in Jahrzehnten verfügbar werden könnte.[100]

Und trotzdem setzen sich 14 EU-Mitglieder beim Atomenergiegipfel der Internationalen Atomenergie-Agentur (IAEA) im März 2024 dafür ein, dass die Atomkraft ausgebaut und Teil des Energie-Mixes in Europa bleiben soll. Wesentlich beitragen soll dazu ein Hirngespinst: Small Modular Reactors, also Mini-Atomkraftwerke. Was CCS für die Öl- und Gasindustrie ist, sind die Kleinreaktoren für die Atomindustrie: ein heiß ersehnter Rettungsring. Die Idee ist, dass sie als Bausatz vorgefertigt und vor Ort montiert werden könnten. Das sei günstiger, als ein großes AKW zu bauen, und gut für den Klimaschutz, argumentieren die Befürwortenden. Aber einmal ganz abgesehen davon, dass auf diese Weise potenziell waffenfähiges Plutonium quasi per Lieferservice in die ganze Welt verteilt werden könnte: Sie sind sogar noch unwirtschaftlicher, teurer, gefährlicher, und sie würden insgesamt noch mehr Müll produzieren als Großkraftwerke. Das ergibt eine Studie des Öko-Instituts und der TU Berlin.[101] Energiepolitikanalyst Mycle Schneider nennt sie «Powerpoint-Reaktoren», denn sie bestehen bislang nur auf dem Papier.[102] Selbst das Vorzeigeprojekt Carbon Free Power Project der Firma NuScale Power Corporation in den USA ist gerade abgebrochen worden: Auch hier haben sich die Produktionskosten von geplanten fünf auf neun Milliarden fast verdoppelt. Außerdem fürchtet das Unternehmen, keine Abnehmer zu finden.[103]

«Natürlich haben alle Fehler gemacht», sagt Armin Laschet 2021 als Kanzlerkandidat bei einer Wahlkampfveranstaltung in Hamburg, als es um Versäumnisse beim Klimaschutz geht.[104] Die Umweltbewegung nämlich: Die habe 25 Jahre lang nur den Kampf gegen die Atomenergie geführt. «Aber die Reihenfolge war falsch. Wenn Klima wichtig ist, hätte man mit Kohle beginnen müssen und dann erst mit Kernenergie», zitiert der *Spiegel* Laschet. «Jetzt isses wie es ist, jetzt müssen wir damit leben.»

Na klar: Die Umweltbewegung ist schuld an der Klimakrise! Nicht die Union, die mit einem Förderstopp und unsinnigen Regularien die Energiewende so gut wie zum Erliegen gebracht hat. Und nicht Laschet, der mit kohlebeschmierten Backen und seinem Bergmann-Vater medienwirksam eine Zeche besuchte und sich mit Applaus von RWE für einen späten Kohleausstieg einsetzte.[105] Was für ein Coup! Das Narrativ der «falschen Ausstiegsreihenfolge» wird allerdings ausschließlich von denen vorgetragen, die sowohl die Energiewende als auch den Atom- und auch den Kohleausstieg stets blockiert haben. Das Gegenteil ist richtig: Der Atomausstieg hat Klimaschutz überhaupt erst möglich gemacht. Er war es, der der Energiewende und der technischen Entwicklung erneuerbarer Energie einen globalen Schub gab: Die Hälfte des in Deutschland verbrauchten Stroms stammt heute aus erneuerbarer Energie.[106] Die Atomkraft wird niemals Klimaretterin sein, sie hat den Prozess nur aufgehalten. Denn Atomkraftwerke, die rund um die Uhr durchlaufen und Strom produzieren, verstopfen mit ihrem Strom die Netze. Das Atomkraftwerk Emsland zum Beispiel, das zu den letzten drei gehörte, die am 15. April 2023 in Deutschland stillgelegt wurden, hat regelmäßig dafür gesorgt, dass Windkraftanlagen abgeschaltet werden mussten, damit es nicht zu einer Netzüberlastung kam.[107]

Ein Jahr nach dem Ende der Atomkraft in Deutschland, im April 2024, zeigt sich schließlich: Es hat keine Engpässe bei der Stromversorgung gegeben. Stattdessen ist der Anteil von erneuerbarer Energie gestiegen und der von Kohlestrom gesunken, ebenso die Strompreise. Und auch die Prophezeiung, es müsste dann eben mehr Atomstrom importiert werden, hat sich nicht erfüllt. Im Gegenteil: Auch dieser Anteil ist kleiner geworden.[108]

«Plötzlich fühlten sich jene doch im Recht, die historisch die Schlacht verloren hatten», sagt mir Toralf Staud, Journalist und Co-Autor des Buchs *Deutschland 2050* in einem Interview. «Ich deute das als Rückzugs-Gefechte: Die Besiegten von damals versuchten ein gesichtswahrendes, trotziges ‹Seht nur, wir hatten damals doch recht!› ohne ein einziges neues, auch nur halbwegs überzeugendes Argument.»

Identitätspolitik der Ewiggestrigen also. Schließlich ist die Atomkraft eine Zukunft von vorgestern. Vielleicht führte diese absurde Scheindebatte kurz vor dem Ende des Atomzeitalters ja auch deshalb zum gesellschaftlichen Nervenzusammenbruch und einer neu aufgeflammten Liebe zu den Atomkraftwerken: Sie sind die letzten Denkmäler des Wirtschaftswunders und der «guten alten Zeit». Der «Normalität», nach der sich so viele Deutsche sehnen. Auch wenn diese vermeintliche Normalität von jeher eine Illusion und ein historischer Ausnahmezustand war.

«Eine bestimmte Auffassung von ‹Natur› hat den Modernen erlaubt, die Erde auf eine Weise in Beschlag zu nehmen, die es den anderen verunmöglichte, ihr eigenes Territorium alternativ zu besetzen.»

Bruno Latour, *Das terrestrische Manifest*[1]

IV. DIE KLIMASCHUTZ-KATASTROPHE

Grünes Wachstum und Wasserstoff für das Wolkenkuckucksheim

1. Grüner Extraktivismus: Plünderung im Namen der Weltrettung

Blau-weiß-blau, fünf Sterne auf dem weißen Streifen, so tanzt die Flagge von Honduras vor uns im Wind. Ausgeblichen von der Sonne, aufgespannt an einem Seil zwischen zwei Bäumen, zeigt sie eine Straßensperre an, aber wir dürfen den Schotterweg passieren. Ein Dutzend Frauen und Männer wartet unter einem provisorischen Schutzdach aus Holz, getrockneten Zweigen und Palmwedeln auf uns. Die Dorfbewohner von Los Prados haben sich versammelt, um ihr Land, ihre Lebensgrundlage, vor den Baggern zu schützen. An das Protestcamp grenzt, getrennt durch einen Stacheldrahtzaun, eine von Gras, Bäumen und Büschen bewachsene Ebene, die bis zu den bewaldeten Hügeln reicht.

Los Prados liegt im Süden von Honduras, in der Gemeinde Namasigüe an der Grenze zu Nicaragua. Hier leben viele der ärmsten Menschen des mittelamerikanischen Landes. Etliche von ihnen sind Kleinbäuerinnen und Kleinbauern und auf das Land um ihr Dorf angewiesen. Dort sammeln sie Früchte und lassen ihre Tiere weiden. Doch bald schon soll nun ebendort alles plattgemacht werden. Eines Tages, berichtet Ortsvorsteher Leonardo Amador, seien Maschinen da gewesen. Niemand habe sie vorgewarnt. An den alten Bäumen standen plötzlich Nummern, weil sie gefällt werden sollten. Da sei klar gewesen: Sie müssen sich wehren. Bevor Amador weiterreden kann, greift ein Mann zur Gitarre und stimmt einen Protestsong an. Alle fallen ein. Eine fröhliche Melodie, doch einige Frauen beginnen zu weinen.

In Los Prados sehe ich wieder, wie aus abstrakter globaler Ungerechtigkeit ganz konkrete lokale Machtverhältnisse entstehen. Für mich gehören Landkonflikte zu den erschütterndsten

Geschichten, die ich im Globalen Süden recherchiert habe: auf den indonesischen Inseln Sumatra und Borneo, wo Indigene von der Palmöl-Industrie aus ihren Wäldern vertrieben werden. In Bangladesch, wo viele Bäuerinnen und Bauern ihre Äcker an die Schrimps-Aquakulturen verloren haben oder an Mikrokreditorganisationen, weil sie ihre Schulden nicht zurückzahlen konnten. In Brasilien, wo sich mächtige Agrarkonzerne und weiße Großbauern Stammesland und Regenwald für Soja-Monokulturen und Rinderweiden unter den Nagel reißen. In der Mongolei, wo der Goldbergbau nomadischen Völkern das Wasser vergiftet und die Lebensgrundlage raubt. Oder in Sambia, wo ein deutscher Agrarinvestor den Dörfern den Zugang zur Wasserquelle und zu ihren Gemüsegärten abgeschnitten hat. Die Rohstoffe sind austauschbar, das Drehbuch des Landraubs ist immer das gleiche: Es mag sich unterscheiden im Ausmaß der Gewalt und Rücksichtslosigkeit, aber betroffen sind grundsätzlich die Vulnerabelsten. Indigene, Landlose, Arme sowie Bäuerinnen und Bauern, die Subsistenzlandwirtschaft betreiben.

Hier in Los Prados soll jedoch weder ein Fabrikgelände errichtet werden noch eine Palmöl-Monokultur. Auch soll hier kein Öl oder Gas gefördert, noch Kohle, Silber, Gold, Eisenoxid, Zink oder ein anderer begehrter Rohstoff des Landes aus dem Boden geholt werden. Nein, hier soll Klimaschutz betrieben werden. Der neue begehrte Rohstoff ist grüne Energie.

Leonardo Amador hält ein Stück Pappe in den Händen: «Verteidigt unsere Rechte, nicht den Solarpark und das Geld.» Solarpark heißt: 88 Hektar – gut 120 Fußballfelder – Solarpaneele. 2007 wurden Investitionen in erneuerbare Energie in Honduras von Steuern befreit und Gesetze zum Umweltschutz dafür ausgehebelt. Dutzende neue Anlagen wurden geplant, vor allem Wasserkraftwerke, aber auch Solarparks. Heute produziert Honduras am meisten grünen Strom in Zentralamerika. Doch weil diese Großprojekte mit Landraub einhergehen, wehren sich die Menschen hier dagegen. Und in Honduras ist das ein gefährlicher

Kampf: Laut der NGO Global Witness wurden seit 2009 in dem kleinen mittelamerikanischen Land mehr als 123 Menschen umgebracht, weil sie ihr Land und ihre natürlichen Ressourcen verteidigt haben gegen derartige, auch «grüne», Großprojekte.[2] 2016 wurde etwa die weltbekannte indigene Menschenrechts- und Umweltaktivistin Berta Cáceres, die den Kampf gegen den Agua-Zarca-Staudamm anführte, in ihrem Haus erschossen.[3]

Im Juni 2018 reise ich mit einer kleinen Delegation aus Journalisten und Aktivistinnen der Romero-Initiative nach Honduras, um dort Menschen zu treffen, die für ihren Kampf um Umweltgerechtigkeit verfolgt werden. Zu dieser Zeit sind rund um Namasigüe zehn große Solaranlagen geplant. Wie Los Prados ist auch das benachbarte Dorf Costa Azul dem Los Prados Solarpark im Weg. Hier sind die Fakten bereits geschaffen: Das Land ist planiert, uniformierte Männer bewachen es. Wir stehen am Zaun neben Frauen, die traurig auf die Brache schauen, wo einst Bäume, Büsche und Gräser wuchsen. Auch diese Frauen versuchen, den Solarpark zu verhindern. Mittlerweile nur noch sie, denn gegen die Männer, sagt eine von ihnen, liege zu viel vor. Mehr als ein Dutzend der Protestierenden in der Gegend wurde verhaftet oder angeklagt, viele andere eingeschüchtert. Manche so sehr, dass sie ihr Heil in der Flucht suchten.

Zu den Investoren des Los Prados Solarparks gehört die norwegische Entwicklungsbank Norfund, die in sogenannten Schwellen- und Entwicklungsländern den Zugang zu sauberer Energie fördern will.[4] Federführend beteiligt ist das norwegische Unternehmen Scatec, das vor allem in Ländern des Globalen Südens Anlagen erneuerbarer Energie entwickelt, baut und betreibt. Auf der Homepage schreibt Scatec, mit seinen Solarparks in Honduras jedes Jahr 53 000 Tonnen Treibhausgase einzusparen. Das Unternehmen wirbt damit, dass «alle Einnahmen, Betriebskosten und Investitionen von Scatec aus den förderfähigen Aktivitäten der EU-Taxonomieverordnung» stammen.[5] Mit diesem Instrument unterstützt die Europäische Union gemäß dem European Green Deal private Investitionen in nachhaltige Projekte.

Aber mit der Nachhaltigkeit ist es so weit nicht her: Die Solaranlagen hinterlassen in der heißen und trockenen Region Umweltschäden und sorgen für Wasserknappheit. Rund zwanzig Kilometer von Los Prados entfernt, am Rande der Provinzhauptstadt Choluteca, zieht sich eine Monokultur aus spiegelnden Flächen bis an den Horizont. An diesem sonnensatten Ort finden sich die meisten Großanlagen für Solarstrom in Honduras.

Eli Portíello und Karen Ponce gehören zum Anwältinnen-Kollektiv Red de Abogadas Defensoras de Derechos Humanos («Netzwerk der Menschenrechtsverteidigerinnen»), sie unterstützen Gemeinden, die sich gegen solche Projekte wehren. Gemeinsam stehen wir vor einem der größten Solarparks Mittelamerikas: Choluteca I und II, betrieben von der US-Firma SunEdison, mitfinanziert von der International Finance Corporation der Weltbank.

Kahle Bäume und verkohlte Pflanzen ragen wie Bleistiftstriche aus dem staubtrockenen, aschebedeckten Boden. Unter unseren Füßen knirscht und knackt jeder Schritt, jenseits des Zauns flimmert die Luft über den Solarpaneelen. «Diese Region ist geprägt durch extreme Hitze. Den Menschen fehlt es an Wasser», sagt Portíello.

Die Betreiber der Solaranlagen aber würden das wenige Wasser dazu nutzen, um den Staub von den Paneelen zu waschen. Davor haben die Menschen in Los Prados Angst: Das Grundwasser könnte sinken, die Böden versteppen oder im Hinterland des Pazifiks versalzen. Außerdem verändern die Solarparks das Mikroklima: Weil die Module Wärme nicht speichern wie Bäume und Pflanzen, ist die Luft tagsüber wärmer als üblich und nachts kälter.[6] Das kann die Landwirtschaft beeinträchtigen.

Im November 2019 organisieren die Bürgerinnen und Bürger eine öffentliche Befragung zu dem Großprojekt in Los Prados. Von den 15 000 registrierten Wählerinnen und Wählern in Namasigüe geben 11 992 ihre Stimme ab. 11 673 stimmen mit nein, 78 mit ja, 150 geben einen leeren Stimmzettel ab. 97,2 Prozent lehnen die Fotovoltaik-Projekte ab.[7] Dennoch gibt es Streit in den Gemeinden zwischen Gegnerinnen und Befürwortern. Scatec hat Sozialprojekte umgesetzt, etwa zur Strom- und Wasserversorgung. Aber von diesen würden nicht alle profitieren, so Amador, sondern «nur die, die nicht protestieren».

Immerhin erreichen sie Gespräche mit der Betreiberfirma und schließlich, dass ein Teil des Solarparks, Los Prados I, doch nicht gebaut wird.[8] Das mag nach dem Sankt-Florians-Prinzip klingen, wie wir es auch aus Deutschland kennen, wo es Proteste gegen geplante Windkraftanlagen gibt. «Wir haben doch überhaupt nichts gegen sauberen Strom», sagt eine der Frauen dort. Sie hätten sogar selbst gerne welchen. Aber obwohl nirgends in Mittelamerika so viel erneuerbare Energie produziert wird wie in Honduras, haben sie rein gar nichts von den Mega-Anlagen vor ihrer Haustür. Denn der grüne Strom fließt vor allem in die Industrie. In die Bergwerke und Textilfabriken, wo Kleider und Rohstoffe für den Export hergestellt oder geschürft werden. Viele Privathaushalte in Honduras leiden indes unter Energiearmut oder müssen viel Geld für ihren Strom bezahlen.

In einem kargen gekachelten Raum brennt Neonlicht von der Decke, im Fernseher, der auf einem kleinen Tisch an der Wand steht, läuft ein Western. Es ist das Restaurante Kellogg, eine Essensausgabe für Arme, die von der US-amerikanischen kirchlichen Organisation Food for the Poor Inc. gesponsert wird. Hier wartet Gregorio Aquino, denn es ist das einzige Gebäude in seinem Dorf, in dem es Strom gibt. Er lebt in Casería Emanuel bei Choluteca. Sein eigenes Haus ist ein grauer Rohbau mit Wellblechdach. Vor seiner Haustür verdorrt das Gras. Keine 200 Meter weiter wachsen die Solarpanels und Strommasten von Choluteca I und II. Doch zu seinem Haus führt keine Leitung. Vor ein paar Jahren ist der 68-Jährige in die Siedlung gezogen, er hat sie mit staatlicher Unterstützung für Arme mitgebaut. «Hätte ich gewusst, dass diese Anlage hierherkommt, hätte ich kein Haus hier genommen», sagt er. Anfangs hat Aquino, der sich als Tagelöhner durchschlägt, große Hoffnung gehabt. Er fragt mehrfach nach Arbeit und Strom. Vergeblich. «Sie sagten mir, der Strom wird nach Nicaragua und Costa Rica exportiert, und Jobs gibt es nur für Leute unter dreißig», erinnert sich Aquino. «Aus Casería Emanuel arbeitet überhaupt niemand in der Solaranlage.»

Zwar gibt es auch von SunEdison Sozialprojekte. Dennoch sind viele weggezogen, von den 23 Häusern der trostlosen Siedlung stehen 14 leer. «Die Solaranlage bringt uns nur Nachteile», sagt Aquino. Früher habe er Gemüse angebaut, Gurken, Wassermelonen, Bohnen, «außerdem stand hier vorher ein Wald». Die Solar-Firma habe alle Bäume gefällt. Jetzt wächst hier nichts mehr, der Lehmboden ist hart wie Beton. «Es ist jetzt so viel heißer hier, die Hitze ist kaum auszuhalten, wir ersticken fast», sagt Aquino. Er hofft darauf, im Winter, wenn es vielleicht regnet, gärtnern zu können. Und im Sommer? «Da hoffe ich, dass Gott mir hilft.»*

Das ist nur ein winziger Ausschnitt dessen, was sich gerade an vielen Orten der Welt im Namen des Klimaschutzes abspielt. Drei Viertel der Solaranlagen weltweit werden auf landwirtschaftlichen Flächen oder in wertvolle Ökosysteme gebaut, schreibt das International Panel of Experts on Sustainable Food Systems im Bericht «Land Squeeze». 770 Millionen Menschen – fast zehn Prozent der Weltbevölkerung – haben keinen Zugang zu Strom. Die meisten davon leben im Globalen Süden. Dort werden zwar viele solcher Energie-Megaprojekte mit hohen privaten und öffentlichen Investitionen geplant oder bereits gebaut. Aber nicht

---

* Streng genommen gibt es keine Jahreszeiten in Honduras, die Menschen dort nennen die Regenzeit jedoch «Winter» und die Trockenzeit «Sommer».

für die lokale Bevölkerung, sondern für die Industrie und den Energiehunger des Globalen Nordens, der sein Wirtschaftswachstum fortführen will. Abermals auf Kosten des Globalen Südens, aber diesmal möglichst klimaneutral.

Besonders heiß begehrt ist dabei grüner Wasserstoff. Er ist zentrales Element der Klimaschutz-Strategie vieler reicher Länder, auch Deutschlands: Die Nationale Wasserstoffstrategie prognostiziert einen Bedarf von bis zu 130 Terawattstunden jährlich bis 2030 – und noch mehr darüber hinaus.[9] Das entspricht einem Viertel des gesamten Stromverbrauchs in Deutschland.[10] Der Energieträger wird als regelrechte Wunderwaffe für den Klimaschutz gehandelt. Denn er kann gespeichert, transportiert und theoretisch fast überall dort verwendet werden, wo bislang fossile Energie zum Einsatz kommt. «Wasserstofftechnologien bestimmen das Gelingen der Energiewende und damit die gesamte Transformation unserer Wirtschaft hin zu Klimaneutralität», sagt Bundeskanzler Olaf Scholz.[11]

Die einzige klimafreundliche Variante ist jedoch grüner Wasserstoff, hergestellt mit Solar- und Windenergie. Aber der ist bislang nur grüne Science-Fiction. Praktisch existiert er nicht. Höchstens ein Prozent des weltweit produzierten Wasserstoffs ist grün. Der Rest ist fossil und ein echter Klimakiller: 830 Millionen Tonnen CO_2 verursacht die Herstellung von grauem Wasserstoff weltweit pro Jahr. Fast so viel, wie ganz Deutschland jährlich ausstößt.[12]

Wasserstoff ist ein Gas, das in der Natur nur gebunden vorkommt, zum Beispiel in Wasser, aber auch in Erdgas, Kohle und Erdöl. Um reinen Wasserstoff zu erhalten, muss das Gas abgespalten werden. Je nachdem, woraus und mit welcher Energie er hergestellt wird, wird ihm eine Farbe zugeordnet. Grauer Wasserstoff wird aus Erdgas, Öl oder Kohle erzeugt. Dieser fossile graue Wasserstoff wird schon lange in der Industrie eingesetzt. Aus ihm kann etwa Ammoniak produziert werden, die Grundlage für Kunstdünger.

Blauer Wasserstoff wird wie das graue Äquivalent erzeugt, aber bei der Produktion soll CCS angewendet, also das CO_2 abgeschieden werden. Pinker Wasserstoff wird mithilfe von Atomenergie fabriziert und türkiser durch Methanpyrolyse.[13]

Grüner Wasserstoff wird per Elektrolyse aus Wasser unter der Verwendung von Energie aus Wind und Sonne hergestellt. Aber das ist die aufwendigste, teuerste und ineffizienteste Methode: Bei der Umwandlung von Strom in Wasserstoff geht ein Drittel der Energie verloren.[14] Claudia Kemfert, Leiterin der Abteilung Energie, Verkehr und Umwelt am Deutschen Institut für Wirtschaftsforschung (DIW), nennt den grünen Wasserstoff daher den «Champagner der Energiewende». Wenn Deutschland selbst die riesigen Mengen herstellen wollte, die es davon begehrt, dann «müssten [wir] bis zu achtmal so viel Ökostrom ausbauen wie derzeit geplant», schreibt Kemfert in ihrem Buch *Schockwellen*.[15] Völlig absurd, schließlich stammt ja noch nicht einmal der Strom in Deutschland zu hundert Prozent aus erneuerbarer Energie. «Und wir streiten jetzt schon um jede Windanlage», ergänzt Kemfert.

Um das an einem Beispiel zu verdeutlichen: Nur um Thyssenkrupp Steel in Duisburg mit grünem Wasserstoff zu versorgen, bräuchte es 3000 Windräder, rechnet Stefan Reinecke in der *taz* vor.[16] In ganz Deutschland gibt es derzeit aber nur 30 000. Für ein einziges Stahlwerk würden also zehn Prozent aller Windräder hierzulande benötigt.[17]

«Wenn wir nicht fünf oder zehn Prozent der Landesfläche mit Windkraftanlagen vollstellen wollen, brauchen wir Wasserstoffimporte», befindet daher Wirtschaftsminister Robert Habeck.[18] Im Klartext: Es sollen also bitte andere ihre Landesflächen damit vollstellen. Australien zum Beispiel, Chile und Mexiko, Marokko und Saudi-Arabien, Angola, Nigeria, Südafrika und Namibia. Mit diesen Ländern hat die Bundesregierung Energie- oder Wasserstoffabkommen geschlossen.[19]

Die Bundesregierung wünscht sich zwar, dass Deutschland Weltmarktführer bei Wasserstoff wird.[20] Aber nur, was die Technologie betrifft, die dann exportiert werden kann. Den Großteil des Energieträgers selbst will sie importieren: ganze 75 Prozent.[21] Beim Import, so steht es im Koalitionsvertrag, will die Regierung «faire Wettbewerbsbedingungen für unsere Wirtschaft sicherstellen».[22]

Was nichts anderes heiße, als dass «bei den Import-Abkommen mit Ländern des Globalen Südens [...] Länder wie Deutschland die Bedingungen diktieren», kritisiert das Leipziger Konzeptwerk Neue Ökonomie in seinem Positionspapier «Wasserstoff und Klimagerechtigkeit».[23] Ungleiche Machtbeziehungen würden auf diese Weise etabliert und koloniale Muster fortgesetzt. «Im Grunde geht es also darum, die Energiequelle auszutauschen, die bestehenden autoritären politischen Dynamiken sowie Hierarchien der imperialen internationalen Ordnung jedoch beizubehalten», so beschreibt es der algerische Aktivist und Wissenschaftler Hamza Hamouchene, Gründer der Initiative «Environmental Justice North Africa».[24]

Für den afrikanischen Kontinent etwa hat das Bundesministerium für Bildung und Forschung mit den beiden deutsch-afrikanischen Kompetenzzentren für Klimawandel und angepasstes Landmanagement im westlichen (WASCAL) und im südlichen Afrika (SASSCAL) den H_2-Atlas für das Wasserstoffpotenzial Afrikas erstellt.[25] Die Wasserstoff-Landkarten zeigen «Produktionshotspots», also potenzielle Orte, an denen Deutschland künftig seinen Energiehunger stillen will. Afrika wird, der gruselige Eindruck drängt sich zumindest auf, wenn man die bunt aufpoppenden Karten sieht, abermals danach vermessen, kartiert und aufgeteilt, wie es dem Globalen Norden am besten nützt.

In den für den Wasserstoffimport favorisierten Ländern gibt es zwar tatsächlich viel Sonne und Wind, aus denen Strom produziert werden kann. Aber eben auch viele Menschen, die keinen Zugang zu Strom haben. In Westafrika etwa ist das jeder zweite Haushalt. Wenn die Flächen, die für Solar- und Windparks am besten geeignet sind, nun aber für die energieaufwendige Wasserstoffproduktion zum Export okkupiert werden, hat die lokale Bevölkerung wieder das Nachsehen.

Darüber hinaus braucht es neun Liter hochreines Wasser, um ein Kilo Wasserstoff herzustellen. Aber da, wo es am meisten Wind und Sonne gibt, ist in der Regel Wasser knapp. Zum Beispiel in Chile. Der Andenstaat will weltgrößtes Exportland von Wasserstoff werden. Rund 60 derartige Projekte sollen dort entstehen. Gleichzeitig ist es eines von dreißig Ländern weltweit, die am stärksten unter Wassermangel leiden. Auf mehr als zwei Dritteln der Landesoberfläche herrscht Dürre.[26] Um trotz Trockenheit Wasserstoff herstellen zu können, werden Meerwasserentsalzungsanlagen gebaut. Die aber brauchen ihrerseits Energie und Rohstoffe – und sie produzieren jede Menge Dreck: Bei der Entsalzung fällt hochkonzentrierte Salzsole an, manchmal versetzt mit Chemikalien, die oft wieder ins Meer zurückgeleitet wird und dort für ökologische Schäden sorgt.[27]

Die Wasserstoffproduktion braucht außerdem viel Platz. Für die Wind- und Solarparks, Elektrolyseure, Meerwasserentsalzungsanlagen sowie Transportinfrastruktur: Häfen, Verladeterminals, Pipelines, Straßen. Landkonflikte und Zwangsumsiedlungen sind unvermeidbar. Denn so viele große und komplett freie und menschenleere Flächen, auf die man ohne Weiteres Industriegebiete bauen könnte, gibt es nicht. Nicht einmal in der Wüste: In Saudi-Arabien wird gerade das gigantische Bauprojekt Neom umgesetzt. Dazu gehören die Retortenstadt The Line, ein Flughafen, ein Luxusressort, eine Wintersportanlage in den Bergen und ein Industriekomplex. Darüber hinaus ist dort das größte Wasserstoffprojekt der Welt geplant: Helios. Daran ist auch die Tochter Nucera des deutschen Konzerns Thyssenkrupp beteiligt, die Elektrolyseure herstellt. Obwohl in der vermeintlich «leeren» Wüste gebaut wird, sind 28 000 Beduinen dafür zwangsumgesiedelt worden. Menschen, die sich dagegen wehren, verbüßen jahrzehntelange Haftstrafen und werden im Gefängnis gefoltert oder wurden gar zum Tode verurteilt und hingerichtet.[28] Der grüne Wasserstoff aus

Saudi-Arabien hat seine ganz eigene Farbe: blutrot. Aber die deutsche Bundesregierung will ihn trotzdem unbedingt.[29] Bundeskanzler Olaf Scholz reist hierfür in den Wüstenstaat, das Auswärtige Amt eröffnet dort das Wasserstoffdiplomatie-Büro mit dem Namen H_2-Diplo.[30] Das Wasserstoffprojekt Helios erhält Kredite von KFW IPEX und der deutschen DZ Bank.[31] Eine Hermes-Deckung der Bundesregierung sichert das Geschäft ab.[32]

Mit Namibia, dem Land im südlichen Afrika, in dem die deutschen Kolonialverbrecher den ersten Völkermord des 20. Jahrhunderts an Zehntausenden Herero und Nama beingen, hat die Bundesregierung seit 2021 ebenfalls eine Wasserstoffpartnerschaft.[33] Zentral ist dabei das Großprojekt Hyphen Hydrogen Energy, ein Joint Venture zwischen der deutschen Energie-Firma Enertrag und Nicholas Holdings Limited, einer Offshore-Investmentgesellschaft. In der Nähe der Stadt Lüderitz sollen Wind- und Solarkraftanlagen den Strom für einen Elektrolyseur liefern, der bis zu 350 000 Tonnen grünen Wasserstoff pro Jahr produziert. Der soll zu Ammoniak weiterverarbeitet und exportiert werden. Größter Abnehmer will Deutschland sein.

Hyphen wird von Beginn an als Vorzeigeprojekt gehandelt. Vor allem deshalb, weil die namibische Regierung selbst das Projekt ausgeschrieben und Vorgaben zu Umweltschutz und lokaler Beteiligung gemacht hat. Hyphen bekam den Zuschlag. Zu den Auflagen gehört, dass die Wind- und Solarparks zehn Prozent mehr Leistung erbringen sollen, als für die Wasserstoffproduktion nötig ist, sodass eine Million Menschen vor Ort Strom bekommen. Außerdem soll eine bestimmte Zahl von Arbeits- und Ausbildungsplätzen Namibierinnen und Namibiern vorbehalten sein. Bevor gebaut wird, soll auf Umweltverträglichkeit geprüft werden. Letzteres wäre zumindest schon mal mehr, als in Deutschland beim Bau der LNG-Terminals vorgeschrieben ist. Theoretisch. Aber es gibt Kritik aus der namibischen Zivilgesellschaft: Die Industrieanlage soll im geschützten Nationalpark Tsau-//Khaeb (ja, den schreibt man so) entstehen, einem ehemaligen Diamanten-Sperrgebiet. Dort leben zwar keine Menschen. Aber dafür geschätzt ein Viertel aller Pflanzenarten Namibias. Und die Anlage soll riesig werden – größer als die Balearen-Insel Mallorca. Damit nimmt sie ein Fünftel des ganzen Schutzgebiets ein. Außerdem befindet sich in der Region das einzige Meeresschutzgebiet Namibias. Doch Hyphen braucht eine Meerwasserentsalzungsanlage, ein Tiefseehafen muss gebaut werden und Ammoniaktanker für den Export. Auch die Arbeitskräfte fehlen: Es würden mindestens so viele Leute gebraucht, wie momentan in der nahe gelegenen namibischen Hafenstadt Lüderitz leben, sodass sich die Einwohnerzahl folglich verdoppeln würde.

«Grüner Wasserstoff wird uns aufgezwungen», sagt Rinaani Musutua vom Economic and Social Justice Trust Namibia.[34] Der Trust und andere Organisationen bemängeln, dass die betroffenen Gemeinden nicht ausreichend informiert würden und das Ausschreibungs- und Vergabeverfahren intransparent sei. In einem Brief an die Regierung fordern sie im November 2023 den (mittlerweile verstorbenen) namibischen Präsidenten Hage Geingob dazu auf, das Hyphen-Projekt zu überdenken und die Öffentlichkeit über alle sonstigen laufenden Wasserstoff-Projekte zu informieren: «Wir sind besorgt, dass Namibia durch seine Abhängigkeit von ausländischen Unternehmen, die die Einführung und Verwendung von grünem Wasserstoff und seinen Derivaten weltweit prägen, unterlegen sein wird. Jene spielen bei der Produktion von grünem Wasserstoff in der Liga der Giganten, sie haben das Know-how und die Finanzen und bestimmen die Technologie», heißt es in dem Schreiben. «Dies vertieft und zementiert den ausbeuterischen neokolonialen Extraktivismus, der schwerwiegende sozioökonomische und ökologische Auswirkungen hat und für Namibia nicht von Vorteil sein wird.»[35] Die Produktion von grünem Wasserstoff sei mit hohen Risiken behaftet, vor allem wegen der hohen Investitionen. Kurz: «Die Entwicklung von grünem Wasserstoff ist ein kostspieliges Unterfangen, das sich Namibia nicht leisten kann.»

Denn was, wenn Hyphen scheitert? Ähnliches ist in Deutschland gerade mit zwei Vorzeigeprojekten passiert, die viele Fördermillionen verschlungen haben. In der Ölraffinerie Heide sollte Deutschlands größter Elektrolyseur gebaut werden (auch beim Wasserstoff geht nichts ohne Superlative). Die Raffinerie hat das Projekt mit den Firmen Ørsted und Hynamics, einer Tochtergesellschaft des französischen Energiekonzerns EDF, 2020 begonnen. Aus überschüssiger Windenergie sollte Wasserstoff erzeugt werden. Aber weil die Baukosten für den Elektrolyseur zu hoch sind, bricht das Firmenkonsortium das Projekt im November 2023 ab. Im Februar scheitert das nächste Leuchtturmprojekt. Das Klärwerk Hannover-Herrenhausen wollte grünen Wasserstoff produzieren, sechs Millionen Euro Fördermittel gibt es dafür. Doch auch hier ziehen die Projektverantwortlichen die Reißleine, weil die Kosten explodieren.

In Namibia wäre eine solche Entwicklung dramatisch. Das Projekt Hyphen soll knapp zehn Milliarden Dollar kosten – das ist fast so viel wie das Bruttoinlandsprodukt von Namibia.[36] Der namibische Staat will sich mit 24 Prozent an dem Projekt beteiligen – mit Krediten von der Europäischen Entwicklungsbank und der niederländischen Finanzierungsgesellschaft Invest International. Das bedeutet, dass das Land auf den Schulden sitzen bleibt, wenn das Projekt scheitert. Und bereits jetzt beträgt die Staatsverschuldung Namibias 70 Prozent des Bruttoinlandsprodukts.

Es ist also nicht gerade beruhigend, dass keine der am Projekt beteiligten Firmen Erfahrung in der Wasserstoffproduktion hat. Neelke Wagner, Referentin für Klima- und Ressourcengerechtigkeit bei der Berliner NGO PowerShift, hat Hyphen in den *Blättern für deutsche und internationale Politik* genauer unter die Lupe genommen.[37] Hyphen sei das erste gemeinsame Projekt des gerade einmal sechs Monate alten Unternehmens. Das erinnert stark an die Deutsche ReGas, die aus dem Nichts ins (vermeintlich) lukrative LNG-Geschäft eingestiegen ist und das Terminal in Rügen betreiben soll. Die Nicholas Holding GmbH ist auf den Britischen

Jungferninseln registriert, Enertrag ist zwar bei erneuerbaren Energien schon lange im Geschäft, aber nicht bei Wasserstoff.

Der namibische Staat hat sich Hyphen gegenüber sogar verpflichtet, «die rechtlichen, steuerlichen und regulatorischen Rahmenbedingungen für die Umsetzung des Projektes zu schaffen».[38] Sprich: Die Regierung muss dafür sorgen, dass das Ding gebaut werden kann. Man darf bezweifeln, dass unter diesen Umständen den Bedenken der Zivilgesellschaft wirklich Rechnung getragen wird und etwa eine negative Umweltverträglichkeitsprüfung tatsächlich dafür sorgen könnte, dass die Anlage nicht im Nationalpark gebaut wird. «Zu oft wurde Staaten des Globalen Südens ein ‹trickle down›-Effekt versprochen, wenn sie ihre Genehmigungsverfahren und Regeln für ausländische Direktinvestitionen entsprechend anpassen», schreibt Neelke Wagner. Aber internationale Investitionen «haben in den allermeisten Fällen nur dazu geführt, dass die Profite zurück ins Ausland gingen, während die Gemeinden vor Ort mit den Problemen zurückbleiben».

Seit der Kolonialzeit profitiert der Globale Norden von der Ausbeutung landwirtschaftlicher, fossiler, metallischer und mineralischer Rohstoffe sowie von billiger Arbeitskraft im Globalen Süden. Dieser Ressourcenfluch hält rohstoffreiche Länder bis heute in Abhängigkeit, zwingt sie zu Förderung und zum Export von unverarbeiteten Ressourcen und in der Folge zur immer weiteren Zerstörung von Natur und Lebensgrundlagen. Nun setzt der grüne Kapitalismus Menschen und Natur noch mehr unter Druck. Zu den Minen, Raffinerien, Plantagen und Sweatshops gesellen sich nun noch die Anlagen für den Export von grüner Energie. Außerdem verlangt die erträumte Dekarbonisierung der Wirtschaft immer größere Mengen an Lithium, Kobalt, Neodym, Bauxit, Eisenerz, Kupfer und Seltenen Erden für Elektromobilität, Digitalisierung sowie für Solar- und Windkraftanlagen.[39]

In ihrem Bericht «The Role of Critical Minerals in Clean Energy Transitions» rechnet die Internationale Energieagentur vor, dass sich der Bedarf kritischer Mineralien für Energiewende und Elektromobilität bis 2040 versechsfachen könnte.[40] Die Nachfrage nach Kupfer würde sich verdoppeln, die nach Nickel um den Faktor 19 steigen, die Nachfrage nach Kobalt auf das 21-Fache, nach Grafit auf das 25-Fache und nach Lithium sogar auf das 42-Fache.

«Unabhängig davon, ob wir über maßgeschneiderte Chips für die virtuelle Realität sprechen oder über Speicherzellen für Solaranlagen – der Zugang zu Rohstoffen ist entscheidend für den Erfolg unserer Transformation hin zu einer nachhaltigen und digitalen Wirtschaft.» Das sagt EU-Kommissionspräsidentin Ursula von der Leyen in ihrer Rede zur Lage der EU im September 2022.[41] Im Jahr darauf wird das Gesetz zu Kritischen Rohstoffen – der Critical Raw Materials Act (CRMA) – vom Parlament bestätigt, das der EU den ungehinderten Zugriff sichern soll.[42] Denn die EU ist Netto-Importeur von mineralischen und metallischen Rohstoffen. Deutschland ist der fünftgrößte Nutzer von Metallen weltweit. 99 Prozent davon werden importiert.[43] Aber je mehr die Nachfrage nach den gängigen, aber auch neuen Rohstoffen für die grüne Wirtschaft wächst, desto aufwendiger wird ihre Förderung und desto häufiger gerät der Abbau in Konflikt mit Menschenrechten und Naturschutz. Der Ökoressourcenfluch sorgt dafür, dass sich die Flächen, die geplündert werden sollen, immer weiter in bewohnte Areale vorschieben und Minen immer tiefer in die letzten intakten Naturgebiete.

Ein Beispiel dafür ist die indonesische Molukkeninsel Halmahera, wo die größten Nickelvorkommen der Welt vermutet werden. In den Regenwäldern der Insel lebt eines der letzten nomadischen Völker Indonesiens, die Hongana Manyawa. Viele der Indigenen sind sogar unkontaktiert. Doch der Nickelbergbau rückt ihnen immer weiter auf die Pelle. Seit 2019 sind für den Nickelabbau auf der Insel rund 47 000 Hektar Regenwald vernichtet worden. Weda Bay Nickel, zu deren Eigentümern der französische Konzern Eramet gehört, will in den kommenden fünfzig Jahren jährlich 40 000 Tonnen Nickel fördern, das in Batterien für Elektroautos verwendet werden soll.[44] Auch der deutsche Konzern BASF erwägt, in das Projekt einzusteigen. Dabei würde die Erweiterung der Mine nach Einschätzung von NGOs wie Survival International die Auslöschung der unkontaktierten Hongana Maywa bedeuten.[45]

In Hamdallaye, einem Dorf im westafrikanischen Guinea, haben die Menschen bereits alles verloren. Ihre traditionellen Hütten aus Lehm und ihre fruchtbaren Äcker wurden vernichtet, damit eine Bauxit-Mine wachsen kann. Dreizehn Dörfer sind insgesamt betroffen, viele Menschen wurden zwangsumgesiedelt. Möglich gemacht wurde der Ausbau der Mine mit deutschen Krediten, 2016 abgesichert von der Bundesregierung.[46] Das Aluminium, das aus dem Bauxit dieser Mine hergestellt wird, landet in der deutschen Autoindustrie und wird in E-Autos verbaut.[47] Die brauchen im Schnitt 50 Kilo mehr Aluminium als ein herkömmliches Auto, um das Gewicht der schweren Batterien auszugleichen.

Ein Elektro-Auto braucht außerdem 60 Kilogramm mehr Kupfer. 20 Prozent dieses Metalls importiert Deutschland aus Chile.[48] Dort gibt es sowohl die größten Kupfer- als auch Lithiumvorkommen der Welt. Beide sind sogenannte Schlüsselrohstoffe für die Produktion von E-Autos.[49] Bei der Lithium-Produktion für E-Auto-Batterien wird mineralienhaltiges Grundwasser an die Oberfläche gepumpt, wo es verdunstet. Aus den Rückständen wird der begehrte Rohstoff gewonnen. Den Bewohnerinnen und Kleinbauern in den Dörfern der Atacama-Wüste wird so buchstäblich das Wasser abgegraben. Auch der Kupferbergbau richtet große Verheerungen an: In Chile sank der Kupfererzgehalt aus den Bergwerken in den vergangen 15 Jahren um 30 Prozent. Also muss noch mehr Erz gefördert werden, um die gleiche Menge Metall zu gewinnen. Das verbraucht noch mehr Fläche, Wasser und Energie und sorgt dafür, dass die Mengen von Abraum und giftigen Speicherseen wachsen: Mehr als 2000 solcher Giftbecken gibt es in dem Andenland, viele in unmittelbarer Nähe zu

Dörfern.[50] Daran werden auch die Bemühungen nichts ändern, den chilenischen Bergbausektor nun mittels grünen Wasserstoffs «klimaneutral» zu gestalten, um – unterstützt von der deutschen Bundesregierung – «grünes» Kupfer zu exportieren.[51] Derzeit plant die EU ein Investitionsschutzabkommen mit Chile, um sich noch größere Mengen von Ressourcen zu sichern – weitreichende Klagerechte für Konzerne inklusive.[52]

Je knapper die Rohstoffe sind, desto teurer werden sie: Die Preise für Kupfer und Aluminium sind in den vergangenen Jahren stark gestiegen. Die Rohstoffnachfrage für grüne Technologien führt zu einer «Akkumulation durch Dekarbonisierung», wie es Ulrich Brand, Politikwissenschaftler und Co-Autor des Buchs *Imperiale Lebensweise*, formuliert.[53] In Wahrheit nämlich sollen all die grünen Technologien, welche Rohstoffe und Energie verschlingen, nicht das Klima retten – sondern den Kapitalismus. Das Zauberwort heißt: Grünes Wachstum.

2. Der Mythos von der Entkopplung

In die 563. Folge der YouTube-Sendung «Jung & Naiv» hat der Journalist Tilo Jung Isabel Schnabel, die Direktorin der Europäischen Zentralbank, eingeladen, um mit ihr über Wirtschaftswachstum zu sprechen. Darin entspann sich dieser bemerkenswerte Dialog:

Tilo Jung: Du glaubst, dass wir ewig wachsen können? Dass Wirtschaftswachstum ewig sein kann?
Isabel Schnabel: Ja. Glaub ich schon.
TJ: Warum versucht die EZB dann, auf den grünen Wachstumspfad einzuschwenken, wenn das an sich kein Problem ist?
IS: Das ist doch der Weg zu wachsen! Die grüne Wende ist ein Wachstumsprogramm.
[…]

TJ: Wir brauchen absolute Entkopplung!
IS: Klar. Vollkommen richtig. Da sind wir noch nicht.
TJ: Das steht ja in den Sternen. Und da sagst du jetzt hier: Ewiges Wachstum – ja! Obwohl das gar nicht geht.
IS: Ja doch, es geht schon. Es geht schon. Ich glaube, es geht. Sonst hätten wir ein Problem.
TJ: Viele, die jetzt zugucken, werden sich jetzt an den Kopf fassen.
IS: Ja, das ist dann so.
TJ: Erklär uns, worum es geht.
IS: *(stammelt)* Ja, ich glaube, ich kann's nicht besser erklären, als dass wir eine Ressource haben, die sehr wichtig ist, und das ist unsere Innovationskraft. Das ist unser Weg aus der Klimakrise.
TJ: Anders gefragt – warum müssen wir wachsen? […] Ist das vielleicht ein systemisches Problem?
IS: Wir müssen nicht zwangsläufig wachsen. Aber es ist halt so, dass die meisten Menschen es eben besser finden, mehr zu haben.
[…]

Wow. Das klingt, als würde ein Kind die Eltern überzeugen wollen, dass es mit einem gefalteten Papierflieger nach dem Abendessen zum Mond düsen wird. Aber hier spricht die Direktorin der Europäischen Zentralbank (EZB) Isabel Schnabel. Nicht über Kinderträume, sondern über die offizielle Klimapolitik der EU. Und ja, damit *haben* wir ein Problem, ein gewaltiges sogar. Denn deren Kernidee ist die «Entkopplung» von Wachstum, Naturverbrauch und Klimaschäden mittels neuer grüner Technologien und Marktmechanismen. Aber absolute Entkopplung – also weniger Ressourcenverbrauch und sinkende Emissionen bei gleichzeitiger Steigerung des Bruttoinlandsprodukts – gibt es schlicht nicht. 2020 hat ein internationales Wissenschaftsteam elftausend Arbeiten zum Thema Wirtschaftswachstum im Zusammenhang mit Treibhausgasen gesichtet und 845 davon systematisch analysiert.[54] Sie konnten nur relative Entkopplungen beobachten. Das bedeutet, dass der Ressourcenverbrauch weniger zunahm, als die Wirtschaft wuchs, oder er stagnierte. In diesen wenigen Fällen, in denen die Forschenden eine leichte Entkopplung feststellten, hatten Staaten klimaschädliche Produktionszweige in andere Länder ausgelagert, vor allem in den Globalen Süden. Es gibt bis heute keinen einzigen seriösen Beleg dafür, dass es grünes Wachstum geben könnte. Wäre eine Entkopplung möglich, wäre dies ein echtes grünes Wunder, ein Perpetuum mobile.

Was es gibt, sind Effizienzgewinne. Sie führen im Kapitalismus jedoch nie zu weniger, sondern immer zu mehr Produktion, Wachstum und damit auch zu mehr Ressourcenverbrauch. Autos etwa sind zwar immer sparsamer geworden – aber dafür auch größer, schneller und zahlreicher. Das ist auch der Grund, weshalb nun ausgerechnet Elektroautos die Rohstoffnachfrage explodieren lassen: Sie sind zu groß, zu schwer und zu viele. Jedes dritte E-Auto ist ein SUV oder Geländewagen.[55] Teure Zweieinhalbtonner also, mit denen die Autoindustrie am meisten Geld verdient. Aber die brauchen nicht nur mehr Rohstoffe für die Karosserie als ein kleines Auto, sondern auch für die Batterie. Die wiegt bei einem E-SUV mittlerweile so viel wie ein kompletter herkömmlicher Kleinwagen.[56]

Außerdem wächst die Zahl der Autos in Deutschland immer weiter: 2022 kommen auf 1000 Einwohner 538 Pkw.[57] Die Automobilindustrie verbraucht am meisten metallische Rohstoffe in Deutschland. Denn eine Antriebswende – also einfach nur der Austausch Verbrenner gegen Elektro – ist keine Verkehrswende. PowerShift rechnet auf Basis von Daten des Instituts für Energie- und Umweltforschung Heidelberg (ifeu) vor: Wenn die Zahl der jährlichen Neuzulassungen von Pkw um 30 Prozent sinken würde und von diesen Neuzulassungen 30 Prozent Kleinwagen wären statt Groß- und Mittelklassewagen, dann könnten bis 2050 fast 37 Millionen Tonnen Eisen, Stahl, Aluminium, Kupfer und Nickel eingespart werden.[58] Der Verbrauch von Rohstoffen könnte noch weiter sinken, wenn mehr recycelt und die Lebensdauer von Produkten verlängert würde. Kurzum: wenn deutlich weniger hergestellt und weggeworfen wird und der Energieverbrauch sinkt. Aber dieses Szenario kommt in den Analysen künftiger Rohstoffbedarfe gar nicht vor. Wenn die Industrie also bei Kupfer, Kobalt, Lithium, Nickel und Seltenen Erden von «Transformationsrohstoffen» spricht, ist das nicht mehr als Propaganda, sprich: Greenwashing. Von einer Transformation kann derweil gar keine Rede sein. Im Gegenteil. Rohstoffe zu reduzieren und weniger zu produzieren, das ist auch im grünen Kapitalismus nicht vorgesehen. «Ohne den Massenkonsum wäre der heutige Kapitalismus nicht denkbar, denn inzwischen machen Konsumgüter fast 80 Prozent der Wirtschaftsleistung aus», schreibt Ulrike Herrmann in ihrem Buch *Das Ende des Kapitalismus*.[59]

Der grüne Ressourcenhunger ist genauso riesig und gewalttätig wie der nicht grüne und richtet sogar noch schneller zusätzliche irreparable Schäden an: Denn die neuen Technologien, Rohstoffe und Treibstoffe ersetzen die alten ja nicht, sie kommen einfach noch dazu. Es wird, nur zum Beispiel, nicht weniger Erdöl gefördert, nur weil es jetzt auch noch Biosprit gibt. Nein, es werden stattdessen mehr Auto gebaut.[60] Und so lange Verbrenner nicht verboten sind, werden sie weiterhin produziert – und E-Autos gibt es jetzt halt auch. Es ist absurd: Im Namen der Weltrettung wird die Welt vollends zerstört.

Die Vorstellung ist attraktiv: Alles kann bleiben, wie es ist, wenn nur am Ende einer langen Kette der Zerstörung schmutzige Treibstoffe und Technologien gegen saubere ausgetauscht werden oder CO_2 «gemanagt» wird, anstatt es real zu vermeiden. Regierende, Institutionen, Konzerne und wohlhabende Teile der Gesellschaft klammern sich an die Idee des grünen Wachstums. Denn die Ideologie des grünen Kapitalismus skizziert eine verheißungsvolle Zukunft, in der Unmögliches möglich zu sein scheint:

CO_2 aus der Luft holen und im Boden verbuddeln, die Sonne verdunkeln, klimaneutral fliegen oder im Hyperloop reisen. So unrealistisch solche Vorschläge auch sein mögen, sie funktionieren vor allem als Entlastungsstrategie: Solange man nur fest genug daran glauben kann, dass es für jedes Problem die richtige technische Lösung gibt, auf die eines Tages irgendwelche findigen Ingenieure schon kommen werden, muss sich strukturell nichts ändern. Weder an der imperialen Lebensweise noch an den globalen Macht- und Besitzverhältnissen. Diese blinde Technikeuphorie gleicht einer Entpolitisierung, wie sie der belgische Geograf Erik Swyngedouw in seinem Essay «Apocalypse forever?» beschreibt: Der Globale Norden inszeniere die Klimakrise als «universale humanitäre Bedrohung» für «die Menschheit». Dieses Narrativ ignoriere die strukturelle Ursache der Katastrophe, nämlich den Kapitalismus mit seinem Wachstumsdiktat, seinem Energie- und seinem Rohstoffhunger. Umgekehrt definiert es den Klimawandel als «Eindringling», der das funktionierende System des Kapitalismus bedroht. «Die Probleme erscheinen deswegen nicht als das Ergebnis des Systems, eines Ungleichgewichts von Macht, einflussreichen Netzwerken der Kontrolle, zügelloser Ungerechtigkeit oder von fatalen Fehlern, die diesem System eingeschrieben sind – stattdessen wird ein Außenseiter verantwortlich gemacht», schreibt Swyngedouw. Das ersticke sämtliche Debatten um alternative Systeme im Keim und stelle technokratische Lösungen in den Mittelpunkt, die aus dem Kapitalismus heraus und mit dessen Mitteln gegen den «Feind von außen» in Anschlag gebracht werden könnten: «Mit anderen Worten: Wir müssen uns radikal ändern, aber im Rahmen der bestehenden Umstände, sodass sich nichts wirklich ändern muss.»[61]

Die Grünen haben genau das zu ihrem Parteiprogramm gemacht. Sie sind bei ihren überwiegend finanzkräftigen Wählerinnen und Wählern auch deshalb so erfolgreich, weil sie den Anschein erwecken, dass sie alles anders machen, damit alles bleiben kann, wie es ist. Aber die Klimakrise ist keine Naturkatastrophe wie ein Vulkanausbruch oder ein Erdbeben. Sie ist die unvermeidliche Kehrseite des Kapitalismus.

Folgerichtig sind alle Versuche der Entkopplung krachend gescheitert. Das dramatischste Beispiel ist Biosprit. Mit ihm verband die Europäische Union die große Hoffnung, der Individualverkehr könnte klimaneutral weiterwachsen, wenn nur fossiler Treibstoff durch pflanzlichen ersetzt würde.[62] Dieser Irrtum verwandelte Europas Äcker in monotone Maiskulturen. Viele Böden sind dadurch so erodiert, dass sie kein Wasser mehr speichern können und sich das Risiko von Hochwasser deshalb erhöht. Er trieb den Hunger im Globalen Süden voran, weil Energiepflanzen Nahrungsmittel verdrängten und die Preise für Mais und Weizen in die Höhe schossen.[63] Und er sorgte dafür, dass in Indonesien Regenwald in großem Stil unwiederbringlich vernichtet wurde, um auf einer Fläche dreieinhalbmal so groß wie die Schweiz Palmöl-Monokulturen zur Produktion von Biodiesel zu errichten.[64] Das Resultat: Biosprit wurde 80 Prozent klimaschädlicher als fossiler Diesel, weil die Zerstörung von Wäldern und Torfböden Methan freisetzte. Indonesien wurde durch die Waldbrände zeitweise zum drittgrößten CO_2-Emittenten der Welt. Indigene und Kleinbäuerinnen wurden ihrer Lebensgrundlage und ihres Landes beraubt, verfolgt, bedroht, misshandelt und umgebracht oder zur Sklavenarbeit in den Plantagen gezwungen.[65]

Ich selbst habe Indonesien zweimal besucht, um die verheerenden Folgen des Palmöl-Booms für Biosprit dort zu recherchieren. Die Aschefelder, die von frisch abgefackeltem Regenwald übrig geblieben sind, die endlosen monotonen Palmöl-Plantagen, durch die ich wochenlang gefahren bin. Die verzweifelten Indigenen, Bauern und Arbeiterinnen und die trauernde Witwe mit fünf Kindern, deren Mann von Wachleuten einer Palmölfirma totgeprügelt wurde: Sie machen mich bis heute fassungslos. Auch deshalb, weil ich in Indonesien zum ersten Mal begriffen habe, wie untrennbar Grausamkeit und Gewalt mit grünen Scheinlösungen verbunden sind und wie Politik und Industrie mit allen Mitteln daran festhalten. Allen Fakten zum Trotz. Vollkommen egal, wie klein der Nutzen und wie groß der Schaden auch sein mag. Das ist die politische Räson des grünen Kapitalismus. Die Deutschlandgeschwindigkeit beim Ausbau der LNG-Terminals ist dafür nur ein weiterer Beleg.

Grüner Wasserstoff passt perfekt zur Ideologie des Grünen Kapitalismus. Er ist der Joker, der, rein technisch, überall eingesetzt werden könnte. Entsprechend groß ist das Interesse jener Industrien, deren lukratives Kerngeschäft besonders klimaschädlich ist: Die Luftfahrtbranche will ihre Flugzeuge damit fliegen lassen, Reedereien wittern eine Möglichkeit, Kreuzfahrtungetümen und Containerschiffen den Anschein zu geben, klimafreundlich zu sein. Die Immobilienwirtschaft spekuliert darauf, sich Kosten für Dämmungen zu sparen, wenn mit Wasserstoff statt Gas geheizt wird. Die Schwerindustrie will damit noch mehr Stahl und Beton herstellen und die Chemieindustrie Plastik und Dünger. Speditionen wollen ihre Lkw damit betanken, und die Autoindustrie will damit ihre Verbrenner retten.

Um weiterhin «unter der klangvollen Begleitung eines Sechszylinder-Boxermotors» auf der Autobahn zu brettern,[66] produziert eine bekannte Stuttgarter Sportwagenfabrik zusammen mit Siemens und dem Ölkonzern Exxon Mobile E-Fuels in Chile. Für diese infantile Idiotie setzt sich vor allem die FDP ein. In Patagonien wird nun per Windrad grüner Wasserstoff hergestellt und dieser anschließend mit CO_2 angereichert. Dieses CO_2 will Porsche mittels Direct Air Capture (DAC) für viel Geld und Aufwand aus der Luft filtern ... irgendwann. Derzeit wird es in Tanklastern herangekarrt und anschließend beim Rasen wieder in die Atmosphäre zurückgeblasen.[67] Das nennt Porsche «fast klimaneutral», und für die FDP sind E-Fuels «technologieoffener Klimaschutz».[68] Kleiner Pferdefuß: Allerhöchstens 15 Prozent der Energie, die zur Herstellung der E-Fuels gebraucht wird, kann überhaupt zum

Fahren genutzt werden. Bei E-Autos hingegen liegt der Wirkungsgrad bei 70 Prozent und höher.[69]

Grüner Wasserstoff kann – unter bestimmten Voraussetzungen – durchaus eine wichtige Rolle beim Klimaschutz spielen. Darin sind sich auch progressive Organisationen und Forschende einig.[70] Das Konzeptwerk Neue Ökonomie etwa führt in seinem Positionspapier zu Wasserstoff und Klimagerechtigkeit die wichtigsten Voraussetzungen dafür auf: Erst einmal müsste die Stromversorgung komplett aus Erneuerbaren stammen, die Anlagen für Ökostrom zur Produktion von Wasserstoff müssten zusätzlich gebaut werden.[71] Davon sind sowohl Deutschland als auch die Exportländer in spe meilenweit entfernt. Wenn jedoch die Herstellung von grünem Wasserstoff nur die dünn sprudelnden erneuerbaren Quellen nutzt, könnte das zu mehr fossilem Strom im Netz führen. Außerdem sei die Frage, wo denn der äußerst knappe und teure grüne Wasserstoff eingesetzt werden soll, keine rein technische, sondern auch eine soziale: «Wer darf die so produzierten Güter eigentlich konsumieren? Aus dieser Perspektive wäre es nicht gerechtfertigt, den Großteil des Wasserstoffs im Flugverkehr einzusetzen, wo er vor allem Vielfliegenden zugutekommt, die innerhalb Europas nur eine kleine privilegierte Minderheit ausmachen – und global umso mehr.»[72]

Darüber hinaus müsse eine wirklich klimafreundliche Nutzung des Energieträgers mit dem Rückbau klimaschädlicher Industrien einhergehen. Sinnvoll wäre der Einsatz als Speichermedium für erneuerbare Energie, um das Ökostromnetz zu stabilisieren. Doch in diese Richtung läuft die Debatte nicht. Im Gegenteil. Wasserstoff wird als Allheilmittel zum Systemerhalt propagiert. Vor allem von der fossilen Industrie.

Laut der Organisation Lobbycontrol bemühen sich der Lobbyverband Zukunft Gas und fossile Unternehmen wie Wintershall Dea und Uniper schon seit Jahren darum, dass in die deutsche Wasserstoffstrategie alle Sorten und Farben des Gases einbezogen werden.[73] Vor allem aber der sogenannte blaue Wasserstoff.

Das ist fossiler grauer Wasserstoff, der aus Erdgas hergestellt wird. Das CO_2, das dabei entsteht, soll abgespalten und gespeichert werden. Dieser CCS-Wasserstoff, so schreibt es Zukunft Gas, sei «elementar» für den Wasserstoffhochlauf: «Grüner Wasserstoff ist noch umweltfreundlicher als blauer Wasserstoff. Aber er steht heute nicht und vermutlich auch nicht in naher Zukunft in großen Mengen zur Verfügung. Blauer Wasserstoff ist kurzfristig in ausreichenden Mengen verfügbar, um die benötigte Infrastruktur weiter aufzubauen und wichtige Industriebereiche zu dekarbonisieren.»[74]

So droht der Wasserstoff-Hype einen weiteren fossilen Lock-in herbeizuführen. Denn je größer die Nachfrage nach blauem Wasserstoff als vermeintliche Übergangslösung ist, desto stärker wird die Infrastruktur dafür ausgebaut und desto mehr Sektoren werden davon abhängig. Es entstünden zu viele und zu große Anlagen, um sie mit grünem Wasserstoff, der immer rar und teuer sein wird, betreiben zu können. Die Gasindustrie hätte ihr klimaschädliches Kerngeschäft auf Jahrzehnte gerettet. Dabei ist blauer Wasserstoff kein bisschen klimafreundlich. Einer Studie der US-amerikanischen Wissenschaftler Robert W. Howarth (Cornell University) und Mark Z. Jacobson (Stanford University) zufolge ist blauer Wasserstoff sogar noch schädlicher für das Klima als das Verbrennen von Methan, und zwar selbst dann, wenn die Speicherung per CCS-Technologie funktionieren würde. Denn im Prozess geht Energie verloren, was dazu führt, dass insgesamt mehr Gas genutzt wird und die Emissionen bei der Gasförderung noch steigen.[75] Den Beweis dafür tritt Quest an, eine Anlage des Ölkonzerns Shell zur Produktion von blauem Wasserstoff im kanadischen Alberta. Laut einer Untersuchung der NGO Global Witness hat das Projekt innerhalb von fünf Jahren mehr als 7,5 Millionen Tonnen Treibhausgase ausgestoßen. Ein Drittel mehr als die fünf Millionen Tonnen, die Quest über denselben Zeitraum abgespalten hat.[76]

Doch die Gaslobby konnte sich auch in Deutschland, wieder

einmal, durchsetzen. Die Bundesregierung hat ihre Nationale Wasserstoffstrategie im Juli 2023 zu ihren Gunsten erweitert. Der fossile blaue Wasserstoff wurde aufgenommen und wird nun öffentlich gefördert. Darüber hinaus soll dieser Wasserstoff – auf Wunsch der FDP – jetzt auch für den Verkehr und Heizungen bereitstehen. Ein halbes Jahr zuvor war Robert Habeck nach Norwegen gereist, um sich die CCS-Anlage von Heidelberg Materials in Brevik anzusehen. Der grüne Bundeswirtschaftsminister, der bei dieser Gelegenheit bereits betont hat, dass wir gar keine andere Wahl mehr hätten, als CO_2 unter der Erde zu speichern, erklärte dort auch noch blauen Wasserstoff als alternativlos für den «Übergang».[77] Dafür hat Habeck ein Abkommen mit dem norwegischen Ministerpräsidenten Jonas Gahr Støre über den Bau einer gemeinsamen Wasserstoff-Pipeline bis 2030 geschlossen. Durch sie soll der norwegische Ölkonzern Equinor erst Erdgas und dann blauen Wasserstoff an den deutschen Fossilriesen RWE liefern. Nach dem Vorbild des LNG-Beschleunigungsgesetzes ist nun sogar auch ein Wasserstoffbeschleunigungsgesetz in Arbeit.[78]

Mit dem Wasserstoff-Märchen legitimiert die Bundesregierung neue und zusätzliche fossile Infrastrukturen: zwanzig neue Gaskraftwerke[79] und die LNG-Terminals in Brunsbüttel, Stade, Wilhelmshaven und auf Rügen. Mit CCS, einer Technologie, die zum Scheitern verurteilt ist, kaschieren die Regierungen der reichen Länder, dass der Großteil des Wasserstoffs gar nicht grün, sondern fossil sein wird. Ach ja: Auch das geänderte CO_2-Speichergesetz enthält Elemente, die einem Beschleunigungsgesetz ähneln und die so etwas Lästiges wie zivilgesellschaftliche Beteiligung möglichst kleinhalten sollen.[80] Der Ausstieg aus den fossilen Energien wird damit immer unwahrscheinlicher.

«Vielleicht lag es daran, dass wir gefährlich gut darin waren, schlechte Nachrichten in eine immer absurder werdende Vorstellung von ‹Normalität› einzubinden, oder dass wir aus dem Fenster sahen und dort noch alles gut aussah.»

David Wallace-Wells, *Die unbewohnbare Erde*[1]

V. KLIMASCHUTZ? NEIN DANKE!

An den Fronten der Krise: Je näher die Einschläge, desto stärker die Abwehrstrategien

Im Auto fahren wir durch den Golf von Mexiko. Nicht über, nicht neben, sondern im Wasser liegt die marode Straße, von den Wellen nur durch notdürftig aufgeschüttete Wälle aus Schutt, Kiesel und Steinen getrennt. Schon bald wird die Island Road dem Meer ganz gehören. An den Autofenstern ziehen hölzerne Strommasten vorbei, sie neigen sich in alle Richtungen wie schiefe Zähne. Auch sie werden versinken, so wie die Insel, zu der sie keinen Strom mehr bringen: die Isle de Jean Charles. Justin Solet verlangsamt die Fahrt, im Schritttempo rollen wir durch eine beklemmende Szene: verlassene Gebäude auf Stelzen, an denen wie zum Trotz die US-Flagge weht. Umgekippte Briefkästen. Verfallene Ruinen, schief hängende Blechdächer. Holzhäuser, die ein Sturm in alle Einzelteile zerlegt und im Gestrüpp verteilt hat. Wohnwagen, deren Fenster mit Brettern vernagelt sind. Zugewachsene, brackige Kanäle und eingestürzten Brücken. Überall liegt Schrott, dazwischen graue, abgestorbene Bäume; nur Menschen sieht man nirgends. «Die Inselbewohner haben sie umgesiedelt», sagt Justin. «Das sind offiziell die ersten Klimaflüchtlinge der USA.»

Die Isle de Jean Charles liegt im Terrebone Parish an der Südostküste von Louisiana. Einst lebten hier hundert Familien von dem, was Meer und Wälder, Rinderweiden und Gemüsegärten hergaben. Doch seit den Sechzigerjahren ist die Insel auf zwei Prozent ihrer vormaligen Fläche geschrumpft. Von 220 Quadratkilometern sind nur noch drei übrig. Trotzdem sind sie kein Teil des vier Milliarden Dollar teuren Rettungsplans für die US-amerikanische Golfküste. Seit mehr als zwanzig Jahren wird hier an dem riesigen Flutschutzsystem Morganza of the Gulf gebaut: Dämme und Schleusen, die 200 000 Menschen in der Region vor Hochwasser schützen sollen. Nur nicht die auf der Isle de Jean Charles: zu teuer. «Sie hätten den Damm einfach nur eine Meile weiter hinten bauen müssen, dann wäre die Insel gerettet gewesen.

Warum haben sie das nicht gemacht? Weil die Leute hier nichts wert sind», sagt Justin wütend. Er ist Native American, genau wie die ehemaligen Bewohnerinnen und Bewohner der Isle de Jean Charles. Die meisten von ihnen gehören der Choctaw Nation an. Die Regierung unter Barack Obama stuft sie als Klimaflüchtlinge ein, der Bundesstaat Louisiana baut für sie auf einer ehemaligen Zuckerrohrplantage eine Retortensiedlung. Rund 50 Millionen Dollar kostet die «Umsiedlung». Die Menschen von der Insel, sagt Justin, haben jedoch einen anderen Namen dafür: Sie nennen es Vertreibung. Die zweite, genau genommen. Denn ihre Vorfahren sind im 19. Jahrhundert vor den brutalen Zwangsumsiedlungen des Indian Removal Act unter anderem auf die Isle de Jean Charles geflohen. Nun ist sie zerstört, und Schuld trägt die Öl- und Gasindustrie. Nicht nur, weil die die Klimakrise so sehr anheizt, dass der steigende Meeresspiegel, die Hurrikans und Fluten das Eiland schleifen. Sondern vor allem deshalb, weil Öl- und Gasgesellschaften seit den Vierzigerjahren Pipelines in die Wetlands graben sowie Kanäle, um den Schiffen den Weg zu den Bohrtürmen und Plattformen zu ermöglichen. Deshalb dringt das Salzwasser immer weiter in das Marschland vor, erodiert die Küste und macht sie noch anfälliger für Überschwemmungen.[2]

Justin Solet gehört der United Houma Nation an, einem indigenen Stamm, dessen 17000 Mitglieder in den sechs Parishes südwestlich von New Orleans in Louisiana leben. Der 38-Jährige wurde zwanzig Kilometer Luftlinie westlich der Isle de Jean Charles in Dulac im Terrebone Parish geboren. Er entstammt einer Familie von Krabbenfischern an der Golfküste und hat sein ganzes Leben hier verbracht. Neun Jahre hat er auf Ölbohrplattformen gearbeitet, dann als *Shrimper*. Heute ist er Aktivist und kämpft gegen die Öl- und Gasindustrie – und für Umweltgerechtigkeit an Louisianas Küste. Denn er sieht jeden Tag, wie seine Heimat Tag für Tag, Woche für Woche stirbt. Nun hat er mich hierher eingeladen. An die Frontlinie der Klimakatastrophe, mitten in den USA.

«Wir verlieren hier alle eineinhalb Stunden Feuchtgebiete so groß wie ein Fußballfeld»,[3] sagt Justin. Wir halten am Straßenrand, Justin zeigt über einen Streifen Gras in Richtung Horizont. «Siehst du das?» Ich sehe unzählige riesige abgebrannte Streichhölzer: die Skelette von Bäumen, abgezehrt und schwarz. «Das war ein Zypressenwald», sagt Justin. «Er ist komplett abgestorben, weil die Wetlands immer stärker vom Salzwasser geflutet werden.» Meerwasser bringt das sensible Ökosystem der Feuchtgebiete aus dem Gleichgewicht und tötet die Bäume. Ein Teufelskreis: Die Wurzeln halten den Boden nicht mehr, Stürme und Überschwemmungen setzen den Feuchtgebieten weiter zu, noch mehr Salzwasser dringt ein.

Solche Baumgerippe, die ihre Äste in stummer Klage gen Himmel strecken, sehe ich überall hier in den Wetlands. Die Wetlands vor der Küste sind der wichtigste Schutz des Festlands bei Hurrikans: Ein Hektar von ihnen kann bei einer Überschwemmung bis zu eine Million Liter Wasser aufnehmen. Intaktes Marschland hält Sturmfluten auf ihrem Weg ins Land auf und schwächt ihre Auswirkungen ab.[4] Doch nun erodiert die Küste immer schneller, und der Meeresspiegel steigt jedes Jahr um einen Zentimeter. Und die Hurrikans selbst werden häufiger und heftiger.

Besonders verheerend wütete Ende August 2021 Hurrikan Ida im Südosten von Louisiana. Justins Heimat Terrebone Parish war am stärksten betroffen. Die Straße, die am Bayou Dulac entlangführt, ist gesäumt von Hurrikan-Ruinen. Nach ein paar Tagen an der Golfküste erkenne ich sie auf den ersten Blick: Blaue und türkise Plastikplanen bedecken Schäden am Dach, Fassadenverkleidungen sind abgerissen, Holzhäuser neigen sich auf abgesackten Stelzen dem Boden zu. Ein umgestürzter Wasserturm liegt neben der Straße und streckt seine stählernen Beine von sich wie ein totes Insekt. «Ida hat ihre Zähne tief in Dulac versenkt», sagt Justin. Ida landet als Wirbelsturm der zweitstärksten Kategorie an und tobt sechzehn Stunden lang an Ort und Stelle, ohne schwächer zu werden. «Es war wie Hurrikan Katrina auf Speed, es hat einfach nicht mehr aufgehört», erinnert sich Justin. Neun Tage mussten die Menschen hier danach auf elektrischen Strom warten. Und vieles, sagt Justin, ist danach einfach nicht mehr repariert worden. Sechs Schulen seien seit Ida geschlossen. «Die Kids müssen jetzt 15 Meilen bis zur nächsten Schule fahren, 45 Minuten dauert das», ärgert er sich. «Sie gehen und kommen, wenn es dunkel ist.» Einer der Gründe für die langen Wege ist die Brücke, die die Falgout Canal Road über den Bayou Dulac führt. Sie ist kaputt und nicht mehr befahrbar, die nächste sechs Kilometer entfernt. «Niemand fühlt sich verantwortlich, sie auszubessern, der Bundesstaat nicht, der Parish nicht.» So rottet sie weiter vor sich hin. «Die ganze Infrastruktur hier verfällt, es gibt kaum mehr Lebensmittelgeschäfte, keine Post», erzählt Justin. «Manchmal habe ich das Gefühl, der Staat Louisiana will uns das Leben so sehr zur Hölle machen, dass wir von selbst hier verschwinden.» Dann müsste sich niemand mehr um die Menschen kümmern, und die Industrie könnte endlich tun und lassen, was sie möchte.

Ganz in der Nähe der kaputten Brücke liegt eine andere Welt. Gepflegte, pastellfarbene Häuser stehen hier in Reih und Glied am Wasser, Dächer und Fassaden sehen aus wie neu. Der Rasen ist frisch gemäht, Palmen wogen im Meereswind. Die Southern Comfort Waterfront Community wirkt wie ein Fremdkörper in der ansonsten maroden Gegend. «Das haben sie den Reichen ins Marschland hineingebaut», sagt Justin erbost. An die 700 000 Dollar kostet hier ein Haus. «Catch a little Heaven» steht in verschnörkelter Schrift auf einem Schild in der Einfahrt. Nach Hurrikan Ida seien alle Handwerker hierhin abgezogen worden, sagt Justin. Während viele andere Menschen monatelang gezwungen waren, in Wohnwagen zu leben, oder bis heute ihr Haus nicht reparieren können, weil die Versicherung nicht zahlt.

Seit 2017 gab es fünf Hurrikans der beiden heftigsten Kategorien (vier und fünf). Allein Laura und Ida verursachten zusammen einen Schaden von 23 Millionen Dollar. Zwölf Versicherungsgesellschaften sind danach pleite, weitere zwölf ziehen sich vom

Markt zurück.[5] Seither sind die Preise enorm gestiegen, und Louisiana hat die dritthöchste Versicherungsprämie in den USA. Im Schnitt beträgt sie 5353 Dollar im Jahr, das ist dreimal so viel wie der nationale Durchschnitt.[6] «Hier an der Küste kann sich keiner mehr eine Hausversicherung leisten», sagt Justin. Seine habe sich nach Hurrikan Ida verdoppelt.

Die Klimakrise ist nicht nur eine ökologische Katastrophe, sondern vor allem eine soziale. Das sehe ich hier auf jedem Meter. «Die Formel ist erschreckend einfach: Je reicher wir sind und je privilegierter wir leben, desto weniger anfällig sind wir für die physischen Folgen der Erderwärmung. Andersherum gesagt: Wer am wenigsten hat, leidet am meisten an den Folgen des Klimawandels», schreibt auch die Physikerin Friederike Otto in ihrem Buch *Klimaungerechtigkeit*.[7]

Die Gewalt, die der Klimakrise eingeschrieben ist, richtet sich nie nur gegen die Natur, sondern immer auch gegen Menschen. Was das konkret bedeutet, das habe ich 2011 während meiner ersten Recherchereise nach Bangladesch erlebt. Dort begegne ich einem Mann, den ich hier Afzul nenne. Südlich der Stadt Patharghata stehen wir im Schatten von Bäumen am Ufer des Golfs von Bengalen. Unter unseren Füßen wächst leuchtend grünes Gras, vor uns erstreckt sich eine matschige Brache. Hier stand vier Jahre zuvor noch sein Haus, in dem er mit seiner Frau lebte. Bis aus dem Nichts Zyklon Sidr eine fünf Meter hohe Flutwelle über die Küste schiebt, die alles zerstört. 3500 Menschen sterben, drei Millionen sind obdachlos. «Wir versuchten wegzulaufen, aber es ging alles so schnell», erzählt Afzul. Als die Wassermassen ihn und seine Frau mitreißen, klammern sich die beiden aneinander, doch als ihn ein Gegenstand am Kopf trifft, verliert er das Bewusstsein. Schließlich erwacht er am Strand, um ihn herum schreien Menschen in Trauer, Panik und Entsetzen und vor Schmerzen. Er sieht Tote und Schwerverletzte in Bäumen hängen. Von seiner Frau bleibt ihm nur ein Fetzen Stoff ihres Saris in seiner Hand. Erst Tage später findet er ihre Leiche im Sand.

Damals galt das kleine von großer Armut geprägte Land am Flussdelta von Ganges und Brahmaputra als Hotspot der Klimakrise. Die Vorstellung, dass die Klimakrise vor allem dort wütet, weit weg also, das scheint in unserem Denken fest verankert. Aber das tut sie längst nicht mehr nur im Globalen Süden, sondern zunehmend auch in den kapitalistischen Zentren des Nordens.

Es ist zudem ein Irrglaube, dass sich ihre Brutalität und Wucht ausschließlich in solchen spektakulären Katastrophen zeigen. Das Drama ist oft still, erschütternd banal, und es ereignet sich überall. Hurrikan Ida fordert auch in New Orleans zwölf Tote. Allerdings sterben zehn davon nicht in den Fluten, sondern in ihren Wohnungen: Die Hitze bringt sie um. Denn mit der fehlenden Elektrizität fallen auch die Klimaanlagen aus. Zu den Menschen, denen das zum Verhängnis wird, gehört die Fotografin Laura Bergerol. Sie lebt in Bywater in einem günstigen Wohnkomplex für Kunstschaffende. Sie will New Orleans vor dem Sturm verlassen, doch sie findet nirgends ein Hotelzimmer als Unterkunft. Schließlich ist es zu spät. «Ich habe die Gelegenheit verpasst, nach Florida zu fahren. Die Autobahnen sind verstopft, und stundenlanges Sitzen im Stau, nein danke! Also schütze ich mich an Ort und Stelle! Bin gerade dabei, einer Freundin zu helfen, Sandsäcke für ihre Wohnung zu besorgen! Was soll ich sagen? Verflucht seist du, *#Hurricanelda*», schreibt sie auf Twitter.[8] Ihr Plan, sich auf den Weg aus der Stadt zu machen, sobald der Hurrikan vorüber ist, zerschlägt sich, weil sie kein Geld von der Bank bekommt, da ihr irrtümlich 400 Dollar abgebucht worden sind. Ihre Versicherung aber zahlt ihr kein Hotelzimmer, weil für New Orleans keine Evakuierungspflicht ausgerufen wird, wie sie auf Twitter schreibt. Es ist ihr vorletzter Tweet. Wenige Tage später findet ein Nachbar die 65-Jährige tot auf dem Boden in ihrer Wohnung. Hitze gehört zu den tödlichsten Naturgefahren. Sie bringt mehr Menschen um als Überschwemmungen.[9] Und betroffen davon sind vor allem die Armen: Menschen, die harter körperlicher (und unterbezahlter) Arbeit im Freien nachgehen oder die auf der Straße, in schlecht gedämmten Wohnungen, eng bebauten und wenig grünen Stadtvierteln leben, und solche, die sich keine Klimaanlage leisten können. Der extrem heiße Sommer 2022 forderte in Europa mehr als 61 000 Hitzetote. 8000 davon in Deutschland.[10]

Justin und ich setzen uns kurz ans Wasser im Marschland und schauen auf eine Schleusenanlage gegenüber. Lange hält man es im Freien nicht aus. Die Sonne brennt unerbittlich auf uns herunter. Auch nach fast zwei Wochen im *Heat Dome* an der Golfküste habe ich mich noch nicht an die extremen Temperaturen gewöhnt. Dabei mag ich es sogar, wenn es richtig heiß ist. «Die Hitze ist ungewöhnlich, seit Wochen gibt es jeden Tag Warnungen», sagt Justin. Er erzählt mir von einem befreundeten Fischer. «Er hat im Golf 38 Grad Celsius gemessen. 38 Grad! Er dachte, sein Thermometer ist kaputt», sagt Justin. Er schüttelt den Kopf. «Wenn jetzt ein Hurrikan im Anmarsch ist, dann füttert ihn das erhitzte Meer mit allem, was er braucht, um zu explodieren.» Die Stürme, sagt Justin, hätten sich seit dem Hurrikan Katrina stark verändert. «Katrina war schlimm, keine Frage, aber wir wussten fünf Tage vorher davon. Jetzt kann so ein Wirbelsturm über Nacht von Kategorie eins oder zwei zu Kategorie vier oder fünf anwachsen. Dann bleibt uns überhaupt keine Zeit mehr, um uns darauf vorzubereiten.» Ich strecke meine Hand ins Wasser. Es ist erschreckend warm.

Während diejenigen, die dafür verantwortlich sind, dass Bangladesch und andere Länder des Globalen Südens der Klimakatastrophe am stärksten ausgesetzt sind, weit weg im Globalen Norden sitzen, ist Louisiana Opfer und Tatort zugleich. Und die Täter rühren sich nicht vom Fleck. Sechzig Kilometer Luftlinie nordöstlich von dem Ort, wo Justin und ich sitzen, im Plaquemines Parish, mäandert der Mississippi durch die Wetlands, bevor er ins Meer mündet. Der Bezirk liegt nur eineinhalb Meter über dem Meeresspiegel und breitet sich auf einem schmalen

Streifen Land aus, der die Gewässer voneinander trennt. Er ist daher für Überschwemmungen besonders gefährdet. Ausgerechnet dort glaubt Venture Global den idealen Standort gefunden zu haben, um eine der größten LNG-Anlagen der USA zu bauen. Das Unternehmen betreibt bereits das pannenbehaftete Terminal im Calcasieu Parish, das mir James Hiatt gezeigt hat. Nach den Hurrikans Katrina und Ida ist die Fläche, auf der gerade Plaquemines LNG entsteht, komplett überschwemmt. Das Wasser steht dort länger als einen Monat. Sierra Club, die älteste und größte Naturschutzorganisation der USA, hat eine Studie in Auftrag gegeben, die belegt, dass der Standort bei schweren Stürmen wieder überflutet werden wird.[11] Es braucht nicht viel Fantasie, um sich auszumalen, was passieren kann, wenn eine Naturkatastrophe über eine Industrieanlage hereinbricht, in der hochexplosives Flüssigerdgas hergestellt und gelagert wird. In direkter Nachbarschaft der Anlage verläuft zudem die einzige Küstenstraße. Kommt es zu einem Unfall, und die Straße wird unpassierbar, sitzen die Gemeinden südlich davon in der Falle. So oder so ist das Projekt katastrophal: Bau und Betrieb der Anlage (nebst der 25 Kilometer langen Pipeline durch die Wetlands bis zum Meer) beeinträchtigen große Teile des Marschlandes und der Gewässer und führen zum Verlust von fast vier Quadratkilometern Feuchtgebiet. Das Netzwerk Healthy Gulf, mit dem Justin Solet arbeitet, geht davon aus, dass die LNG-Anlage auf diese Weise mehr als die Hälfte des Landes im Plaquemines Parish in weniger als dreißig Jahren zum Verschwinden bringen wird.[12] Von dem Moratorium, das Joe Biden über den Bau neuer LNG-Anlagen verhängt hat, ist diese Anlage nämlich nicht betroffen.

Wir fahren in den benachbarten Parish Lafourche. Dort stellt mir Justin seine Freundin Clarice Friloux vor. Sie kämpft gemeinsam mit ihrer indigenen Gemeinde in Grand Bois seit dreißig Jahren gegen die offenen Giftbecken in ihrer direkten Nachbarschaft. 1994 schickt Exxon Mobile erstmals 80 Sattelschlepper aus Alabama dorthin, um toxischen Schlamm aus der Ölproduktion abzuladen. Bis heute landet hier der giftige Schlick, der beim Bau von Pipelines entsteht, außerdem Abwasser und Abfälle von der Beseitigung von Ölunfällen. Seitdem sind die Menschen in Grand Bois krank. Sie haben geklagt und sogar einen Vergleich gewonnen; vier Löcher sind geschlossen worden.[13] Doch es gibt immer noch offene Schlammbecken. Auch deshalb, weil bestimmte Abfälle aus der Öl- und Gasproduktion von den Behörden per Ausnahmeregel als nicht gefährlich eingestuft wurden.[14] Was der Öl- und Gasindustrie nicht passt, passt der Staat für sie an. Auf der Terrasse des kleinen Hauses, in dem Clarice mit ihrem Mann lebt, kann ich den Ölgestank, der von den Giftbecken herüberweht, riechen. Die menschenverachtende Monstrosität des fossilen Kapitalismus und die Gewalttätigkeit der Öl- und Gasindustrie, die ihn antreibt, sind überwältigend. Mit jedem Tag, den ich an der Golfküste unterwegs bin, macht sie mir mehr Angst.

Sieben Jahre zuvor bin ich schon einmal hier in der Gegend gewesen und habe eine erste Ahnung von der Zerstörungswut dieser Industrie bekommen. Da sind wir ebenfalls auf dieser Straße gereist, der österreichische Regisseur Werner Boote und ich, als wir 2016 auf der vorgelagerten Insel Grand Isle 90 Kilometer südlich den Dokumentarfilm *Die grüne Lüge* drehten. Wir suchten nach Spuren der größten Ölkatastrophe aller Zeiten, die die Insel im Golf von Mexiko besonders getroffen hat: die Explosion der Bohrinsel Deepwater Horizon. Am 20. April 2010 fliegt die Ölbohrplattform in die Luft, die der britische Konzern BP für Probebohrungen in seinem Macondo-Ölfeld beauftragt hat. Trotz Sicherheitsmängeln, Pannen und Warnungen ließ BP weiterbohren. Schließlich kommt es zum Blow-out: Eine Fontäne aus Öl, vermischt mit Gas und Schlamm, schießt aus dem Bohrloch und entzündet sich. Elf Arbeiter kommen bei der Katastrophe ums Leben. Über 87 Tage gelingt es nicht, das Bohrloch zu schließen. 780 Millionen Liter Rohöl – zwanzigmal so viel wie bei der Havarie des Öltankers Exxon Valdez 1989 vor der Küste Alaskas – fließen ins Meer und verseuchen 5000 Kilometer Strände und Feuchtgebiete an der Golfküste.[15] Am Strand von Grand Isle sammle ich damals eimerweise stinkende schwarze Teerklumpen ein, die der Golf bis heute ausspuckt. Sie sind aber nur das sichtbarste Überbleibsel dieser verheerenden Umweltkatastrophe, die alles hier verändert hat.

«Deepwater Horizon hat mich zum Aktivisten gemacht», sagt Justin, als ich ihm von unseren Dreharbeiten erzähle. Die Ölpest macht seine Freunde und Familie krank. Damals ist die gesamte Fischereiflotte lahmgelegt, zigtausend Menschen verlieren ihre Arbeit. BP startet daraufhin ein Beschäftigungsprogramm für Fischer und bietet ihnen Geld, damit sie mit ihren Booten hinausfahren, um Ölsperren zu errichten und Rohöl einzusammeln. «Vessels of Opportunity» lautet der zynische Name der Aktion. «Es war ein Albtraum», erinnert sich Justin, der viele kennt, die sich aus Verzweiflung auf BPs niederträchtiges Angebot einließen. Die Männer und Frauen atmen tagelang die Rohöldämpfe ein. Zusätzlich lässt BP Gift vom Himmel regnen: Um der Ölpest Herr zu werden, schüttet der Konzern sieben Millionen Liter des toxischen Dispersionsmittels Corexit ins Meer, das den Ölteppich in winzige Tröpfchen zersetzen soll. Die Hälfte davon lässt BP von Flugzeugen versprühen, während die ahnungslosen Reinigungsarbeiter ohne Schutzkleidung und Atemschutzmasken den Dreck des Ölkonzerns beseitigen.[16] «Viele meiner Cousins und Cousinen, die bei den Aufräumarbeiten halfen, haben Lungen- und Herzprobleme oder sind an Krebs gestorben», sagt Justin. «Ich war noch nie auf so vielen Beerdigungen wie nach Deepwater Horizon. Ich glaube, ich stand drei-, viermal die Woche an einem Grab.»

Ich wiederum stehe eine Woche, bevor ich Justin treffe, reichlich fassungslos im Audubon Aquarium in New Orleans vor der Installation «Gulf of Mexico». In einem riesigen Wassertank ist eine Ölbohrplattform nachgebaut. Um die mit Muscheln und Korallen bewachsenen Pfähle schwimmen Haie, Stachelrochen und die vom Aussterben bedrohte Grüne Meeresschildkröte King Mydas. Es ist das größte Exponat des Aquariums. Auf der Glaswand weist ein Schild auf die Financiers hin: «Gulf of Mexico – Sponsored by Chevron, BP, Exxon Mobile, Shell». Für mich kommt der Versuch der Ölindustrie, ihre Bohrplattformen als Ökosysteme darzustellen, einer Verhöhnung ihrer Opfer gleich.

Mit 21 Milliarden Dollar muss BP zwar die höchste Strafe zahlen, zu der je ein Unternehmen verurteilt wurde. An den Schäden ändert das aber nichts, sie bleiben. Mit dem Einsatz von Corexit macht BP nicht nur viele Tausend Menschen dauerhaft krank, sondern hinterlässt auch den Großteil des Öls für immer im Golf von Mexiko. Forschende gehen davon aus, dass eine große Menge des mit Gift versetzten Öls auf den Meeresboden gesunken ist und dort, vermischt mit Sand, Staub und Plankton, eine Tausende Quadratkilometer große Asphaltdecke bildet.[17] Stürme und Wellen reißen immer wieder Teile davon ab und spülen sie an den Strand. Dort tauchen sie als schwarze Teerklumpen auf, in denen sich zu allem Überfluss auch noch das fleischfressende Bakterium *Vibrio Vulnificus* vermehrt. Gelangen diese Bakterien in den menschlichen Körper, lösen sie dort eine besonders schwer verlaufende Blutvergiftung aus, die Amputationen nötig macht. Oft führt sie gar zum Tod.[18]

BP hat die Ölpest nicht beseitigt, sondern lässt sie nur unter der Oberfläche verschwinden. Das passt verstörend gut zum Vorgehen der Öl- und Gasindustrie, was ihre CO_2-Emissionen angeht. Sinnfälligerweise ist Louisianas Golfküste nun auch noch das Versuchslabor für Carbon Capture and Storage. Mehr als zwanzig CCS-Projekte sind hier an Land und unter dem Meeresboden geplant. Die Firma Air Products, deren erste Anlage mir John Beard in Port Arthur zeigt, will sogar die größte CCS-Anlage der Welt in Louisiana bauen und das eingefangene Treibhausgas unter dem Lake Maurepas nordwestlich von New Orleans speichern. Milestone Carbon aus Houston plant im Terrebone Parish ein riesiges Projekt. Cox Oil hat von der Biden-Regierung bereits 8,4 Millionen Dollar bekommen, um das Louisiana-Offshore-CO_2-Hub zu bauen: eine knapp 180 Kilometer lange Kohlendioxid-Pipeline von Geismar am Mississippi nach Grand Isle, wo das CO_2 der Chemiewerke von BASF und Shell eingefangen und vor der Küste in erschöpfte Ölquellen unter dem Golf gepumpt werden soll. Healthy Gulf schätzt, dass allein für dieses Projekt Feuchtgebiete so groß wie der Tegernsee zerstört werden. Das Unternehmen aus Dallas ist vor allem für seine fragwürdigen Öl-Operationen bekannt: In den vergangenen zwanzig Jahren verantwortete Cox Oil 860 Ölunfälle im Golf von Mexiko.[19]

Auch Venture Global will Plaquemines LNG legitimieren, indem das Unternehmen eine CCS-Anlage in Aussicht stellt. «Sie zwingen uns diese Kohlenstoffabfallinjektion auf, um sie an uns auszuprobieren», wettert Justin. «Wir indigenen Völker waren immer schon die Ratten in den Labors der Kolonisatoren. Die Industrie hat immer alles an der sogenannten ‹anderen› Bevölkerung getestet, nicht an reichen Weißen, nicht in ihren Vierteln.» Wir fahren nun den Bayou Petite Galliou entlang. An einem Grashügel mit weißen Gräbern parkt Justin den Wagen. Es ist der historische indigene Friedhof Picou Cemetery. Dahinter ragen verrostete Tanks und Röhren auf: eine verlassene Ölpumpstation am Ufer des Lake Boudreaux, unter dessen Oberfläche die Katastrophe brodelt. «Der See ist voll von zurückgelassenen Bohrlöchern, die verlieren alle Öl», sagt Justin.

Laut dem Environmental Integrity Project (EIP) gibt es allein im Bundesstaat Louisiana 180 000 solcher stillgelegten Bohrlöcher, 28 000 sind nicht verschlossen.[20] Die US-Umweltbehörde EPA schätzt, dass aus den drei Millionen inaktiven und verwaisten Bohrlöchern in den USA jedes Jahr Methan in einer Größenordnung entweicht, die bis zu 20 Millionen Tonnen CO_2 entspricht.[21] Das allein ist ungefähr die Hälfte dessen, was die gesamte deutsche Landwirtschaft im Jahr ausstößt. Das ist schlimm genug. Doch 120 000 dieser verlassenen Bohrlöcher in Louisiana befinden sich in potenziellen CCS-Gebieten. Laut EIP reichen mindestens 1200 so tief in die Erde, dass sie Leckagen verursachen.[22]

«All diese Löcher zu finden, zu verschließen und zu kontrollieren, würde viele Arbeitsplätze schaffen und dem Klima wirklich helfen», sagt Justin. «Das wäre der viel bessere Plan, als so viel öffentliches Geld in CCS zu stecken, das nachweislich nicht helfen wird.»[23] Überhaupt: «Wir brauchen kein CCS, es behebt das Problem nicht», ergänzt er. «Hört auf, Natur zu zerstören, die Umwelt zu verschmutzen und Treibhausgase auszustoßen, das ist die Lösung.» Ja. Ganz einfach, eigentlich. Wer, außer den großen Fossil-Konzernen, könnte dagegen etwas haben? Aber viele Menschen hier, sagt Justin, hätten den Glauben daran verloren, dass sie etwas ändern können. Von anderen wiederum erntet er Kritik an seinem Widerstand gegen die Öl- und Gasindustrie. «Hör auf damit, du stiehlst mir meinen Job»: Auch solche Sprüche bekommt Justin zu hören. Obwohl die Klimakrise bereits vor der Haustür tobt und die Öl- und Gasindustrie Lebensgrundlagen und Gesundheit zerstört, ist Louisiana eine Hochburg der Republikaner. Also jener Partei, die der Industrie zuliebe am liebsten die Umweltbehörde EPA abschaffen würde, und die Umweltgesetze gleich mit.[24]

Im Terrebone Parish, wo die Isle de Jean Charles langsam im Meer versinkt und die Hurrikans immer heftiger werden, haben 72,7 Prozent der Wahlberechtigten 2016 für den Klimaleugner und Öl-Fan Donald Trump gestimmt. «Das große Paradox», nennt die amerikanische Soziologin Arlie Russell Hochschild das.[25] Sie hat für ihr Buch *Fremd in ihrem Land. Eine Reise ins Herz der amerikanischen Rechten* fünf Jahre lang Anhängerinnen und Anhänger der rechten Teaparty-Bewegung in Louisiana begleitet. Louisiana ist der zweitärmste Bundesstaat, seine Einwohnerinnen und Einwohner weisen den schlechtesten Gesundheitszustand der USA auf, die Lebenserwartung ist niedriger als in anderen US-Staaten. Auch bei Bildung, Kindswohl, Wirtschaft und Infrastruktur landet Louisiana in Rankings seit Jahren auf den hintersten Plätzen. Eine Spitzenposition belegt der Bundesstaat dagegen regelmäßig bei industrieller Umweltverschmutzung und Kriminalität.[26] Warum wählen die Menschen dort eine Partei, die sich gegen Umwelt- und Klimaschutz, gegen Sozialleistungen, die öffentliche Daseinsvorsorge und für eine unregulierte Industrie einsetzt? Diese Frage steht im Zentrum von Hochschilds Studie. Es ist auch mir ein Rätsel. Denn niemand, wirklich niemand kann gerne in dieser Klimahölle leben wollen, in die ich auf dieser Reise geblickt habe.

Tief im Süden Bayerns, vor dem Panorama der mächtigen Benediktenwand, ragt ein halbes Dutzend Baukräne in den Himmel. Über den Häusern von Benediktbeuern glänzen Plastikplanen in der Sonne. Im Straßengraben liegt ein großer entwurzelter Baum. Baufahrzeuge brummen zwischen den alten Bauernhäusern mit den Lüftlmalereien, wo zur Leonhardi-Wallfahrt im November geschmückte Pferdekutschen und Menschen in Tracht zum Barockkloster pilgern. Autos mit zerbrochenen Scheiben und Dellen im Blech warten auf Instandsetzung. Ich stehe vor dem Barockkloster und schaue auf das Dach zwischen den Zwiebeltürmen, das großflächig mit türkisfarbener Folie abgedeckt ist. Auf dem Boden im Gras liegen rote Dachziegel, Fenster sind mit Sperrholz vernagelt. Solche Bilder habe ich doch gerade erst an der Golfküste gesehen! Jetzt ist mir der Schrecken in meine Heimat gefolgt. Drei Wochen nachdem ich aus den USA zurückgekehrt bin, gibt es ein Unwetter in Teilen Oberbayerns, das binnen Minuten die ehemalige Benediktinerabtei so sehr beutelt, dass Teile davon nun einzustürzen drohen.

Vierzig Kilometer weiter westlich, im romantischen Kurort Bad Bayersoien am Rand der Ammergauer Alpen, sieht es noch dramatischer aus. Hier wird sogar der Katastrophenfall ausgerufen, weil achtzig Prozent der Häuser beschädigt sind. Auf fast jedem Dach flattert eine Plastikplane, manche Fassaden wirken wie von Einschusslöchern übersät. Die faustgroßen Hagelkörner haben zudem unzählige Wildtiere erschlagen: In bayerischen Wiesen und Feldern liegen tote Störche und Rehe und Feldhasen, aus deren Nasen Blut fließt. Im August 2023 erreicht die Klimakrise auch die oberbayerische Idylle. Der Schaden in den beiden Ortschaften beträgt 170 Millionen Euro. Viele Häuser sind nicht oder nicht ausreichend versichert. Kurz darauf, Anfang Oktober 2023, wird in Bayern gewählt. Und ausgerechnet in den Landkreisen, wo die beiden zerstörten Orte liegen, wählen die meisten Menschen CSU und Freie Wähler. Jene Parteien also, die wirksame Klimapolitik blockieren und als schädlich für die Wirtschaft sowie als Zumutung für Menschen schmähen. Wie kann das sein? Wieder muss ich an meine Eindrücke von der Golfküste denken.

Ein paar Wochen bevor ich abreise, stacheln Bayerns Ministerpräsident Markus Söder und sein Stellvertreter Hubert Aiwanger zusammen mit der Millionärin Monika Gruber[27] bei einer Demonstration gegen das sogenannte Heizungsgesetz 13 000 Leute auf dem Volksfestplatz in Erding auf. Sie wettern gegen «Klima-Kleber», «Zwangsveganisierung», «Gender-Gaga», «grüne Brachialkultur», die «Narren in Berlin» und deren «Heizungsideologie», gegen E-Autos und bejubeln hemmungsloses Essen von Fleisch und Wurst als Teil des «bayerischen Lebensgefühls».[28] Im fünften Hitzesommer in Folge, dem damals weltweit heißesten seit Beginn der Wetteraufzeichnung, findet die Abwehr gegen Klimaschutz ihren stärksten Ausdruck im Protest gegen «Habecks Heiz-Hammer» (*Bild*), also gegen das Gebäudeenergiegesetz und das angebliche Verbot von Erdgas- und Ölheizungen. Der Protest stürzt die Ampel in eine Regierungskrise und wirkt womöglich sogar bei jenen, denen die Klimakatastrophe gerade das Dach über dem Kopf zerschossen hat. Wie absurd. Als wäre Klimaschutz etwas, bei dem man sich genauso gut dafür wie dagegen entscheiden könnte. Allein Formulierungen wie «Klimaschützer warnen» oder «das wird Umweltschützerinnen nicht gefallen» sind schon irreführend: als wären Klimaschützer halt ein paar Leutchen mit einem spleenigen Hobby (wer kommt als Nächstes und will was, die Taubenzüchter und Briefmarkensammler?). Als könnte man diese epochale Krise irgendwie aussitzen oder mit dem Trotz eines Dreijährigen einfach wegbrüllen.

In ihrer Studie zum «Großen Paradoxon» in Louisiana findet Arlie Russell Hochschild zu einer emotionalen Tiefengeschichte, der ihre Gesprächspartnerinnen und -partner ausnahmslos zustimmen: Sie stehen seit Jahren geduldig in einer Warteschlange, an deren Ende der amerikanische Traum wartet – Erfolg, Anerkennung, Reichtum. Die Menschen arbeiten dafür hart. Aber dann drängeln sich ihrem Empfinden nach andere vor: Schwarze, Frauen, Migrantinnen und Einwanderer. Schließlich sogar noch der zu schützende Braunpelikan. Demokraten und deren Anhänger und Wählerinnen bevorzugen gefühlt jene Drängler und machen die geduldig auf ihren Teil vom Glück Wartenden wiederum als Rassisten, Rednecks und religiöse Fanatiker verächtlich, schauen auf ihre Werte herab. Die fossile Industrie, ihr jahrzehntelanger Arbeitgeber und Ernährer, gilt wegen der Klimakrise plötzlich als böse: eine Entwertung von Fleiß und dem bescheidenen Wohlstand, den sich die Menschen erarbeitet haben. Dass sie von diesen Firmen im Zuge allgemeiner Automatisierung und immer billigerer migrantischer Arbeitskraft tatsächlich kaum mehr Jobs bekommen, dass diese Firmen mehr Geld aus den Gemeinden saugen, als sie ihnen einbringen, dass sie ihre Lebensgrundlagen ruinieren, das spielt in der Erzählung keine Rolle. «‹Opfer› ist das letzte Wort, das meine Tea-Party-Freunde aus Louisiana auf sich anwenden würden», schreibt Hochschild. «Doch angesichts des Verlusts ihrer Häuser, ihres Trinkwassers und sogar ihrer Arbeitsplätze gibt es kein anderes Wort dafür: Sie sind Opfer.» Die Menschen selbst aber betonen ihre Widerstandsfähigkeit, ihren Stolz und ihre Härte, all das auszuhalten. Durchhaltevermögen als moralischer Wert. Umweltzerstörung empfinden sie als traurig, das schon, aber eben als den Preis, der für den amerikanischen Traum bezahlt werden muss. Davon haben mir die Aktivistinnen und Aktivisten, mit denen ich unterwegs war, auch erzählt, als ich sie fragte, weshalb so viele Menschen diesen Zustand einfach hinnehmen und nicht mit ihnen kämpfen. «Umweltschützer wollen den amerikanischen Traum verhindern, um Kröten zu schützen», sagt eine Gesprächspartnerin zu Hochschild. «Aber wenn ich zwischen dem amerikanischen Traum und einer Kröte wählen müsste, hey, dann würde ich den amerikanischen Traum nehmen.»

Nun kann man die Abwehrreaktion von Trump-Fans in den USA nicht eins zu eins mit denen der Wählerinnen und Wähler konservativer und rechter Parteien hierzulande vergleichen. Aber es gibt Parallelen. Dabei, und das ist vielleicht das große deutsche Paradoxon, betrachten die meisten Deutschen die Klimakrise sogar als drängendes Problem. Doch den Klimaschutzmaßnahmen selbst stehen viele ablehnend gegenüber. In der Erhebung, die die Soziologen Steffen Mau, Thomas Lux und Linus Westheuser für ihr Buch *Triggerpunkte. Konsens und Konflikt in der Gegenwartsgesellschaft* über mehrere Jahre durchgeführt haben, sagen mehr als siebzig Prozent, die Klimakrise sei ein sehr wichtiges Thema, für weitere zwanzig Prozent ist es wichtig. Drei Viertel sind «sehr besorgt» darüber. Aber ein Drittel sieht «unseren Wohlstand» gefährdet, «wenn wir jetzt wegen des Klimawandels alles auf den Prüfstand stellen», 40 Prozent sind der Meinung, dass Deutschland schon viel für den Klimaschutz getan habe und andere Länder jetzt nachziehen müssten.[29] Ein Viertel glaubt, die Klimakrise könne technisch bewältigt werden, «ohne dass wir unser Leben groß ändern müssen».

Solche Argumente werden von jenen in Umlauf gebracht, die die Klimakrise zwar nicht (mehr) leugnen, aber Klimaschutz blockieren: konservative, rechte und liberale Politikerinnen und Politiker, Medien, Blogs und Thinktanks sowie Institutionen wie die OPEC, fossile Konzerne und ihre Lobby. Die Narrative der

Bremser hat sich William F. Lamb vom Mercator Research Institute on Global Commons and Climate Change mit einem Forschungsteam für eine Studie genauer angeschaut. «In dem Maße, wie sich die öffentliche Diskussion über den Klimawandel weiterentwickelt, nimmt auch die Raffinesse und die Bandbreite der Argumente zu, mit denen die Notwendigkeit von Maßnahmen heruntergespielt oder abgelehnt wird», heißt es darin. Neben den Strategien, die Realität der Krise oder ihre Auswirkungen zu leugnen oder in Zweifel zu ziehen, gebe es aber auch solche, «die sich die aktuellen Diskussionen darüber zunutze machen, welche Maßnahmen ergriffen werden sollten, wie schnell, wer die Verantwortung trägt und wie Kosten und Nutzen verteilt werden sollten».

Lamb und sein Team bezeichnen sie als Klimaverzögerungsdiskurse, «da sie oft zu einem Stillstand oder dem Gefühl führen, dass es unüberwindbare Hindernisse für das Ergreifen von Maßnahmen gibt».[30] Sie teilen diese in vier Kategorien ein. Kategorie Nummer eins: Verantwortung umlenken. Dazu gehört, individuelle Konsumentscheidungen in den Mittelpunkt zu stellen und auf andere Länder zu verweisen, die einen größeren CO_2-Ausstoß haben. Der Klassiker: Deutschland habe «nur» einen Anteil von 2,5 Prozent an der Erderwärmung, Klimaschutz bringe demnach hierzulande nichts, da müssten erst einmal andere ran, am besten «die Chinesen» oder «der Inder», sonst beschädige das nur die Wirtschaft im eigenen Land.

Nummer zwei: nicht-transformative Lösungen betonen. Darunter fallen technologische Scheinlösungen wie grüner Wasserstoff und CCS, der Glaube an den Erfindungsreichtum von Ingenieuren, marktbasierte Lösungen wie CO_2-Kompensation, alles also, was das System erhält, sowie die Erzählung der fossilen Industrie, «Teil der Lösung» sein zu wollen. Nummer drei: Schattenseiten betonen. Hier wird Klimaschutz zum Nachteil für Arme umgedichtet, zur Gefahr für Arbeitsplätze, Wohlstand, den «sozialen Frieden» und die Länder des Südens, die sich doch «entwickeln» wollen. Beliebte Argumentation: Billigflüge zu verbieten sei ungerecht, weil sich dann der Arbeiter oder die Kassiererin den wohlverdienten Urlaub nicht mehr leisten können (diejenigen, die so argumentieren, lehnen aber in der Regel höhere Löhne, Renten und Sozialleistungen vehement ab). Und schließlich viertens: Kapitulation. Es sei ohnehin zu spät und die Krise zu weit fortgeschritten, um noch etwas dagegen zu unternehmen.

Alle vier Kategorien gehören zum Standardrepertoire einschlägiger Talkshows und ihrer Gäste. Diese eher subtil vorgebrachte Kritik am Klimaschutz kommt mit scheinbar rationalen Argumenten daher und ist deshalb sogar noch wirkmächtiger als das Leugnen der Klimakrise. Sie suggeriert einen Konflikt, der so aber gar nicht existiert, während das tatsächliche Problem unter den Teppich gekehrt wird: dass ökologische und soziale Fragen untrennbar miteinander verbunden sind und nur zusammen beantwortet werden können. Dazu würde, nur zum Beispiel, der Umbau zu klimagerechten, grünen und autofreien Städten gehören, der Ausbau des öffentlichen Nahverkehrs und eine funktionierende Bahn, die für alle erschwinglich ist, sowie das Dämmen und Sanieren alter Gebäude, ohne den Mieterinnen und Mietern die Kosten dafür aufzubürden. Stattdessen wird Panik vor Einschränkungen und Wohlstandsverlust geschürt. Und das verfängt: Mau und seine Kollegen stellen in ihrer Untersuchung eine große Polarisierung bei Fragen fest, die sich um Klimaschutz drehen, der in den Alltag eingreift. Ein Viertel der Befragten stimmt der Aussage zu, «die ständige Forderung, umweltbewusst zu leben», sei eine Zumutung. Die Zustimmung dazu war besonders bei Produktionsarbeitskräften groß. Appelle zur freiwilligen individuellen Lebensstiländerung und zum Konsumverzicht werden aber fast ausschließlich von denen ausgesprochen, die genug Geld für teure Öko-Produkte haben und die Seife aus dem Unverpacktladen für acht Euro bezahlen können. Verzicht muss man sich leisten können. Menschen mit niedrigem Einkommen sind im Alltag ohnehin gezwungen, auf viele Dinge zu verzichten, die andere in einem solchen Überfluss haben, dass sie den freiwilligen Verzicht darauf sogar als Gewinn von Lebensqualität empfinden können. Klimaschutz auf diese Weise als Frage der persönlichen Moral zu verhandeln, ist aber nicht nur antipolitisch, sondern vergiftet die Debatte. Allerdings – das nächste Paradoxon – haben Menschen mit dem höchsten Umweltbewusstsein auch ein hohes Einkommen und, grüner Lifestyle hin oder her, den aufwendigeren und klimaschädlicheren Lebensstil: große Wohnungen, dicke Autos und Fernreisen inklusive. Sie sind es auch, die Klimaschutz als eine Frage des individuellen Lebensstils und Konsums begreifen.[31] Aber wenn die – meist wohlhabende – vermeintlich «gute» Konsumentin mit dem Finger auf den vermeintlich «schlechten» – oft armen – Konsumenten zeigt, bringt das nur Menschen gegeneinander auf.

«Die neue Utopie unserer Zeit heißt Weiter-so, und ihre Anhängerinnen und Anhänger sind die sowohl ideologisch wie auch alltagspraktisch Konservativen», schreibt Stephan Lessenich in der Wochenzeitung *Der Freitag*.[32] «Im Angesicht der drohenden Katastrophe – und in der untergründigen Ahnung um die Gründe und Hintergründe – erscheint die konservative Illusion als Rettung. Was, wenn sich die Errungenschaften der Vergangenheit – Frieden, Freiheit, Wohlstand und Sicherheit – doch in die Zukunft fortschreiben ließen?» In seinem Buch *Nicht mehr normal. Gesellschaft am Rande des Nervenzusammenbruchs* beschreibt der Professor für Gesellschaftstheorie an der Goethe Universität und Direktor des Instituts für Sozialforschung in Frankfurt am Main, wie sich weite Teile der Gesellschaft an die Vorstellung einer Normalität klammern, die stets ein globaler Ausnahmezustand war und die es in Zukunft nicht mehr geben wird. Zu dieser Vorstellung von Normalität gehören wesentlich Wirtschaftswachstum und Wohlstandsmehrung sowie die kollektive Erfahrung des «Fortschritts».

«Die Gesellschaft als *perpetuum mobile*, die Wirtschaft als ewig vor sich hin ratternde Produktivitätsmaschine, das Leben als ständige Aufwärtsspirale», schreibt Lessenich. «Der Stoff, aus dem die wachstumsgesellschaftlichen Träume sind, ist fossiler Brennstoff.»[33] Verzicht ist in diesem Modell schlicht nicht vorgesehen.

Zu Beginn des Bundestagswahljahres 2021 erklärt die SPD-Politikerin Saskia Esken einem «Großteil des Volkes» den Krieg. So sieht es jedenfalls die *Welt*.[34] Die SPD-Vorsitzende hatte in einem Interview mit der *Zeit* gesagt, dass wir «darüber nachdenken müssen, wie wir von manchem weniger haben können, ohne Lebensqualität zu verlieren, und manchmal welche dazugewinnen. Das gilt fürs Fahren, fürs Fliegen und auch fürs Fleisch.»[35] Ein harmloser Satz, ein wahrer obendrein. Denn dass all das drastisch reduziert werden muss, um die Folgen der Klima- und Biodiversitätskrise überhaupt nur eindämmen zu können, ist ja längst Konsens in der Wissenschaft und auch – zumindest in Teilen – der Gesellschaft. In den rechten Netzwerken kursierte daraufhin ein Meme von Saskia Esken mit einem Satz, den sie nie gesagt hat: «Es wird Zeit, dass die Deutschen Verzicht lernen!» Das Bildchen wird im Wahlkampf auch von Politikern der CDU und FDP in den sozialen Medien geteilt.[36] «Verzicht» ist ein Wort, das im Wahlkampf und auch in den Monaten davor auffallend häufig fällt. Immer negativ konnotiert, als überzogener Appell markiert, mit abschreckender Wirkung. «Verzichtsideologie führt nicht zum Ziel», sagt Olaf Scholz. «Ich will nicht verzichten, und ich will auch nicht, dass andere verzichten müssen», befindet Christian Lindner. «Maßnahmen wie Tempolimit, Fleischverzicht oder Flugverbot müssen in der Mottenkiste bleiben», postuliert Bayerns Ministerpräsident Markus Söder. Es müssten «nicht alle Engel werden», verspricht Grünen-Chef Robert Habeck. Seine Partei gibt sich große Mühe, das Image einer Verzichts- oder Verbotspartei abzuschütteln. Es haftet an den Grünen, seit sie 2013 vorgeschlagen haben, Kantinen könnten an einem Tag pro Woche mittags kein Fleisch anbieten.

Die Erzählung, Klimaschutz ginge einher mit Freiheitsverlust, persönlichen Einschränkungen und hohen Kosten, übernehmen auch viele Medien. In den Talkshows, die den Wahlkampf flankieren, konzentrieren sich die Diskussionen zum Klimaschutz vor allem darauf. Am Ende wirkt es fast, als ginge es nur noch darum, welche Partei den Wählerinnen und Wählern am wenigsten Zumutungen aufbürden möchte. «Verzicht» und «Verbot», das sind politische Kampfbegriffe, die von jenen genutzt werden, die vom Status quo profitieren und den Verlust ihrer Privilegien fürchten. Indem sie eine «Verzichtsdebatte», eine «Verbotsideologie», eine «Umerziehungskultur» oder gar das Schreckensszenario einer «Ökodiktatur» heraufbeschwören, versuchen sie, eine Mehrheit auf ihre Seite zu ziehen und dieser Mehrheit einzureden, dass sie ihre schädlichen Partikularinteressen teilt. So gelingt den Besitzstandswahrern eine bemerkenswerte Täter-Opfer-Umkehr: Klima- und Umweltschutz erscheinen dann nicht mehr als die Voraussetzung für den Erhalt unserer Lebensgrundlagen und globale Gerechtigkeit, sondern als Bedrohung für den Wohlstand, ja, als antidemokratische Gewaltherrschaft. In dieser Logik sind dann zum Beispiel nicht mehr dicke Autos, die unsere Städte verstopfen, eine Zumutung – sondern diejenigen, die eine echte Verkehrswende fordern, mit dem Ziel, unsere Städte grüner, sozial gerechter und gesünder zu machen, was, ganz nebenbei, dringend nötig ist, um die Hitzeperioden zu bewältigen. So bringt man Menschen dazu, gegen ihre eigenen Interessen zu wählen. Die Panikmache vor Verzicht verfängt offenbar: Denn anders, als die Klimaproteste vermuten lassen, entscheiden sich junge Wählerinnen und Wähler nicht, wie erwartet wurde, mit großer Mehrheit für die Grünen. Viele von denen, die 2021 zum ersten Mal wählen, machen ihr Kreuz bei der FDP. Der Partei, die persönliche Freiheit und Besitz über alles stellt. Genau genommen spiegelt die Ampel samt ihrer widersprüchlichen Politik die zerrissenen Gefühle der Gesellschaft: Klimaschutz? Ja, bitte, unbedingt! Aber doch nicht hier, nicht jetzt, nicht mit uns und erst recht nicht so!

Das Tempolimit, das die Grünen noch im Wahlprogramm stehen haben, kassiert die Ampel-Regierung als Allererstes. Obwohl es fast überall auf der Welt üblich ist. Obwohl es nichts gekostet hätte. Obwohl es jedes Jahr 6,7 Millionen Tonnen CO_2 einsparen würde – mehr als dreimal so viel wie der Inlandsflugverkehr (der schon gleich gar nicht zur Disposition steht). Und obwohl zwei Drittel der Deutschen ein Tempolimit befürworten. Die Grünen lassen das als notwendigen Kompromiss erscheinen. Aber auf ein Tempolimit zu verzichten kommt nicht nur einer Lizenz zur besinnungslosen Raserei gleich, die, angesichts von rund 3000 Verkehrstoten im Jahr, schon schlimm genug wäre. So wird auch Veränderung still gestellt und eine autozentrierte Mobilität festgeschrieben, und so signalisiert die Politik der Autoindustrie, weiter auf zu große und zu schnelle Autos zu setzen, die – Elektro-Antrieb hin oder her – Ressourcen, Platz und Geld verschlingen.

Aber auch das ist nur der Anfang. Nach und nach kündigt die rot-grün-gelbe Regierung nämlich den Klimaschutz auf. Obwohl von vornherein keines der Wahlprogramme von SPD, FDP und Grünen dafür geeignet gewesen wäre, das 1,5-Grad-Ziel zu erreichen, selbst wenn sie alle Versprechen eingehalten hätten.[37] Das Heizungsgesetz: abgeschwächt; es ermöglicht den Einbau neuer Öl- und Gasheizungen unter bestimmten Umständen nun doch. Die Sektorziele für die einzelnen Ressorts wie Verkehr, Energie, Gebäude und Industrie: gestrichen; künftig zählen nur noch Gesamtemissionen. Auch Sofortprogramme, die Ministerien vorlegen müssen, wenn ihr Sektor die Klimaziele nicht erreicht, sind Geschichte. Davon profitiert vor allem das Verkehrsministerium. Das muss nun keinen Plan vorlegen, wie es sein Ziel erreichen kann, obwohl der Verkehrssektor viel zu viel CO_2 ausstößt.

Der Energiestandard EH40 für Neubauten wird in dieser Legislaturperiode nicht mehr eingeführt, obwohl das so im Koalitionsvertrag vereinbart ist. Und obwohl der Gebäudesektor ein

Drittel der Emissionen in Deutschland verursacht. Die Bundesregierung torpediert auch noch die geplanten Vorschriften der EU zu einer klimagerechten Sanierung von Wohngebäuden. Die Sanierungspflicht würde alte Häuser mit schlechter Dämmung betreffen – solche, in denen Menschen mit geringem Einkommen leben, die nicht nur unter den hohen Energiekosten besonders leiden, sondern auch unter den Folgen der Klimakrise. Von der Sanierungspflicht würden sie am meisten profitieren – es wäre eine gerechte Antwort auf die ökologische und soziale Frage. Doch die Bundesregierung will diese Antwort nicht geben, sondern die Vorgaben abschwächen. Dabei hat Robert Habeck diesen Plan ursprünglich selbst mit angeschoben: Er wollte Verhandlungen auf EU-Ebene vorantreiben. Nach Kritik aus der Wohnungswirtschaft rudert er zurück.

«Das klimapolitikgeschichtlich Neue ergibt sich nicht schon daraus, dass Klimaziele verfehlt und Maßnahmen abgeschwächt werden, das geschieht allenthalben. Doch dass dies während des bisher schlimmsten Klimakrisen-Sommers passiert, ist wirklich originell», schreibt Bernd Ulrich in der *Zeit*.[38] Im fünften Hitzesommer in Folge, möchte man ergänzen. Aber der Backlash findet nicht nur in Deutschland statt. Der Multimillionär und britische Premierminister Rishi Sunak verschiebt das Verbot von Verbrennerautos und Öl- und Gasheizungen in Großbritannien auf 2035 und kündigt außerdem an, neue Öl- und Gasbohrlizenzen in der Nordsee vergeben zu wollen. In Schweden fährt der Konservative Ulf Kristersson Klimaschutzmaßnahmen zurück und senkt Steuern auf Benzin. Und so weiter. Je näher die Einschläge rücken, je mehr und je schneller dramatische Vorhersagen Wirklichkeit werden, je radikaler und eiliger die Maßnahmen umgesetzt werden müssten, um die allerschlimmsten Folgen der Erderwärmung zu verhindern, desto hysterischer werden die gesellschaftlichen Abwehrreaktionen, und desto rasanter wird Klimaschutz politisch abgewickelt.

Scheinlösungen wie die Speicherung von CO_2 unter der Erde und grüner Wasserstoff funktionieren als Versprechen, den Menschen keine Zumutungen auferlegen zu wollen. Das entlastet wiederum die Politik: Die Dringlichkeitsrhetorik, die Habeck dabei anwendet, die Behauptung, es sei gar nichts anderes mehr möglich als das, kaschiert das Versagen, es nicht einmal versucht zu haben. Diejenigen, die dagegen rebellieren, werden jedoch stärker bekämpft als die Klimakrise selbst: Die Mitglieder der Letzten Generation, die sich in mehr als zwanzig Städten in Deutschland auf Straßen geklebt und die Flughäfen Hamburg und Düsseldorf lahmgelegt haben, wurden für ihre Blockaden mit drakonischen Strafen überzogen. Gegen die Bewegung wird wegen Verdachts auf Bildung einer kriminellen Vereinigung ermittelt. Es folgten Razzien, Beschlagnahmungen, Abhöraktionen. Die Website wurde gesperrt, Konten eingefroren. In Bayern werden Aktivisten ohne Vergehen und Verfahren sogar ins Gefängnis gesperrt (im Rahmen sogenannter «Präventivhaft»). Als wäre der Schutz des Klimas ein Verbrechen, nicht dessen Zerstörung. Klima-Aktivistinnen und -Aktivisten landen zehnmal häufiger im Gefängnis als religiös motivierte Gefährder, hat *Krautreporter* herausgefunden.[39]

«Die westlichen Regierungen haben alle dasselbe Versprechen abgegeben, dass Klimaschutz möglich sei ohne größere Friktionen für die Menschen, alles nur win, win, win. Und als es ernst wurde, als erstmals mit Zahlen und Daten bei Autos und Heizungen die Wende greifbar wurde, stellte sich heraus: Das stimmte gar nicht. Die Klimawende wird dem einen mehr und der anderen weniger abverlangen, aber allen etwas. Und nun sagen viele Leute, auch das verständlicherweise: So haben wir nicht gewettet. Prompt zieht sich die Politik zurück, in einen Raum ohne Physik», schreibt Bernd Ulrich in der *Zeit*.[40]

Ein Raum ohne Physik liegt im Reich der Fantasie. Da, wo auch die grünen Daniel Düsentriebe samt ihren Zaubertechnologien wohnen, die sich die Gesellschaft wünscht und die Politik verspricht. Je weniger sie existieren und je zumutungsfreier sie erscheinen, umso mehr. Und bis uns die harte Realität einholt, verstecken wir das CO_2 tief unter dem Meer und rechnen uns den CO_2-Ausstoß auf dem Papier so klein, bis wir ihn gar nicht mehr sehen können. Nur umso heftiger spüren.

«I think that's what's being missed in the world today is the fact that we all should be focusing on emissions, not only the fuel source. And if we focus on emissions, I think there is a way to continue the production of oil and gas for the foreseeable future.»

Vicki Hollub, CEO Occidental Petroleum[1]

VI. KOHLENSTOFF-KOLONIALISMUS

Klima-Profite auf Kosten von Menschenrechten und Biodiversität

1. Kompensation:
Das große Geschäft mit dem Recht auf Dreck

«Sie haben uns gesagt, wir verkaufen Luft», erzählt Mike.* Und das war vielleicht die ehrlichste Auskunft, die die Menschen hier jemals von dem Unternehmen bekommen haben, das ihnen nun vorschreibt, wie sie zu leben haben. Vorgeblich, um das Klima zu schützen. Mike wohnt in einem der dreizehn Dörfer von Chilimba. Die Gemeinde liegt im Rufunsa District rund 120 Kilometer südöstlich von Lusaka, der Hauptstadt von Sambia im südlichen Afrika. Sie grenzt an den Lower Zambezi National Park. Darin säumen bewaldete Hügel die Flussauen des Sambesi, Elefanten, Löwen, Leoparden, Büffel, Zebras, Antilopen und Flusspferde leben in dem 4000 Quadratkilometer großen Schutzgebiet. Zwanzig Nationalparks gibt es in Sambia, fast die Hälfte des Landes, 40 Prozent, stehen unter strengem Schutz.

In den Parks dürfen keine Menschen leben, jedoch in der Pufferzone an der Grenze. Hier betreibt die Firma Biocarbon Partners (BCP) seit 2012 das «Lower Zambezi REDD+»-Projekt und verkauft daraus CO_2-Zertifikate, sogenannte Carbon Offsets. Für zehn Dollar pro Tonne kann auf der Homepage jeder Gutschriften kaufen und so seinen CO_2-Ausstoß ausgleichen, so lange der Vorrat reicht.[2] Es ist das erste REDD+-Projekt in Sambia. REDD ist die Abkürzung für Reducing Emissions from Deforestation and Forest Degradation.

REDD+ ist ein Mechanismus, der Wald- und Klimaschutz miteinander verbinden soll. Laut dem Weltklimarat IPPC sorgt die

---

* Die Namen der Community-Mitglieder sind geändert, um sie zu schützen. Die Liste der Teilnehmenden an den Gesprächen liegt der Autorin vor.

Zerstörung von Wäldern weltweit für siebzehn Prozent der globalen Emissionen. Denn Wälder sind CO_2-Senken: wenn sie intakt sind, ziehen sie Kohlenstoffdioxid aus der Atmosphäre und speichern es. Wenn es also finanziell lukrativer wäre, Wälder stehen zu lassen, anstatt sie abzuholzen, wäre dem Klima geholfen. Das ist die Idee, die hinter dem REDD-Mechanismus steckt. Ländern des Südens soll Geld bezahlt werden, wenn sie Wälder erhalten oder aufforsten und damit zur Emissionsminderung beitragen. Geld fließt vor allem über den Handel mit CO_2-Zertifikaten, mit denen Unternehmen, Institutionen und Privatleute ihre eigenen Treibhausgasemissionen kompensieren wollen.

Dieses Konzept des kommerziellen Waldschutzes wird 2005 bei den Verhandlungen der Klimarahmenkonvention der Vereinten Nationen (UNFCCC) zum ersten Mal diskutiert. Im Jahr darauf beschreibt der ehemalige Chefökonom der Weltbank, Nicholas Stern, in seinem Bericht im Auftrag der britischen Regierung zu den wirtschaftlichen Folgen der Klimakrise REDD+ als besonders günstiges Klimaschutzinstrument.[3] Es klingt ja auch nach einem fabelhaften Ausweg: die Länder des Südens könnten mit Waldschutz Geld verdienen und sich damit am eigenen Schopf aus der Armut ziehen. Sie können den reichen Staaten Verschmutzungsrechte verkaufen, und jene dürften weiterhin CO_2 ausstoßen und müssten sich dabei nicht mehr um den Klimaschutz sorgen. Drei Fliegen mit einer Klappe. Win-win-win! Bezeichnenderweise scheitert 2007 der Klimagipfel in Kopenhagen, weil sich die Staatengemeinschaft nicht auf ein globales Klimaschutzabkommen einigen will. Stattdessen aber auf den globalen Ablasshandel: Es wird beschlossen, den Kompensationsmechanismus REDD+ umzusetzen.

Sechzehn Jahre später sitze ich unter dem Dach Schatten spendender Bäume in Chilimba und treffe rund ein Dutzend Menschen, die in das Lower-Zambezi-REDD+-Projekt involviert sind. Von ihnen möchte ich erfahren, was dran ist an so wohlklingenden und großen Versprechen wie diesem: «Unser Ziel ist es, bis 2030 jährlich 30 Millionen Tonnen Emissionen zu vermeiden, wovon drei Millionen Menschen profitieren, und zwar durch unsere Kohlenstoffausgleichs-Waldprojekte auf elf Millionen Hektar», gelobt die Firma Biocarbon Partners auf ihrer Homepage. BCP betreibt zwei REDD+-Projekte in Sambia und entwickelt weitere. Im Lower-Zambezi-REDD+-Projekt würden bereits mehr als zwanzig Millionen Bäume geschützt, 1,9 Millionen Tonnen CO_2 würden dadurch jedes Jahr vermieden und 1200 Haushalte würden an den Kompensationszahlungen verdienen, sagt BCP. Insgesamt würden in beiden Projekten, Lower Zambezi REDD+ und Luangwa Community Forest Project, sogar 230 000 Menschen profitieren. Insgesamt seien seit Einführung der Projekte zehn Millionen Dollar in die Gemeinden investiert worden. Die Zahlen klingen astronomisch, und sie werden mit Fotos illustriert, auf denen Afrikanerinnen und Afrikaner Gemüse pflanzen, Saatgutsäcke schwingen oder Wasser aus Brunnen pumpen und dabei glücklich in die Kamera strahlen.

In Chilimba strahlt hingegen nur die sengende Sonne vom Himmel. «Unser Leben hat sich verändert», sagt Lidia. Allerdings nicht zum Besseren. «Wir essen anderes Essen, und wir haben einen Teil unserer Freiheit verloren.» Denn sie dürfen den Wald, von dem sie bislang lebten, nicht mehr so nutzen wie zuvor. Der Wald, um den es hier geht, gehört wohlgemerkt nicht zum geschützten Nationalpark. Den darf ohnehin niemand betreten außer Touristinnen und Touristen, die aus allen Ecken der Welt hierhergeflogen kommen, um sich von Rangern in Geländewagen durch «unberührte Natur» chauffieren zu lassen und danach vom Whirlpool ihrer Luxus-Lodges aus den Nilpferden beim Planschen zuzuschauen. CO_2-neutral versteht sich. Denn dank der Kohlenstoff-Kompensationen im benachbarten REDD+-Projekt ist der Lower Zambezi der erste klimaneutrale Nationalpark der Welt.[4] Dafür müssen halt dann die lokalen Gemeinschaften zurückstecken. Rund 8000 Menschen leben zu Beginn im gesamten

Projektgebiet, fast neunzig Prozent der Haushalte unterhalb der Armutsgrenze von einem Dollar pro Tag.[5]

Das rund 40 000 Hektar große Gelände, aus dem BCP seine Kohlenstoffzertifikate generiert, heißt Rufunsa Conservancy und ist in Privatbesitz. Es gehört dem sambischen Mischkonzern Sable, der im Bau- und Transportsektor tätig ist, kommerzielle Zuckerrohrplantagen besitzt sowie ein Touristen-Camp. Die Voraussetzung für Offset-Projekte ist: Zertifikate dürfen nicht aus bereits geschützten Wäldern oder Nationalparks stammen. Es müssen entweder Bäume zusätzlich gepflanzt oder bislang noch nicht geschützter Wald vor der Zerstörung bewahrt werden. Andernfalls würden die angenommenen CO_2-Einsparungen ja doppelt gezählt.

Die Gemeinde Chilimba hat einen Vertrag über 30 Jahre mit Biocarbon Partners geschlossen. Sie dürfen keine Bäume mehr fällen, nicht nach Rohstoffen graben und keine Tiere töten. BCP hat das Schutzgebiet über die Rufunsa Conservancy hinaus erweitert und bezieht nun auch ehemaligen Gemeinschaftswald ein. Auch der ist seither für die Leute hier eine No-go-Area: «Früher konnten wir einfach in den Wald gehen, aber jetzt sind da bewaffnete Scouts in Militäruniform, die uns abhalten. Wir haben sogar gehört, dass sie Leute verprügeln und ins Gefängnis bringen», sagt Mike. Er zählt auf, was seither nicht mehr geht: «Wir können nicht mehr fischen. Dabei haben wir früher so viel Fisch gefangen, dass wir ihn sogar verkaufen konnten. Wir können keine Pilze mehr im Wald sammeln, keine Mangos, keine Wurzeln und keine Medizinalpflanzen. Wir haben keinen Zugang mehr zu unseren Friedhöfen und Gebetsstätten. Und wenn unsere Tiere in den Wald laufen, dann dürfen wir nicht hinterher und sie suchen, nein, wir müssen das so einem Mann in Uniform melden.»

Die Ziegen und Hühner, die sie halten, hätten sie von BCP bekommen. Denn die Firma will, dass die Menschen von etwas anderem leben als von dem, was der Wald ihnen bisher gegeben hat. Also gibt man ihnen Bienenstöcke, um Honig zu verkaufen, und einige wenige bekommen landwirtschaftliche Schulungen. Laut einem BCP-Report von 2022 sind das im ganzen Projekt gerade einmal 35 Bauern.[6] Die allermeisten aber sind nach wie vor im landwirtschaftlichen System gefangen, das ihnen die sambische Regierung mit dem Farmer Input Support Programme (FISP) aufgenötigt hat: Sie sollen konventionell Mais und Soja anbauen, mit subventioniertem Dünger ihre Erträge steigern und von Subsistenzlandwirten zu marktorientierten Bauern werden, die mit dem Verkauf ihrer Ware Geld verdienen. John, ein Bauer, sagt, er habe früher traditionelle Pflanzen angebaut, Sorghum und Hirse. «Dafür habe ich keinen Dünger gebraucht. Aber jetzt pflanzen wir Mais an und müssen teuren Dünger kaufen, wir sind jetzt abhängig davon.» Der Dünger aber sei so teuer, dass sie weniger anbauen könnten, und einen richtigen Markt für den Mais gäbe es auch nicht. Und nun wird ihnen auch noch der Zugang zum Wald genommen.

Dafür, dass sie den Wald meiden und ihr Leben auf den Kopf stellen, werden sie von BCP an den Einnahmen aus dem Zertifikathandel beteiligt: Sie bekommen rund 150 000 Kwacha pro Jahr. Aber wie groß der ganze Kuchen ist, dessen Stücke BCP verteilt, und wie klein ihr Stückchen davon, das weiß hier niemand. Das Unternehmen Sable bekommt allerdings einen großen Teil, genauso die lokalen Chiefs, mit denen BCP eine Vereinbarung zum Schutz der Gemeinschaftswälder hat. 150 000 Kwacha, das sind umgerechnet 5580 Euro. Das Geld wird aber nicht individuell an die Menschen ausgezahlt, sondern muss für Gemeinde-Projekte ausgegeben werden. «Letztes Jahr haben wir davon zwei Brunnen gebaut», sagt John, «das hat 136 000 Kwacha gekostet.»

Eigentlich sollte es Aufgabe des Staates sein, den Menschen Trinkwasser bereitzustellen. Genauso medizinische Versorgung und Schulen. Eine Schule, sagen die Leute, habe Biocarbon Partners von dem Gemeinschaftsgeld auch gebaut. «Aber es fehlen Stühle und Tische, die Kinder sitzen auf dem Boden, und es gibt keine Häuser für Lehrerinnen und Lehrer», sagt Vincent, der die Kinder in dem offenbar halb leeren Gebäude freiwillig unterrichtet. «Immer wenn wir BCP nach Verbesserungen fragen, dann heißt es: Das müsst ihr von euren 150 000 Kwacha kaufen.»

Hinter uns steht ein terracottafarben getünchtes Gebäude mit hellgrünem Dach. Die Klinik wurde von BCP mit Unterstützung der US-amerikanischen Entwicklungsorganisation USAID errichtet, so steht es auf einem Zettel am Eingang. «Klinik» ist reichlich übertrieben für den engen, düsteren Raum, in dem, getrennt durch einen Paravent, eine Behandlungsliege, ein Krankenhausbett und ein Schreibtisch stehen. «Was wir bräuchten, ist eine Entbindungsstation», sagt eine der Frauen, Rabecca. Außerdem sei das Haus für die Krankenschwestern nicht fertig gebaut. Manche aus der Community sagen, sie seien froh, dass es jetzt überhaupt eine Schule und eine Klinik gebe. Andere, deren Dörfer bis zu zehn Kilometer entfernt liegen, profitierten davon gar nicht, sagen sie. Gerechtigkeit sieht anders aus.

Erst hatte die Gruppe sehr zaghaft auf meine Fragen geantwortet. Doch jetzt lassen sie ihrem Ärger freien Lauf. Ärger über die Regierung, Ärger über Entwicklungsorganisationen wie USAID, die kommen und gehen und doch nur Halbfertiges oder Nutzloses hinterlassen, wie zum Beispiel einmal die Toiletten, die nicht funktionierten. Ärger über diese Leute, die ihnen verbieten, ihren Wald zu betreten, und die sie als Kriminelle verdächtigen und bestrafen. «Letztes Jahr haben sie hier im Wald einen toten Löwen gefunden und uns dafür verantwortlich gemacht», sagt Mike empört. «Wir waren das aber gar nicht. Sie haben uns trotzdem deshalb von den 150 000 Kwacha 60 000 abgezogen.»

In der Chilimba Community gibt es 772 Haushalte mit jeweils rund sechs Personen. Rechnet man den Gemeinschaftsbetrag von 150 000 Kwacha auf die Community-Mitglieder herunter, so wären das 32 Kwacha pro Kopf und Jahr. Umgerechnet sind das sagenhafte 1,17 Euro. Wie viel Geld wiederum Biocarbon Partners mit dem Verkauf von CO_2-Zertifikaten macht, weiß niemand. Die

Firma, die in der Steueroase Mauritius registriert ist, gibt ihren Umsatz nicht preis. «Wir kennen keine Details, wir wissen nicht, was sie genau messen. Sie sagen uns nur, dass Menschen in anderen Ländern keine gute Luft haben und uns dankbar sind, dass wir den Wald hier schützen», sagt Vincent.

Zu denen, die dafür sehr dankbar sind, gehört der milliardenschwere Ölkonzern BP. Er wirbt damit, aus dem Lower-Zambezi-REDD+-Projekt CO_2-Zertifikate zu kaufen.[7] Außerdem unterstützt der britische Öl-Multi das neue Projekt Kafue-Zambezi Community REDD+, das BCP gerade entwickelt und in das 400 000 Menschen involviert sein sollen.[8] Ölkonzerne und andere Kapitalverschmutzer versprechen, mit sogenannten Nature Based Solutions, also «naturbasierten Lösungen», ihre selbst gesteckten Klimaziele zu erreichen. Das sind im Wesentlichen REDD+- und andere Kompensationsprojekte, aber «Nature Based Solutions» klingt einfach schöner als eine bürokratische Abkürzung. Außerdem lassen sich ihre Homepages dann besser mit romantischen Urwald-Fotos schmücken. Bei den «Net Zero»- oder «Netto-Null»-Zielen, die diese Konzerne bis 2050 erreichen wollen, geht es aber nicht darum, den CO_2-Ausstoß tatsächlich zu verringern oder gar weniger Öl und Gas zu fördern und zu verkaufen. Es geht schlicht darum, genügend CO_2-Zertifikate zu erwerben, um den eigenen CO_2-Ausstoß auf dem Papier herunterzurechnen.

Dieses denkbar größte Geschenk für die schlimmsten Verschmutzer wird 2015 beim legendären Klimagipfel in Paris verpackt. Danach sollen Staaten und Unternehmen kooperieren können, um ihre Emissionen zu senken. Artikel 6 des Paris Agreement von 2015 erlaubt den bilateralen Handel mit Emissionsgutschriften und sieht außerdem die Schaffung eines globalen freiwilligen Kohlenstoffmarktes vor.[9] Das weltweit als Revolution gefeierte Abkommen von Paris lässt damit zu, dass Länder und Unternehmen ihre Emissionen anderswo «ausgleichen» können, anstatt sie selbst einzusparen. Auf der COP26 in Glasgow wird ein Regelwerk zu diesem freiwilligen Kohlenstoffmarkt entworfen, der Sustainable Development Mechanism (SDM). Dieser soll den Clean Development Mechanism (CDM) aus dem Kyoto-Protokoll ablösen. Mit dem CDM konnten Industrieländer klimafreundliche Technologien im Globalen Süden finanzieren und die dort eingesparten Emissionen sich selbst gutschreiben. Sich einfach nur bei einem Broker mit genug Zertifikaten einzudecken, ist natürlich sehr viel einfacher und günstiger.

Schon im Vorfeld der COP26 in Glasgow überschlagen sich die Unternehmen mit vollmundigen Ankündigungen ehrgeizig klingender Klimaziele. Im Juni 2020 startet die Klimarahmenkonvention der Vereinten Nationen (UNFCCC) dann die Kampagne «Race to Zero» mit dem Ziel, die CO_2-Emissionen bis 2050 auf «Netto-Null» zu senken, um «globale Klimaneutralität» zu erreichen.[10] Einige Staaten setzen sich dieses Datum als Ziel. Aber auch Großkonzerne wie Audi, Bayer, BASF, BP, RWE und Volkswagen sowie Konsumgüterkonzerne wie Nestlé, Procter&Gamble und Unilever haben «Net Zero»-Pläne aufgestellt. Der Ölkonzern Shell etwa versprach seinen Kundinnen und Kunden in Großbritannien «CO_2-neutrales Tanken»,[11] und der Dachverband der Fluglinien IATA kündigt ebenfalls an, klimaneutral wachsen zu wollen. Selbst der vielfach kritisierte Investment-Manager Blackrock bekennt sich zur Klimaneutralität bis 2050, obwohl er selbstverständlich weiter in Öl, Gas und Kohle investiert.[12]

«Als ob man Kohlenstoff in einen Sack packen und damit handeln könnte», sagt George* und lacht. Wir sitzen vor der knallblau gestrichenen Wand von «Big Johnny's Wholesale and Retail». Hinter uns stapeln sich Paletten mit Cola-Flaschen und Mehlsäcke, vor uns stehen feuerrot erblühte Flamboyant-Bäume, die die sandige Dorfstraße teilen. George ist Headman in einem der Dörfer im Rufunsa District, ich treffe ihn in Mpanshya. Die Gemeinde liegt in der Rufunsa Game Management Area zwischen dem östlichen Ende des Lower Zambezi National Park und

---

* Name ebenfalls geändert.

dem South Luangwa National Park. 2014 startet Biocarbon Partners hier das Luangwa Community Forest Project und schließt Verträge über 30 Jahre mit zwölf Chiefdoms,[13] damit diese ihre Wälder nach BCP-Auflagen schützen. Game Management Areas (GMA) sind gleichzeitig Pufferzonen und Gebiete zum Wildtier-Management. 36 GMAs gibt es in Sambia, sie bedecken fast ein Viertel der Landesfläche. Hier liegen Dörfer und Gemeindewälder, aber auch die Ranches für reiche weiße Trophäenjäger. Während lokale afrikanische Gemeinschaften empfindlich bestraft werden, wenn tote Löwen im Projektgebiet gefunden werden, dürfen weiße Touristen hier Löwen, Elefanten und Nilpferde totschießen, so viele, wie ihr dicker Geldbeutel hergibt. Angeblich sollen von der Trophäenjagd ja die lokalen Gemeinden profitieren – aber das ist ganz und gar nicht der Fall.[14]

«Traditionelle Anführer wissen, wie wichtig Bäume sind», sagt George empört, «das muss man uns nicht erklären. Die Wälder gehören uns allen, wir sind abhängig davon, warum sollten wir sie zerstören?» Außerhalb der Städte leben viele Menschen in Sambia vom *Miombo*, dem Savannen-Trockenwald, der hier vor allem wächst. Gleichzeitig hat das Land eine der höchsten Entwaldungsraten weltweit. Ein Viertel der Waldzerstörung wird der Produktion von Holzkohle zugerechnet.[15] «Aber diejenigen, die damit Geschäfte machen, die kommen gar nicht von hier», sagt George. Holzkohle ist für die meisten Menschen in Sambia aber die wichtigste Energiequelle, denn weniger als ein Drittel der Bevölkerung hat Zugang zu Strom. Und je stärker die Klimakrise in dem besonders stark betroffenen südafrikanischen Land zuschlägt, desto mehr Wald wird für die Produktion von Holzkohle gefällt. Zum einen deshalb, weil es im Süden des Landes mittlerweile so trocken ist, dass die Menschen dort kaum mehr Landwirtschaft betreiben und davon leben können. Fast zweieinhalb Millionen Menschen sind von Lebensmittelhilfen abhängig, und eine Industrie, die Arbeitsplätze böte, gibt es kaum. Vielen bleibt also nichts anderes übrig, als umherzuziehen, Bäume zu fällen, zu verkokeln und zu verkaufen. Und zum anderen wird mit zunehmender Erderwärmung mehr Holzkohle verfeuert, weil die Gewässer wegen der Dürre so wenig Wasser führen, dass daraus kein Strom mehr erzeugt werden kann.[16]

Es ist mit Zynismus nur unzureichend beschrieben, dass ausgerechnet einer der größten Ölkonzerne der Welt, der für die Klimakrise und ihre Folgen mitverantwortlich ist, mithilfe des Luangwa Community Forest Projects seine verheerende CO_2-Bilanz frisiert, um weiter Öl und Gas fördern zu können. Denn zu den festen Partnern von Biocarbon Partners gehört der italienische Öl-Riese Eni, der in Sambias Nachbarländern Angola und Mosambik sowie in der Republik Kongo Öl und Gas fördert. 2021 und 2022 kauft Eni mehr als drei Millionen Zertifikate aus dem Luangwa Community Forest Project. Diese und weitere Verschmutzungsrechte aus einem REDD+-Projekt im Nachbarland Malawi nutzt Eni zum Beispiel dafür, um sein klimaschädigendes Flüssigerdgas als «klimaneutral» zertifiziert nach Taiwan zu exportieren.[17] Seit 2019 ist Eni sogar in das Management des Luangwa-Projekts involviert und plant, bis 2050 jedes Jahr 40 Millionen Tonnen CO_2 mit Zertifikaten zu kompensieren.[18] Anders gesagt: Eni will sich die Lizenz kaufen, um bis 2050 reale 40 Millionen Tonnen CO_2 pro Jahr ausstoßen zu können.[19] Um das (zumindest theoretisch) auszugleichen, bräuchte Eni aber eine Waldfläche, die dreimal so groß ist wie die Schweiz und mehr als zehnmal so groß wie das Luangwa Community Forest Project, das mit 12 000 Quadratkilometern bereits jetzt das größte REDD+-Projekt Afrikas ist.[20] Tatsächlich haben Eni, Biocarbon Partners und die Peace Parks Foundation 2020 eine Vereinbarung unterzeichnet, REDD+-Projekte in dieser Größenordnung in ganz Afrika entwickeln zu wollen.[21]

Zehn Millionen Tonnen CO_2 seien durch das Luangwa Community Forest Project bereits eingespart und mehr als fünfhundert Millionen Bäume geschützt worden, schreibt BCP auf der

Homepage. Das klingt gewaltig. Doch nicht für Thales West. «Es hat eher gar keine Auswirkungen», sagt der Assistenzprofessor für Umweltgeografie an der Freien Universität Amsterdam. Er forscht zu Waldschutzprojekten in Kohlestoffmärkten und gleicht regelmäßig solche Versprechen mit der Realität ab. Das Luangwa Community Forest Project sollte seiner Meinung nach «überhaupt keine Zertifikate verkaufen, denn es reduziert die Abholzung nicht», sagt der Wissenschaftler in einem Beitrag im italienischen Fernsehsender RAI 3.[22] Zwar ist es der Atmosphäre tatsächlich völlig egal, an welchem Ort CO_2 eingespart wird. Das Problem aber ist: Niemand kann mit Sicherheit sagen, ob und wie viel CO_2 solche Waldschutzprojekte tatsächlich speichern. Es ist reine Spekulation. Die Betreiber von Kompensationsprojekten schätzen schlicht, wie viel Abholzung ohne ihre Waldschutzprojekte stattgefunden hätte, und berechnen daraus, wie viele Tonnen CO_2 ihre Schutzmaßnahmen einsparen. Dazu suchen sich Firmen wie Biocarbon Partners ein Vergleichsgebiet, das dem geplanten Schutzgebiet strukturell ähnlich ist und in dem Abholzung bereits stattfand, geplant ist oder auch nur wahrscheinlich ist. Dieses sogenannte Referenzszenario ist die Grundlage, auf der die Menge von CO_2-Gutschriften berechnet wird, die dann auf dem Kohlenstoffmarkt verkauft wird.

Agrarökonom Kelvin Mulungu hat für die italienische Sektion von Greenpeace das Referenzszenario für das Luangwa Community Forest Project untersucht. Dort, so gibt BCP an, seien hauptsächlich die Ausbreitung der Subsistenzlandwirtschaft und das Bevölkerungswachstum für die Waldzerstörung verantwortlich, die lokale Community dort würde wildern und so Biodiversität zerstören. Allerdings, findet Mulungu heraus, sind die beiden Areale gar nicht vergleichbar: Das Referenzgebiet liegt höher, ist viel dichter besiedelt, es regnet dort mehr, und auch die Vegetation ist eine andere als im Projektgebiet. Außerdem sind die landwirtschaftlich genutzten Flächen im Referenzgebiet viel größer.[23] Das bedeutet, dass das Entwaldungsrisiko im Projekt in der

Realität viel kleiner ist. Und das wiederum heißt, dass das Luangwa Community Forest Project weit weniger CO_2 spart als errechnet und somit zu viele Zertifikate verkauft. Laut dem Report von RAI 3 hat BeZero, eine Rating-Agentur für Kompensationsprojekte, das Luangwa-Projekt bereits heruntergestuft: die Wahrscheinlichkeit, dass ein Zertifikat tatsächlich eine Tonne CO_2 aus der Atmosphäre entfernt, sei gering. Außerdem sei ein Teil des Projektgebietes im geschützten Nationalpark, sodass der Zusatznutzen des Luangwa Community Forest Projects fraglich sei.

Dabei sind die Projekte von Biocarbon Partners beide von Verra zertifiziert. Die US-Organisation mit Sitz in Washington hat Methodologien und Standards entwickelt und ist der größte Zertifizierer für CO_2-Kompensationen. Verra kontrolliert 75 Prozent der gehandelten Kohlenstoff-Zertifikate. Im Mai 2023 jedoch zeigen gemeinsame Recherchen der Wochenzeitung *Die Zeit*, der britischen Tageszeitung *The Guardian* und des britischen Reporterpools Source Material, dass mit dem Segen von Verra über viele Jahre Millionen von Schrottzertifikaten verkauft wurden, weil in den Projekten die CO_2-Kompensation systematisch überbewertet und die Gefahr der Waldzerstörung aufgeblasen wurde. Ein internationales Team von Forschenden, darunter Thales West von der Freien Universität Amsterdam, untersuchte 29 von 87 Waldschutzprojekten, die von Verra zertifiziert wurden. 90 Prozent der Zertifikate, die daraus stammen, seien wertlos.[24] 89 Millionen Tonnen CO_2 wären als Phantomzertifikate auf dem freiwilligen Kohlenstoffmarkt gelandet. Das entspricht etwa dem jährlichen CO_2-Ausstoß von Griechenland und der Schweiz zusammen. Von diesen Schrottzertifikaten stammten laut der Untersuchung mehr als zwei Drittel aus Kompensationsprojekten, die Entwaldung kaum oder gar nicht reduziert haben, der Rest aus solchen, die Wald nicht im behaupteten Umfang geschützt hätten.[25] Auf diese Weise sei fast dreimal so viel CO_2 kompensiert worden, wie durch den Erhalt der Wälder tatsächlich reduziert wurde. Verra widerspricht dieser Darstellung, allerdings nicht durch unabhängige, sondern eigene Experten.[26] Vier Monate nach der Enthüllung tritt Verra-Chef David Antonioli allerdings zurück.[27]

Das Geschäft mit der heißen Luft ist lukrativ: Der Markt für freiwillige Kohlenstoffgutschriften hat sich von rund 520 Millionen US-Dollar im Jahr 2020 auf zwei Milliarden US-Dollar im Jahr 2021 fast vervierfacht.[28] Daran verdienen Projektbetreiber wie Biocarbon Partners und Zertifizierer wie Verra, dessen Umsatz sich zwischen 2021 und 2022 von 20 Millionen Dollar auf 40 Millionen Dollar verdoppelt hat.[29] Zwischenhändler wie Myclimate oder EcoAct, das hat Unearthed, die Rechercheorganisation von Greenpeace, herausgefunden, kaufen die Zertifikate günstig und veräußern sie für den dreifachen Preis.[30] Und Konzerne wie Apple, Allianz, Air France, Audi, Bayer, Boeing, BP, Goldman Sachs, Eni, Gucci, McKinsey, Nestlé, Netflix, Total, Shell, Unilever, United Airlines, Volkswagen und Walt Disney können ihren Kunden glänzende Klimabilanzen vorlegen und gleichzeitig ihr profitables Kerngeschäft beibehalten.

Im März 2021, ein gutes halbes Jahr vor dem Klimagipfel in Glasgow, meldete die Nachrichtenagentur Reuters, dass ein Fünftel der 2000 größten Unternehmen weltweit mit einem Umsatz von insgesamt 14 Billionen Dollar angekündigt hat, mittels Carbon Offsets bis 2050 «Netto-Null»-Emissionen zu erreichen.[31] Und wer heute einen Supermarkt besucht, der wird kaum mehr ein Produkt finden, auf dem nicht «klimaneutral» steht. Laut EU-Kommission prangt mindestens auf jedem zehnten Lebensmittel ein solches Klima-Versprechen.[32] Verra ist der Industrie nicht nur gewogen, die Organisation ist im Grunde ein Industrieprodukt. Zu den Gründern zählt 2007 das Weltwirtschaftsforum in Davos und die Climate Group, eine Konzerninitiative, deren Mitglieder – darunter Allianz, Bayer, BMW, Credit Suisse, Deutsche Bank, Google, H&M, Ikea, Microsoft McKinsey, Siemens, Unilever und Zalando – sich dem Netto-Null-Ziel bis 2050 verschrieben haben. Auch die von Konzernbossen angeführte Initiative World Business Council for Sustainable Development war mit von der Partie sowie die International Emissions Trading Association (IETA), die größte Lobby-Gruppe für den Emissionshandel, bei der ebenfalls die größten Verschmutzer Mitglied sind: BP, Bayer, Cargill, Chevron, ConocoPhilipps, Dow, Exxon Mobil, Koch, Rio Tinto, RWE, Shell, Total und Uniper – sowie Verra und Biocarbon Partners.[33]

In Lusaka möchte ich gerne Biocarbon Partners zum Gespräch treffen. Mehrere Mails gehen hin und her, aus denen ich große Skepsis herauslese, weil ich mit ihnen auch über die Kritik an den Carbon Offsets sprechen will. Schließlich lehnen sie ein Treffen ab und schicken mir einen Link zu ihrer Homepage, da stehe alles drin. Ich spreche aber mit einem Insider, der anonym bleiben möchte. Er sagt: «Die Broker und Käufer wollen die Preise niedrig halten. Es ist eine ganz brutale Entscheidung: Entweder generiert man hohe Gewinne, oder man hat hochwertige Kompensationen.» Und: «Kommerzielle Akteure verstecken das Überangebot an Gutschriften hinter dem vermeintlichen sozialen Nutzen, den der Verkauf von vielen Zertifikaten bringen soll. Aber das hilft weder dem Klima noch den Gemeinden.»

«Es profitieren nur sehr wenige von solch einem Projekt, die Bedürfnisse der Gemeinden werden nicht erfüllt», sagt George in Mpanshya. Das Geld reicht hinten und vorne nicht dafür aus, damit sich Gemeinden wirklich wirtschaftlich weiterentwickeln können. Manche wollen das Geld für Blechdächer ausgeben, andere für Brunnen, wieder andere für Dünger. «Es gibt jetzt viel Streit», sagt George. Genau das erzählen mir auch die Menschen in den Nachbardörfern: «Uns hat niemand informiert, keine Firma hat mit uns gesprochen», empört sich Mary, eine Headwoman. Das Community Ressource Board – ein lokales Gremium in den Game Management Areas, das über die Verwendung des Geldes aus dem Zertifikathandel entscheidet – habe über ihr Dorf hinweg entschieden und die Gebiete aufgeteilt. «Jetzt können wir keinen Bambus mehr in Wald sammeln, da sind Leute in Uniform, jeder ist auf einmal verdächtig, jeder kontrolliert jeden.»

Moses, der in einem weiteren Dorf vor einer traditionellen Lehmhütte mit Strohdach sitzt, sagt, dass seine Gemeinde nun allen Leuten sagen würde, dass sie keine Bäume mehr fällen dürfen. Damit das auch wirklich nicht passiert, würden sie Scouts beschäftigen, sagt Moses. Und als ob er sich rechtfertigen wollte, schickt er hinterher: «Sie sagen uns ja, wir müssen andere Länder vor dem Klimawandel retten, also tun wir alles dafür, um die Bäume zu beschützen.» So werden ausgerechnet diejenigen zu Tatortreinigern der Klimakrise degradiert, die selbst gar nichts dazu beigetragen haben. Meine Wut über dieses schreiende Unrecht wächst mit jedem Gespräch, das ich hier führe.

Mehr als 300 Kilometer westlich von hier, im District Mumbwa, sitzt eine kleine Gruppe von Männern und Frauen unter den Bäumen. Ich treffe sie zusammen mit Mutinta Nketani von der Zambia Alliance for Agroecology. Gemeinsam recherchieren wir hier zu einem Landkonflikt, in den der deutsche Agrarinvestor Amatheon Agri verwickelt ist, der größte ausländische Agrarinvestor auf dem afrikanischen Kontinent. Dabei erfahren wir, dass es auch hier Offset-Projekte gibt. Es ist eine andere Organisation, Community Markets for Conservation (COMACO), und die verkauft CO_2-Zertifikate an den umstrittenen Ölkonzern Shell. Auch hier erzählen uns die Menschen von den Kollateralschäden der Carbon Offsets und wie sie den Landkonflikt noch verschärfen. Die Männer und Frauen berichten uns, dass Amatheon Agri ihnen nicht mehr erlaubt, den Fluss zu nutzen. Die einzige Wasserquelle bleibt ihnen nun verschlossen, wer sie betritt, wird von der Firmensecurity bedroht, verjagt oder eingesperrt. Sie können jetzt am Flussufer kein Gemüse mehr anbauen. Von dem lebten sie aber, wenn die Maisernte aufgebraucht war. Und sie verkauften es, damit die Kinder zur Schule gehen können. «Wir haben keine andere Wahl als Bäume zu fällen und Holzkohle daraus zu machen», sagt Ruth, «aber auch das ist uns verboten, weil es jetzt überall diese Kohlenstoffprojekte gibt.» Sie hält inne und sagt so leise, als würde sie sich dafür schämen: «Jetzt hungern wir.»

Es ist eine ungeheuerliche Täter-Opfer-Umkehr: Lokale Gemeinschaften werden als «Wilderer» und «Holzfäller» kriminalisiert, und ausgerechnet die Vulnerabelsten werden enteignet, vertrieben, ihrer Freiheit beraubt und gegeneinander aufgehetzt, während die großen Konzerne ihr Zerstörungswerk mittels Verschmutzungsrechten auf ihrem Rücken weiterhin unbehelligt fortsetzen können. Es sind dies keine bedauernswerten Einzelfälle oder Fehlentwicklungen. Im Gegenteil, es gibt sogar noch viel schlimmere Fälle von Gewalt und Vertreibung in solchen Projekten. Denn REDD+ und der Handel mit CO_2-Zertifikaten aus Waldschutzprojekten im Globalen Süden sind strukturell kolonialistisch: Wieder einmal vereinnahmt der Globale Norden Land, Ressourcen und Menschenleben im Globalen Süden für seinen Profit. Zu den neuen begehrten Rohstoffen gehören nun auch Kohlenstoffsenken, in denen Indigene, Bäuerinnen und Bauern anstelle von Mineralien CO_2-Zertifikate schürfen. Zum anderen setzt sich in den Schutzprojekten die rassistische Ideologie des Festungsnaturschutzes fort: Die Vorstellung des Menschen als «Schädling» und die westliche Idee von «unberührter Natur» haben in den vergangenen hundert Jahren mehr als 130 Millionen Indigene zu Naturschutzflüchtlingen gemacht: Sie wurden für die Errichtung menschenleerer Nationalparks in Pufferzonen umgesiedelt oder gewaltsam vertrieben.[34] Bis heute ist die Armut rund um Nationalparks manifest. In Sambia sind die Menschen, die in den Game Management Areas rund um die Schutzgebiete leben, um ein Drittel ärmer als die Menschen auf dem Land in Sambia im Schnitt, und sie sind um 70 Prozent ärmer als die Stadtbevölkerung Sambias.[35] Jetzt werden die Menschen zwischen Naturschutz, Klimakompensation und landwirtschaftlicher Expansion zerrieben. Das sogenannte «Green Grabbing», die grüne Variante des Landraubs, ist auf dem Vormarsch: Laut der Datenbank «Land Matrix» erfolgt bereits fast ein Viertel solcher Landgeschäfte für Biosprit, grüne Energie, Kompensations- und Naturschutzprojekte. In

Sambia steht nämlich ein gigantisches Großprojekt industrieller Landwirtschaft kurz vor der Umsetzung: Das Comprehensive Agriculture Support Programme (CATSP) will, zusammen mit USAID und der UN-Ernährungsorganisation FAO sowie Agrarkonzernen und ausländischen Investoren, große Gebiete zu sogenannten Farm Blocks umbauen, wie man sie aus der Kolonialzeit kennt. Mit Monokulturen und dem großflächigen Einsatz von synthetischem Dünger, Hybridsaatgut und Pestiziden. Dafür werden auch Wälder weichen müssen, und bereits jetzt zeichnen sich Landkonflikte ab. Das macht deutlich, wie absurd das Narrativ ist, dass ausgerechnet die Ausbreitung der selbstbestimmten Subsistenzlandwirtschaft die große Gefahr für die Wälder sein soll.

«Die Erfahrung der letzten 15 Jahre mit REDD hat ein katastrophales Versagen bei der Bekämpfung von Entwaldung und Waldschädigung gezeigt. Schlimmer noch: Es hat die Klimakrise verschärft und die Ursachen der Entwaldung unangetastet gelassen», schreibt die Wald-Expertin Jutta Kill im Bericht «15 Years of REDD – A Mechanism rotten at the Core» des World Rainforest Movements.[36] Denn die Emissionen sind in diesem Zeitraum immer weiter gestiegen, und es wurde immer mehr Wald vernichtet. REDD, schreibt Kill, sei zu «einer grundlegenden Ursache der Entwaldung und der Klimakrise selbst» geworden, weil der Mechanismus es den Hauptverursachern von Umweltverschmutzung und Abholzung erlaube, ihre Geschäfte unter einem grünen Deckmantel legal fortzusetzen und auszuweiten. Sie und niemand sonst sind die Gewinner von REDD+ und freiwilligen Kohlenstoffmärkten.

Nun bläht sich auf dem afrikanischen Kontinent eine regelrechte Offset-Blase auf. Im Herbst 2023 haben Sambia, Simbabwe, Tansania, Liberia und Kenia mit der Firma Blue Carbon aus den Vereinigten Arabischen Emiraten vor Kurzem Absichtserklärungen unterzeichnet, die dort jeweils große Waldflächen für 30 Jahre pachten will, um daraus CO_2-Zertifikate zu generieren und auf dem Weltmarkt zu verkaufen. Blue Carbon wurde 2022 von Scheich Ahmed Dalmuk al-Maktum, einem Mitglied der königlichen Familie, gegründet. Er ist im Öl- und Gas-Business tätig. Insgesamt geht es um eine Fläche von insgesamt mindestens 240 000 Quadratkilometern, größer als Großbritannien. Dort, wo Millionen Menschen leben, will Blue Carbon REDD+-Projekte einrichten. Laut *Guardian* hätte das Unternehmen nach dem Vertragsentwurf das exklusive Recht am Emissionshandel in den Gebieten und würde in den ersten zehn Jahren siebzig Prozent der Gewinne daraus einstreichen und danach die Hälfte. Denn Rest müssten sich die Kommunen teilen.[37]

Bei der Klimakonferenz 2022 im ägyptischen Sharm El-Sheikh verkündeten die Global Energy Alliance for People and Planet (GEAPP), Sustainable Energy for All (SEforALL) und United Nations Economic Commission for Africa (UNECA) die Africa Carbon Markets Initiative (ACMI). Sie will 300 Millionen freiwillige Emissionsgutschriften pro Jahr bis 2030 generieren. Das sind folglich mehr, als die 279 Millionen Zertifikate, die im Jahr 2022 auf den freiwilligen Kohlenstoffmärkten ausgegeben wurden.[38] Bis 2050 sollen es sogar 1,5 Milliarden Gutschriften sein. Das soll bis 2030 sechs Milliarden US-Dollar und bis 2050 mehr als 120 Milliarden US-Dollar einbringen.[39] Damilola Ogunbiyi, UN-Sonderbeauftragte für Sustainable Energy for All und Co-Vorsitzende von UN-Energy, schreibt der Initiative das Potenzial zu, «Milliarden an Klimafinanzierung freizusetzen, um die Volkswirtschaften zu unterstützen und gleichzeitig den Zugang zu Energie zu erweitern, Arbeitsplätze zu schaffen, die biologische Vielfalt zu schützen und Klimaschutzmaßnahmen im Hinblick auf unsere gemeinsamen Pariser Ziele voranzutreiben.»[40] Zivilgesellschaftliche Organisationen wie PowerShift Africa sehen darin vor allem ein gefährliches Ablenkungsmanöver: «Das ACMI-Wachstumsziel würde es großen Privatunternehmen ermöglichen, bis 2050 zusätzlich 1,5 bis 2,5 Gigatonnen CO_2 pro Jahr auszustoßen, mehr als die gesamten Emissionen aus fossilen Brennstoffen aus ganz

Afrika im Jahr 2021 und das Doppelte der gesamten jährlichen CO_2-Emissionen aus ganz Subsahara-Afrika», heißt es in der Analyse «The Africa Carbon Markets Initiative: A Wolf in Sheep's Clothing».[41]

Die Initiative festigt die ungleichen Machtverhältnisse und entlässt die Verursacher der Klimakrise aus der Verantwortung: Sie ermöglicht Staaten, sich um eine gerechte Klimafinanzierung auf dem afrikanischen Kontinent zu drücken. Außerdem benachteiligt das Konzept selbst dann, wenn es funktionieren und tatsächlich Emissionen verringern würde, die Länder Afrikas. Wenn sie CO_2-Gutschriften verkaufen, zumal in so großem Stil, bedeutet das, dass sie Emissionen für *jemanden anderen* reduzieren, der dafür weiter emittieren kann. Diese Emissionsreduktion, sei es aus bestehenden CO_2-Senken wie Wäldern, Aufforstungen oder einer klimaverträglichen Landwirtschaft, können sich afrikanische Länder dann aber nicht selbst anrechnen, um ihre eigenen Klimaziele zu erfüllen. «Um ihre eigenen Emissionsziele zu erreichen, müssten sie diese Reduktionen auf andere Weise bewerkstelligen – höchstwahrscheinlich durch den Kauf teurer genehmigter Kompensationen, um die andere Entwicklungsländer ebenfalls bieten werden. Das heißt, die reicheren Länder zahlen, um ihre ursprünglichen Klimaziele abzuschwächen, während sie die Last auf die ärmeren Länder abwälzen, die ihre ursprünglichen Ziele erhöhen müssen», schreibt der US-amerikanische Physiker und Klimaexperte Joseph Romm von der Universität Pennsylvania in seiner Analyse «Are carbon offsets unscalable, unjust, and unfixable – and a threat to the Paris Climate Agreement?».[42] Mit anderen Worten: die Länder, die am wenigsten zur Klimakrise beigetragen haben, müssen sich doppelt für den Klimaschutz anstrengen. Das ist das exakte Gegenteil von Klimagerechtigkeit.

Es ist bittere Ironie, dass die Klimakrise selbst die Offset-Ideologie in ihre Schranken weist. Beim sogenannten Bootleg Fire in Oregon vernichteten die Flammen auch Teile des Klamath-East-

Waldes, in dem die Firma Green Diamond ein Kompensationsprojekt betrieb, aus dem Zertifikate an Microsoft verkauft wurden. Im benachbarten Bundesstaat Washington verbrannte das Colville-Projekt der Firma Finite Carbon. Daraus hatte der Ölkonzern BP dreizehn Millionen Gutschriften im Wert von 100 Millionen Dollar gekauft.[43] Sie lösten sich auf in heiße Luft. Aber das waren sie ja schon von Anfang an.

2. CO$_2$: Die Währung des grünen Kapitalismus

«Zusammengenommen ist der Anteil von Palmöl, das unter Selbstverpflichtung zu null Entwaldung gewonnen wird, im vergangenen Jahr um 60 Prozent gestiegen. Diese Plantagen bedecken eine Fläche der Größe Portugals. Der Wert dieses Palmöls beträgt 30 Milliarden Dollar innerhalb einer 50-Milliarden-Dollar-Industrie. Das reduziert geschätzte 400 bis 450 Millionen Tonnen CO$_2$ pro Jahr und insgesamt zwei Milliarden Tonnen bis 2020.» Das steht nicht in einer Image-Broschüre der Palmöl-Industrie, sondern in der Erklärung zum Schutz der Wälder der Vereinten Nationen.[44] Allerdings stammt die krude Gleichung von Wilmar International, dem größten Palmöl-Konzern der Welt, verantwortlich für illegale Abholzung und Menschenrechtsverletzung in ganz großem Stil.[45] Der hat das Papier neben 38 Regierungen und mehr als fünfzig Großkonzernen unterzeichnet, darunter weitere Waldzerstörer wie Cargill, Deutsche Bank, Nestlé und Unilever. Sie alle versprachen beim Klima-Sondergipfel der Vereinten Nationen im September 2014, die globale Entwaldung bis 2020 zu halbieren und bis 2030 zu beenden.

Eine Woche vor dem Gipfel, zu dem der damalige UN-Generalsekretär Ban Ki-moon eingeladen hatte, legt die Calderon-Kommission ihren Bericht «The New Climate Economy – Better Growth, Better Climate» vor.[46] Die Kommission wurde vom ehemaligen Chefökonomen der Weltbank, Nicholas Stern, und Mexikos Ex-Präsident Felipe Caldéron geleitet. Außerdem gehörten ihr Vertreterinnen und Vertreter von Banken und Großkonzernen an, darunter von Shell, Unilever, Deutsche Bank und Weltbank. Der Report sollte Grundlage für das Nachfolgeabkommen des Kyoto-Protokolls sein. Kernbotschaft: Klimaschutz und Wirtschaftswachstum ließen sich gut miteinander vereinen. Ein Zehn-Punkte-Plan schlug zwar auch vor, keine neuen Kohlekraftwerke zu bauen, die Subventionen für fossile Energie zu reduzieren und in erneuerbare zu investieren. Aber im Wesentlichen wurde dort der Instrumentenkasten des Grünen Kapitalismus vorgestellt: Carbon Capture and Storage (CCS), REDD+ und der Emissionshandel, der all das finanzieren sollte.

Die New Yorker Waldschutz-Erklärung wurde enthusiastisch gefeiert. Danach aber feierte nur noch die Waldvernichtung Rekorde: Im Jahr darauf brannte in Indonesien Regenwald fünfmal so groß wie Mallorca ab, 2016 und 2017 wurden weltweit jeweils Flächen der Größe Deutschlands vernichtet. Allein während der Corona-Pandemie hat sich die Zerstörung des Regenwaldes verdoppelt.[47] 2022 wurden 4,1 Millionen Hektar tropischer Wald abgeholzt oder verbrannt. Die schönen Versprechen haben sich in Rauch und Sägespäne aufgelöst.

Die groteske Rechnung von Wilmar, nach der Palmöl-Plantagen für die Klimarettung unabdingbar sind, ist ein gutes Beispiel dafür, warum es so problematisch ist, die ökologische Krise auf die Erderwärmung zu reduzieren und sich dabei allein auf CO_2 zu fokussieren. Natürlich, mit dieser Messgröße lässt sich der Anstieg der Temperatur skizzieren und Klimaziele formulieren. Andererseits aber bilden CO_2-Bilanzen und Netto-Null-Ziele, wie sie Regierungen und Konzerne erstellen, den realen Treibhausgasausstoß samt seinen Folgen nicht ab und erst recht nicht die reale Reduktion. Sie sagen gar nichts darüber aus, wie sich Produktion und Konsum von Gütern und Energie auf die Biodiversität auswirken, und sowieso adressiert die nüchterne Zahl nicht die soziale Frage, die mit diesen Krisen untrennbar verbunden ist.

«Netto-Null-Emissionen verstecken, dass die Anzahl der Flüge steigt und dass mehr Öl- und Gas-Felder erschlossen werden», schreibt das World Rainforest Movement in seiner Analyse zu 15 Jahren REDD+. «Die Kohlenstoffbilanzierung verwandelt die gewalttätigen Konflikte und den Umweltrassismus an den Standorten der Gewinnung, Verarbeitung und Raffinierung fossiler Brennstoffe sowie an den Orten, an denen die Kohlenstoff-Kompensation stattfindet, in saubere und konfliktfreie Zahlen in einer Kohlenstoffbilanz.»[48] Diese Verwandlung in eine ökonomische Größe nimmt der Krise ihren Schrecken und die Monstrosität. Das führt dazu, dass diese Konflikte immer weitergehen. Und das ist ja er Sinn solcher Rechenspiele: dass der fossile Kapitalismus erhalten bleiben kann. Die Verkürzung der Klimakrise auf CO_2-Bilanzen ist die Basis aller Scheinlösungen – von der CO_2-Abscheidung und Speicherung bis hin zum Emissionshandel und den Kohlenstoff-Kompensationen. Und sie macht die Klimakrise selbst zum Geschäftsmodell: Weil sich CO_2 auch ein Preis zuordnen lässt, ist Kohlenstoff die Währung des Grünen Kapitalismus.

CO_2-Preise stehen schon lange im Zentrum der Klimapolitik: Wenn klimaschädliches Produzieren und Konsumieren teurer werden würde, begännen Industrie und Gesellschaft von alleine, ihren Treibhausgasausstoß zu senken. Unternehmen würden in klimafreundliche Technologie investieren, Bürgerinnen und Bürger Elektroautos kaufen oder ihre Häuser dämmen. «Der Markt» würde es regeln, dass es sich nicht mehr lohnt, CO_2 auszustoßen. Dann würden klimaschädliche Produkte von selbst verschwinden und Konzerne ganz automatisch zu Klimaschützern.

Ökonomen, Klimaforschende, NGOs und Fridays for Future, die Vereinten Nationen, Banken sowie die Industrie und ihre Verbände befürworten die CO_2-Bepreisung in irgendeiner Form. Natürlich gibt es unterschiedliche Vorstellungen und Kontroversen darüber, wie dieses Marktinstrument eingesetzt werden soll und wie hoch der Preis pro Tonne ausgestoßenem CO_2 sein sollte. Vielleicht würden manche Konzepte sogar funktionieren – aber nur in einer Welt ohne Interessen und Machtverhältnisse. In einer solchen allerdings hätten wir erst gar keine Klimakrise. «Die Bepreisung von Kohlenstoff bietet theoretisch einen Weg zur Bewältigung der Umweltzerstörung, der die sozialen und wirtschaftlichen Beziehungen des Kapitalismus aufrechterhält», schreibt Adrienne Buller in ihrem Buch *Der Wert eines Wales. Über die Illusionen des grünen Kapitalismus*. «Besser noch, sie tut dies, indem sie einen neuen, staatlich geförderten Weg zur Gewinnerzielung schafft.»[49] Mit der Einführung von Verschmutzungsrechten, schreibt Buller, würden neuartige finanzielle Vermögenswerte geschaffen und neue Wege für Profite und Spekulation.

Allerdings, das sagt schon der Name, sind Verschmutzungsrechte an die Zerstörung von Klima und Natur gekoppelt. Wer genug Geld, Macht und Einfluss hat, kann sich das Recht auf Dreck kaufen. Das wiederum legitimiert ausgerechnet die Wirtschaftsweise der größten Verschmutzer und stärkt ihre Macht und ihren Einfluss. Genau deshalb ist der europäische Emissionshandel (EU ETS), über zwanzig Jahre das einzige weitreichend etablierte Klimaschutzinstrument, auf ganzer Linie gescheitert. Die Idee: Industrien, die viel CO_2 ausstoßen, sollen an einer Börse Zertifikate von denen kaufen, die weniger emittieren. Die EU-Kommission legt jedes Jahr fest, wie viele Tonnen CO_2 ausgestoßen werden dürfen, und gibt eine begrenzte Zahl an Zertifikaten kostenlos aus. Jedes Jahr soll diese Zahl abnehmen, und je teurer diese werden, so die Theorie, desto eher würde die Industrie sich umstellen.

Doch 2005 erreichten Lobbyisten, dass so viele günstige und kostenlose Zertifikate an die Industrie ausgegeben wurden, dass der Preis pro Zertifikat auf unter fünf Euro pro Tonne sank. Die deutsche Bundesregierung setzte durch, dass die energieintensivsten Industrien bis 2020 besonders viele Zertifikate kostenlos bekamen. «Der Markt» regelte da nämlich überhaupt nichts.

Denn Konzerne setzen ihre Interessen immer politisch durch. Erst als Zertifikate aus dem Umlauf genommen wurden und eine europaweite Emissionsobergrenze eingeführt wurde, stiegen die Preise. Auch Spekulationen hatten einen Anteil daran. Doch längst haben die großzügig verteilten Freizertifikate den größten Verschmutzern satte Zusatzgewinne beschert, ohne dass sie ihren CO_2-Ausstoß gesenkt hätten: Neun in einer Studie des Freiburger Ökoinstituts untersuchte Industrieunternehmen konnten bis Ende 2012 CO_2-Emissionsberechtigungen im Wert von mehr als einer Milliarde Euro verkaufen, die sie nicht für die Kompensation ihres CO_2-Ausstoßes in ihren Anlagen einsetzen mussten. Zu den größten Profiteuren dieses Systems gehören die beiden klimaschädlichsten Unternehmen Deutschlands, RWE und Heidelberg Cement.[50] Sie haben sich mit so vielen Ramschpapieren eingedeckt, dass sie sie gewinnbringend weiterverkaufen und ihr schädliches Kerngeschäft noch jahrelang weiterführen können.

So ist es auch kein Widerspruch, wenn besonders klimaschädliche Industrien selbst für einen steigenden CO_2-Preis eintreten: Die größte Lobby-Organisation für marktbasierten Klimaschutz und Emissionshandel ist die International Emissions Trading Association (IETA), die auch Verra, die Zertifizierungsorganisation für Carbon Offsets, mit aufgebaut hat. Zu ihren Mitgliedern gehören Ölkonzerne wie BP, Chevron, Exxon Mobile und Shell, Bergbaukonzerne wie Rio Tinto, Agrar- und Chemiekonzerne wie Bayer, Cargill und Dow, Gas- und Kohle-Konzerne wie RWE und Uniper sowie internationale Banken, Beraterfirmen, Börsen, Finanzdienstleister und Großkanzleien.[51] BP, Exxon Mobile und Shell haben sogar das «Climate Leadership Council» gegründet, das einen höheren CO_2-Preis fordert.

Kein Wunder, dass die Emissionen real einfach nicht sinken wollen: 2020 hat die kanadische Politikwissenschaftlerin Jessica Green alle vorhandenen Untersuchungen zur Wirksamkeit von CO_2-Bepreisungsmechanismen weltweit seit 1990 ausgewertet. Sie kommt zu dem Ergebnis, dass diese den CO_2-Ausstoß entweder gar nicht oder allenfalls um zwei Prozent pro Jahr gesenkt hätten. Viele Industriezweige konnten aber ihre Emissionen nur deshalb kleinrechnen, weil sie von Kohle auf Gas umgestiegen seien.[52] Dasselbe gilt für den Clean Development Mechanism (CDM), das Kompensationssystem innerhalb des Kyoto-Protokolls: Mit diesem Instrument konnten reiche Länder in (vermeintlich) klimafreundliche Technologien und Infrastrukturen im Globalen Süden investieren und sich die damit eingesparten CO_2-Emissionen in den eigenen Bilanzen gutschreiben. Studien belegten später, dass viele davon sowieso gebaut worden wären, es also keinen zusätzlichen Klimanutzen gab.[53] Schlimmer noch: Laut einer britischen Studie von 2021 hat der Clean Development Mechanism sogar für sechs Milliarden zusätzliche Tonnen CO_2 gesorgt.[54] Denn es floss viel Geld – völlig konform mit dem Kyoto-Protokoll – in umwelt- und klimaschädliche sowie menschenrechtlich bedenkliche Großprojekte wie Staudämme, in neue Kohlekraftwerke und in die Palmöl-Industrie.

Es klingt absurd. Aber wenn es nur darum geht, «Klimaneutralität» zu erreichen, dann treibt das die Zerstörung der Artenvielfalt noch voran. Biosprit ist das beste Beispiel dafür: Bei der Verbrennung von Pflanzenkraftstoff gelange nur so viel CO_2 in die Luft, wie die Pflanze vorher gebunden habe. Also sei der Agrosprit «klimaneutral», so das Argument. Die Globiom-Studie, die die EU 2013 in Auftrag gab (und deren Ergebnisse sie monatelang nicht veröffentlichte), belegt, dass auf Palmöl basierender Kraftstoff sogar dreimal so klimaschädlich ist wie fossiler Diesel. Das liegt nicht nur daran, dass für Palmöl-Plantagen Tropenwälder abgeholzt und Torfböden trockengelegt werden. Auch die sogenannten indirekten Landnutzungsänderungen sind dafür mitverantwortlich: Die Expansion der Palmöl-Monokulturen führt dazu, dass der Anbau von Lebensmitteln auf andere Flächen ausweichen muss. Das bedeutet, dass auf diese Weise noch mehr Wald und Biodiversität zerstört wird.[55]

Das Ziel der sogenannten negativen Emissionen setzt sogar noch einen drauf: dazu zählen Technologien und Maßnahmen, die der Atmosphäre CO_2 entziehen sollen. Direct Air Capture zum Beispiel. Oder BECCS. Das heißt Bioenergy with Carbon Capture and Storage und ist sozusagen, die «grüne» Variante von CCS. Bei dieser Technologie sollen Energiepflanzen oder Biomasse verbrannt werden, um Strom und Wärme zu erzeugen, und das dabei entstehende Kohlendioxid soll abgeschieden und gespeichert werden. Die Europäische Kommission nennt in ihrem European Green Deal BECCS explizit als technische Lösung zur CO_2-Speicherung. Doch um mit BECCS das Pariser Klimaziel zu erreichen, müssten auf einem Drittel des weltweiten Ackerlandes Energiepflanzen wie Palmöl wachsen. Phil Williamson von der East Anglia University ist überzeugt, dass der großflächige Einsatz von BECCS mehr Arten zum Aussterben brächte als ein Temperaturanstieg von 2,8 Grad.[56]

Während es bei der fossilen Speicher-Technologie die Ölkonzerne sind, die davon profitieren, so wären es bei der pflanzlichen Variante die Agrarkonzerne. Eines der größten Versuchsprojekte wird in einer Raffinerie von Archer Daniel Midlands (ADM) in Illinois betrieben, in der Mais zu Ethanol verarbeitet wird.[57] Der US-amerikanische Agrarkonzern gehört neben Bunge, Cargill und Louis Dreyfuss zu den vier Konzernen, die den weltweiten Handel, Transport und die Verarbeitung von Agrarrohstoffen wie Mais, Weizen, Soja, Palmöl und Zuckerrohr dominieren. Der Weltmarktanteil dieser ABCD-Gruppe liegt bei 70 Prozent. Diese Unternehmen sind es, die am meisten an Monokulturen mit all ihren zerstörerischen Folgen verdienen. Mit BECCS würden sie nun auch mit dem vermeintlichen Schutz des Klimas zusätzliche Gewinne einfahren – und könnten daraus sogar noch Emissionsgutschriften generieren.

Aufforstungsprogramme, vor allem im Globalen Süden, sollen ebenfalls für negative Emissionen sorgen und Emissionszertifikate für den freiwilligen Kohlenstoffmarkt generieren. Eines der größten globalen Aufforstungsprogramme ist die 2011 gegründete Bonn Challenge. Zu den Initiatoren gehören die Weltnaturschutzunion IUCN, die deutsche Bundesregierung und die Global Partnership on Forest and Landscape Restoration.[58] 350 Millionen Hektar sogenannter degradierter Fläche sollen mit dieser Initiative bis 2030 wieder mit Bäumen bepflanzt werden. Bäume pflanzen, das klingt stets positiv und nach echtem Handeln. Doch Aufforstungen sind umstritten: Nicht alle Bäume speichern gleich viel CO_2, außerdem müssen Bäume erst jahrelang wachsen, um ihr ganzes Speicher-Potenzial zu entfalten. Darüber hinaus müssten sie quasi für immer stehen bleiben. Aber das ist mit zunehmender Klimakrise unwahrscheinlich: Diese sorgt nicht nur für Waldbrände, sondern auch für Dürre und in der Folge Schädlingsbefall. Das beeinträchtigt ihre Kapazität, CO_2 zu speichern. Werden Bäume abgeholzt oder, schlimmer noch, verbrannt, dann bringen sie das gespeicherte CO_2 wieder in die Atmosphäre ein. In der Realität scheitern neun von zehn Aufforstungsprojekten.[59]

Vor allem aber ist CO_2 nicht gleich CO_2, wie die CO_2-Äquivalente, mit denen Bilanzen erstellt werden, suggerieren. Es sind nicht einfach Moleküle, die man miteinander verrechnen könnte. «Eine Tonne Kohlendioxid, die durch die Verbrennung fossiler Brennstoffe in die Atmosphäre gepumpt wird, ist nicht dasselbe wie eine Tonne Kohlenstoff, die in den Baumstämmen eines neu gepflanzten Waldes gespeichert ist», sagt Wesley Morgan von der Griffith University im australischen Brisbane. «Der in Kohle, Gas und Öl enthaltene Kohlenstoff ist über einen außergewöhnlich langen Zeitraum sicher unter der Erde gespeichert worden. Aber wenn Bäume Kohlendioxid aus der Atmosphäre zurückholen, können sie es nur für eine kurze Zeit speichern. Durch das Pflanzen von Bäumen wird der Kohlenstoff nicht wieder tief und dauerhaft im Untergrund eingeschlossen.»[60]

Aufforstungsprojekte zur CO_2-Kompensation können sogar selbst Quelle der Zerstörung sein: 2019 zeigte eine Studie des

Londoner University College und der University of Edinburgh, dass fast die Hälfte der Flächen, welche die an der Bonn Challenge teilnehmenden Länder, etwa China und Brasilien, wieder aufforsten wollen, mit industriellen Monokulturen bepflanzt werden soll: mit schnell wachsenden Eukalyptusbäumen, die die Böden extrem austrocknen und die Gefahr für Waldbrände erhöhen.[61] Laut einer Untersuchung der Stanford University beinhalten 80 Prozent der Zusagen zur Bonn Challenge Monokulturen oder Wirtschaftswälder.[62]

Wenn es nur um die Dienstleistung von Wäldern geht, CO_2 zu speichern, dann wird Natur zur Ware, und Bäume werden zu Assets. Ihr Erhalt ist damit an ihren wirtschaftlichen Wert gekoppelt – in diesem Fall, um mit ihnen Kompensationsgeschäfte auf den Kohlenstoffmärkten zu machen. Diese Finanzialisierung von Natur und Lebensgrundlagen gehört zur Ideologie des sogenannten «Naturkapitals». Sie stammt von Pavan Sukhdev, ehedem Manager bei der Deutschen Bank. 2007 beauftragte ihn die EU-Kommission, den ökonomischen Wert der Biodiversität zu berechnen. «Derzeit bezahlt niemand für die Leistungen, die uns Ökosysteme bieten», sagt Sukhdev in einem Interview. «Deshalb bekommen Menschen, die diese Systeme erhalten sollen, auch kein Geld dafür. Es fehlt uns also der Anreiz dafür, das Richtige zu tun.»[63] In dieser Sichtweise wird Natur nur deshalb ausgebeutet oder zerstört, weil ihre «Dienstleistungen» – also die Bereitstellung von sauberer Luft, Wasser, Nahrung und Gesundheit – kostenlos seien und damit «nichts wert». Wenn sie aber selbst Quelle des Profits wäre, dann würde sie automatisch geschützt. Das bringt die Wahnvorstellungen eines Grünen Kapitalismus ziemlich gut auf den Punkt. Aber wer bestimmt das überhaupt? Ist es ernsthaft denkbar, dass ein Moor ökonomisch wertvoller sein könnte als eine Autobahn? Eine Streuobstwiese gewinnbringender als ein Gewerbegebiet? Ein Wald rentabler als eine Kohlegrube? Ein Berghang lukrativer als eine Kunstschneeanlage? Ökosysteme haben doch immer das Nachsehen, wenn es um kapitalistische

Großprojekte geht. Der Bau der LNG-Anlagen zeigt das doch ganz deutlich: Den Gewinnen der Gasindustrie wird sogar der streng geschützte Greifswalder Bodden vor Rügen geopfert. Selbst wenn der für den Tourismus sogar tatsächlich von ökonomischer Bedeutung ist.

Es ist außerdem ein perfides Menschenbild, das Sukhdev da zeichnet. Eines, das nicht zuletzt dazu führt, dass Indigene, Kleinbäuerinnen und Kleinbauern im Namen von Natur- und Klimaschutz als Gefahr für die Natur kriminalisiert und in der Folge enteignet, vertrieben und in ihrer Lebensweise eingeschränkt werden. Ausgerechnet jene also, die dafür gesorgt haben, dass die Wälder, die jetzt lukrativ geschützt werden sollen, überhaupt noch stehen. Abermals ist es der reiche Norden, der sich Natur und Wälder im Globalen Süden aneignet. Grüner Landraub für Ökosystemdienstleistungen. Dabei führen diese nie dazu, dass keine Plantagen oder Minen mehr erschlossen werden. Denn die sind einfach immer lukrativer als ein Klima- oder Naturschutzprojekt.

Die britische Rainforest Foundation und die Universität Helsinki haben 2016 im Kongo-Becken 34 Schutzgebiete untersucht, die von großen Naturschutzorganisationen aus dem Globalen Norden wie WWF und der Wildlife Conservation Society eingerichtet wurden. Sie fanden heraus, dass in 26 davon Gemeinden umgesiedelt wurden. In 20 Gebieten gab es Landkonflikte zwischen Rangern und Indigenen. In den meisten Fällen wurden die Menschen zu wenig oder gar nicht informiert. Nur in einem einzigen Fall erfolgte die Zonierung und Bewirtschaftung in Übereinstimmung mit den Menschen. Auf der anderen Seite gab es in zwei Dritteln der untersuchten Gebiete Bergbaukonzessionen im Inneren und zwölf an der Grenze. 39 Prozent der Schutzflächen enthalten Ölkonzessionen. In einem der Schutzgebiete ist die Abholzung erlaubt, bei weiteren 70 Prozent gleich an der Grenze. Für Konzerne, nicht für die Menschen, die dort leben. «Während viele Naturschützer dazu neigen, die lokale Bevölkerung als die größte unmittelbare Bedrohung für Schutzgebiete wahrzunehmen, werden potenziell viel schädlichere Interessen in Form von groß angelegten extraktiven Industrien weitgehend toleriert und sogar gefördert», resümieren die Forschenden.[64]

Vor zehn Jahren habe ich auf der indonesischen Insel Sumatra selbst einen solchen Fall recherchiert.[65] Er beschäftigt mich noch heute, weil er so exemplarisch für diese Ungerechtigkeit ist. In Jambi, wo die Hälfte des Urwaldes für Palmöl-Plantagen vernichtet wurde, sollte der Hutan Harapan, der «Wald der Hoffnung», entstehen. Eine Fläche, deren Wald eine Papierfirma vernichtet hatte, sollte wieder aufgeforstet und geschützt werden. Die deutsche Bundesregierung unterstützte das Projekt mit 7,5 Millionen Euro, auch Singapore Airlines gab Geld. Das Areal sollte ein Versuchsgebiet für REDD+ werden. Die indonesische Firma PT Restorasi Ekosistem Indonesia (PT Reki) bekam die Lizenz zur Ökosystem-Restaurierung. Diese beinhaltet, dass keine Bäume mehr gefällt werden dürfen und die Umwandlung in landwirtschaftliche Nutzfläche verboten ist. Das wurde den Indigenen und Kleinbäuerinnen, die dort leben, zum Verhängnis: Sie wurden gewaltsam vertrieben, eingeschüchtert und drangsaliert. «Es ist wie im Gefängnis», erzählte mir Matsamin, ein Anführer der Batin Sembilan, die seit Generationen im Wald in der Region leben. Jeden Tag kämen Leute ins Dorf, um sie zu kontrollieren. «Wir dürfen keine Bäume fällen und Reisfelder anlegen, sonst kommen wir ins Gefängnis. Für alles, was wir auf unserem Land tun, müssen wir um Erlaubnis fragen.»

Ich traf ihn im Büro der Menschenrechtsorganisation CAPPA, die mir Bilder von martialischen Polizeiaufgeboten samt Bulldozern zeigte und Fotos von der brennenden Hütte des Kleinbauernführers im Projektgebiet. All das unterschied sich gar nicht von den gewalttätigen Geschichten, die ich von den Opfern der Palmöl-Industrie gehört habe. Eine dieser indigenen Gruppen lebte zu der Zeit unweit des Schutzgebietes in einem Camp in der gigantischen Palmöl-Plantage, die den Hutan Harapan umschließt. Diesen Suku Anak Dalam wurde praktisch über Nacht der Wald abgeholzt, seither kampierten sie auf ihrem Land in der Plantage. Es war einer der gewalttätigsten Landkonflikte Indonesiens: 2014 wurden kurz vor meinem Besuch sieben Männer von der Security der Palmöl-Firma Asiatic Persada krankenhausreif geprügelt. Einer von ihnen, der Familienvater Puji, starb an seinen schweren Verletzungen.

Beide indigenen Gruppen sind Opfer desselben Systems, das auf immerwährendes Wachstum setzt. Ob grün oder nicht, das spielt für die Menschen dort keine Rolle. So kam es, dass diejenigen aus dem Schutzgebiet, die dort ihren Wald nicht mehr nutzen durften und von den «grünen Jobs» nicht leben konnten, in die Palmöl-Plantage schlichen, um dort Palmfrüchte zu stehlen und sie auf dem Markt zu verkaufen. Während die mittellosen Menschen von der Palmöl-Plantage in den Schutzwald gingen und dort jagten, um nicht zu verhungern.

Nach vielen Jahren mühsamer Verhandlungen der Batin Sembilan ist zwar der Landkonflikt weitgehend beigelegt, die Menschen haben sich ein Bleiberecht erkämpft und konnten dort eigene Vorstellungen durchsetzen, wie sie den Wald schützen wollen. Doch jetzt ist der geschützte Hutan Harapan selbst in Gefahr: Die indonesische Regierung hat eine Straße durch diesen Tieflandregenwald genehmigt. Sie soll zu einer Mine führen, von der aus Lkw die Kohle in den Süden Sumatras transportieren werden. Fossile Energie bringt dem Kapitalismus eben immer mehr als der Erhalt von Bäumen.

«Die verkehrte Welt bedeutet uns, die Wirklichkeit zu ertragen, anstatt sie zu verändern, die Vergangenheit zu vergessen, anstatt ihr zuzuhören, und die Zukunft hinzunehmen, anstatt sie uns vorzustellen. Doch es ist bekannt, dass es kein Unglück ohne Glück gibt, keine Seite, die nicht auch ihre Kehrseite hat, und keine Mutlosigkeit, die nicht den Mut sucht.»

Eduardo Galeano, *Die Füße nach oben*

NACHWORT
JENSEITS DER OPFERZONE

Wie ein Bauer in Sambia und eine ehemalige Lehrerin in Louisiana die fossile Industrie das Fürchten lehren und was wir von ihnen lernen können

«Das Ehepaar, das hier lebt, hat Krebs», sagt Sharon Lavigne. «Also alle beide, Mann und Frau.» Sie zeigt aus dem Autofenster auf das Haus am Straßenrand in Burton Lane im St. James Parish. «Dahinter lebt ein junger Mann, er hat Darmkrebs. Seine Schwester hat ebenfalls Krebs, deren Mann auch. Sie sind beide 30 Jahre alt. 30 und Krebs.» Dann ein verfallenes Haus: «Der Mann ist Witwer, seine Frau hatte Krebs.» Ein blaues: «Die Mutter ist gerade an Krebs gestorben, die Tochter hat Krebs.» Ein Wohnwagen: «Der Mann hat Krebs.» Hundert Meter weiter: «Sohn und Schwiegermutter sind kurz nacheinander an Krebs gestorben.» Krebs. Krebs. Krebs. Mütter, Nachbarn, Söhne, Tanten, Ehemänner, Cousinen, Freunde. Ich kann gar nicht so schnell mitschreiben und schauen, wie Sharon auf all die Gebäude zeigt, in die der Tod eingezogen ist. «Ich habe kürzlich versucht, die Namen von allen aufzuschreiben, die Krebs haben oder daran gestorben sind», sagt sie, als könnte sie meine Gedanken lesen. «Ich musste aufhören. Es sind zu viele.» Sharon hält vor einem weißen Holzhaus. «Geraldine», sagt sie leise, und ihre Stimme ist voller Trauer und Zärtlichkeit. «Meine Freundin. Sie wollte immer weg von hier.» Vor vier Jahren ist sie hier gestorben. An einer Lungenentzündung nach einem Schlaganfall. Wir rollen still die Burton Road entlang. Sie endet an einem Friedhof. «Letzte Woche war ich auf fünf Beerdigungen», sagt Sharon, «hier zu leben ist ein Todesurteil.»

Parallel zu den Gräbern des Celestin Cemetery verläuft eine oberirdische Pipeline, auf der anderen Seite erheben sich Öltanks. Die meisten Friedhöfe hier sehen aus, als wären sie Teil der industriellen Infrastruktur. Genau genommen sind sie das auch. Denn der St. James Parish liegt in der Mitte der Cancer Alley. Krebsallee: So heißt der knapp 140 Kilometer lange Abschnitt des Mississippi zwischen New Orleans und Baton Rouge in Louisiana. Mehr als 200 Raffinerien und Chemiefabriken, die Dünger und Plastikprodukte herstellen, reihen sich hier an beiden Ufern aneinander. BASF, Cargill, CF Industries, Chevron, Dow Chemical, Exxon, Koch Methanol, Mosaic, Occidental Chemicals, Shell, Syngenta und Valero: Es sind alle da. Und sie stoßen jedes Jahr große Mengen toxischer und krebserregender Stoffe aus. Darunter Benzol, Butadin, Chloropren, Formaldehyd, Schwefeldioxid, Toluol und Xylol.[1] Nirgendwo in Amerika ist die Luft giftiger als in der Cancer Alley, wo beinahe die Hälfte der Menschen People of Color sind und zwanzig Prozent unter der Armutsgrenze leben. Für sie ist die Wahrscheinlichkeit, an Krebs oder an chronischen Krankheiten der Atemwege oder des Nervensystems zu leiden, besonders groß. Das Krebsrisiko in der Cancer Alley ist fünfzigmal höher, als die Umweltschutzbehörde EPA es für gerade noch akzeptabel hält. Auch die Rate der Fehl- und Frühgeburten und die Zahl der Babys, die mit Fehlbildungen oder krank zur Welt kommen, sind ein Viertel bis doppelt so hoch wie im Rest der USA. Kinder leiden überdurchschnittlich häufig an Asthma.[2] Das ist kein Zufall, sondern Gewalt. Exakt die Industrieanlagen, die die Luft am schlimmsten verschmutzen, sind in die Gemeinden gebaut, in denen vor allem Afroamerikanerinnen und Afroamerikaner leben. Schlimmer noch: Das Louisiana Department of Environmental Quality genehmigt genau dort bis zu zwanzigmal höhere industrielle Schadstoffemissionen als in überwiegend weißen Gemeinden.[3] *Cancer Alley*. Der Begriff ist mittlerweile synonym für den strukturellen Rassismus in Louisiana. Dessen Wurzeln liegen genau hier, am Mississippi.

Über die Sunshine Bridge überqueren wir den Fluss. Auf der anderen Seite ist eine der beiden Fabriken des Düngemittel-Produzenten Mosaic. Sie heißt Uncle Sam Plant. So wie die ehemalige Zuckerrohrplantage, auf die sie gebaut wurde und auf der im 19. Jahrhundert versklavte Menschen schufteten, litten und starben: die Uncle Sam Plantation. Von den rund fünfhundert Zuckerrohrplantagen, die nach der Abschaffung der Sklaverei 1865 an den Ufern des unteren Mississippi übrig geblieben waren, sind fast die Hälfte heute mit Raffinerien, Tanklagern, Häfen oder petrochemischen Fabriken bebaut.[4] Das Menschenrechtsverbrechen der Sklaverei von gestern ist hier in der Death Alley – so wird der petrochemische Korridor auch genannt – fast nahtlos in den mörderischen Umweltrassismus von heute übergegangen. Es sind die Nachfahrinnen und Nachfahren der Versklavten, die hier seit Jahrzehnten vergiftet werden. Sharon lenkt den Wagen auf einen großen grauen Hügel zu, der sich stufenförmig und breit aus der Ebene erhebt. Ein Berg aus Phosphorgips, einem Abfallprodukt der Düngerherstellung. Das enthält nicht nur Gift, sondern auch radioaktive Stoffe wie Radium und Uran. Dieser *Gypsum Stack*, wie er hier heißt, ist 2,5 Quadratkilometer groß und sechzig Meter hoch. Was man von hier unten nicht sehen kann: Oben befindet sich ein riesengroßes offenes Becken, voll mit drei Milliarden Litern von toxischem und radioaktivem Abwasser. «Vor ein paar Jahren geriet eine Wand davon ins Rutschen», sagt Sharon. Nicht auszudenken, was passiert, wenn das Ding kollabiert. Dann ergießen sich 1000 Sportschwimmbecken dieser Brühe über Felder, Wald, Sümpfe, Industrieanlagen, Wohnhäuser und in den ohnehin schon giftschwangeren Mississippi. Aber Mosaic hat schon eine Genehmigung für die Erweiterung der Giftmüllhalde auf fast die doppelte Größe beantragt. Denn die Industrie ist hier auf Wachstumskurs: In der Cancer Alley sind 19 weitere Raffinerien und petrochemische Anlagen geplant oder bereits im Bau.[5]

Sharon ist pensionierte Sonderschullehrerin. Sie hat ihr ganzes Leben hier verbracht. «Als ich ein kleines Kind war, gab es hier noch keine Fabriken», erzählt die 71-Jährige. «Wir hatten einen Garten mit Obstbäumen und Gemüsebeeten, die Luft war frisch und der Mississippi sauber.» Erst in den Sechzigerjahren wuchsen die Schornsteine, Tanks und Kolonnen wie Pilze aus dem Boden. «Ich kann mich erinnern, dass sich mein Vater und viele andere darüber gefreut haben, als die erste Düngerfabrik hier gebaut wurde und Jobs versprach.» Aber nicht alle bekommen Arbeit, stattdessen werden die Menschen bald krank.

Sie erzählt von Frauen, die seltene neurologische Krankheiten bekommen und sterben, nachdem sie jahrelang die kontaminierte Arbeitskleidung ihrer Männer gewaschen haben. Sharon hat Nachbarinnen und Freunde verloren, ihre Schwägerin ist an Brustkrebs gestorben, ihr Bruder hat Prostatakrebs. Sie selbst leidet an autoimmuner Hepatitis, einer seltenen Leberkrankheit, die durch Umweltgifte ausgelöst werden kann. Die Blei- und Aluminium-Werte in ihrem Blut sind hoch. Vielleicht von den rotbraunen Wolken, die Atlantic Alumina in Gramercy über den Mississippi vor ihre Tür schickt. Die Aluminium-Raffinerie selbst ist komplett in roten Bauxitstaub gehüllt und sieht aus wie aus einem Science-Fiction-Film. Seit einer Weile hat Sharon auch Hörausfälle und Kopfschmerzen, die wie ein Blitz durch ihren Schädel zucken. «Das MRT war unauffällig, zum Glück», sagt sie.

Wir machen uns auf den Rückweg. Von der Sunshine Bridge schauen wir auf Türme, Tanks, Kolonnen und Schornsteine: Der US-amerikanische Düngerproduzent CF Industries betreibt hier in Donaldsonville seine größte Ammoniak-Fabrik. Als ich am Abend zuvor hierherfahre, regnet und stürmt es so sehr, dass mir das Herz in die Hose rutscht. Es ist noch lange kein Hurrikan, aber die Bäume am Straßenrand biegen sich, Zweige und Äste fallen vor mir auf den Asphalt, der Scheibenwischer kapituliert fast vor den Wassermassen. Bei meiner Ankunft sehe ich meterhohe Flammen aus dem CF-Komplex züngeln, von Ferne sieht es aus, als würde es brennen. Kurz habe ich Angst, dass ich mich auf einen Chemieunfall zubewege, aber dann sehe ich, dass sie aus sechs Schornsteinen schießen, CF Industries fackelt also wieder ab. Tatsächlich aber kommt es kurz nach meinem Besuch der Cancer Alley im August 2023 zu einem Brand nicht weit von hier in der Marathon-Raffinerie. Auf einem Video, das Sharon Lavigne davon auf Instagram postet, sehe ich dicke schwarze Rauchwolken über dem Gelände, an dessen Eingang wir beide drei Wochen zuvor standen. Der Nachbar von CF Industries ist Mosaic Faustina. Meterhoch aufgeschüttet lagert dort Sulfur, es leuchtet neongelb. «Relentless pursuit of an injury free workplace», steht auf dem Silo der Düngerfabrik. Wie bemüht sie um die körperliche Unversehrtheit ihrer Beschäftigten ist, das schreibt sich die Industrie hier ganz groß auf ihre Fahnen. Sharon schüttelt verärgert den Kopf. «Mein Cousin arbeitet hier. Er hat Krebs.» In Wahrheit geht diese Industrie über Leichen.

Auf dem Weg zu Sharons Haus parken wir auf einem Schotterweg neben einem Wasserturm. Ich sehe unscheinbare Ackerflächen. Aber das hier ist der Ort, der das Leben von Sharon Lavigne und vielen Menschen in St. James und darüber hinaus verändert hat. Denn Sharon und ihre Mitstreiterinnen und Mitstreiter haben es geschafft zu verhindern, dass der US-amerikanische Ableger des taiwanesischen Plastik-Konzerns Formosa die größte Plastikfabrik der USA hierhin bauen kann. Vierzehn Produktionseinheiten auf einer Fläche größer als der bayerische Tegernsee hätte die monströse petrochemische Anlage mit dem zynisch klingenden Namen Sunshine Project umfasst.[6] Formosa wäre berechtigt gewesen, 22 verschiedene Luftschadstoffe auszustoßen, darunter krebserregende und erbgutschädigende wie Benzol und Ethylenoxid. Das würde die Emissionen im St. James Parish, wo bereits 32 petrochemische Fabriken und Raffinerien die Luft verpesten, sogar noch einmal verdoppeln.

Nur drei Kilometer weiter steht das Haus von Sharons Familie. Darauf weist ein Transparent im Garten hin. «Formosa Plastics would be a death sentence for St. James Parish!!! Join the fight to Stopp Formosa with Sharon Lavigne & Rise St. James» prangt in großen Lettern darauf. Daneben blüht pinkfarben ein Rosenbusch. Im April 2018 hört Sharon zum ersten Mal von dem Projekt, als der damalige Gouverneur von Louisiana ankündigt, dass eine neue Industrieanlage nach St. James Parish kommen soll. «Da habe ich gesagt, o nein, das glaube ich nicht! Wir haben genug davon, wir haben es satt, dass sie mit ihrem Müll hier überall Luft und Wasser verpesten.» Ein halbes Jahr später gründet sie mit ihren Töchtern Shamell und Shamyra die Graswurzelbewegung Rise St. James. Kurz darauf gibt es den ersten großen Protestmarsch in der Cancer Alley. Am Hauseingang liegen Stapel von Protestschildern: «This district's lives matter». Und: «St. James is our home». Die Bewegung wächst rasant und weit über den Parish hinaus. Rise St. James gibt bei der Londoner Rechercheagentur Forensic Architecture, die Menschenrechtsverletzungen und Kriegsverbrechen nachgeht, eine Untersuchung in Auftrag, die beweist, dass sich auf dem Formosa-Gelände, der ehemaligen Buena Vista Plantation, Friedhöfe der Versklavten befinden. Und Friedhöfe, so schreibt es das Gesetz in Louisiana vor, müssen geschützt werden.[7] Hier zumindest wird Formosa nicht bauen können. Komplett verhindert ist das Projekt allerdings nicht, ein Gericht hat dem Plastik-Konzern gerade wieder eine Erlaubnis erteilt.

Im Wohnzimmer von Sharon Lavigne stehen Umzugskartons. Erst vor Kurzem konnte die Familie wieder hier einziehen. Hurrikan Ida hat 2021 ihr Haus verwüstet. Er deckte das Dach ab und brachte Decken zum Einsturz, kniehoch stand das Wasser im Erdgeschoss. Jetzt haben sie, wie so viele hier, Ärger mit der Versicherung, die sich weigert, die Renovierung zu bezahlen. «Sie wollen uns hier weghaben», sagt Sharon. «Aber wir gehen hier nicht weg, das ist unser Zuhause. Die Industrie soll verschwinden.»

Die Lokalpolitik hat die feindliche Übernahme der Industrie in einem ungeheuerlichen Akt hier vorangetrieben: 2014 verabschiedet das St. James Parish Council einen neuen Flächennutzungsplan, der den vierten und fünften Bezirk, in dem Sharon lebt, einfach vom reinen Wohngebiet in ein «bestehendes Wohngebiet/künftiges Industriegebiet» umwandelt.[8] Seither dürfen hier immer neue Anlagen in unmittelbare Nähe der Menschen gebaut und geplant werden, während die soziale Infrastruktur sukzessive abgebaut wird. Lebensmittelgeschäfte, Post, Schulen und sogar eine Evakuierungsroute – alles verschwindet oder wird von der Industrie vereinnahmt. Vorhin hat mir Sharon die alte St. James High School gezeigt. Dort ist sie zur Schule gegangen, dort hat sie unterrichtet. Und dort hat ihr Vater Milton Augustin Cayette in den Sechzigerjahren dafür gekämpft, dass Schwarze Kinder das gleiche Recht auf Ausbildung bekommen und diese Schule besuchen dürfen. Jetzt befindet sich darin die Verwaltung von Koch Methanol, das zum Imperium der Klimaleugner und Tea-Party-Unterstützer Koch Brothers gehört. Koch Methanol will seine toxische Industrieanlage hier erweitern. Und im Nachbarort Moonshine ist eine Fabrik für Kerosin geplant. Deshalb ist Rise St. James auch noch lange nicht damit fertig zu kämpfen.

Ich treffe Sharon Lavigne am Ende meiner zweiwöchigen Recherchereise entlang der Golfküste. Da habe ich schon tief in die Hölle geschaut. Oder, wie es John Beard aus Port Arthur sagen würde: in den Bauch der Bestie. Aber in der Cancer Alley kommt es mir vor, als ginge der Vorhang erneut auf und all diese Monster und Bestien gäben hier zum Abschied noch einmal eine Extravorstellung. Erst hier begreife ich so richtig, dass diese Industrie nur überleben kann, indem sie immer weitere Leben zerstört. Dass sie damit nicht aufhört und niemals aufhören wird, weil ihr gewogene Politikerinnen und Politiker die Erlaubnis dazu erteilen. Scheinlösungen wie CCS, blauer Wasserstoff, LNG-Anlagen und Carbon Offsets sind, egal, wo sie entstehen, nur eine weitere Investition in ihr Zerstörungswerk. Die Cancer Alley ist das fast 140 Kilometer lange Rettungsseil der Öl- und Gasindustrie. Die Internationale Energie Agentur (IEA) geht davon aus, dass petrochemische Produkte, wie sie dort hergestellt werden, bis 2050 die Hälfte des Erdöls verbrauchen werden. Plastik und Dünger sind die Haupttreiber dieses Wachstums, sie machen schon heute drei Viertel aller Chemikalien aus, die auf Öl und Gas basieren.[9] Fossiler Dünger wiederum macht die industrielle und monokulturelle Landwirtschaft samt Hybridsaatgut und giftigen Pestiziden überhaupt erst möglich. Die wachsenden Mengen von Agrarchemie, die weltweit eingesetzt werden, sind ein wesentlicher Grund, warum Ernährungssysteme und Landwirtschaft ein Drittel der globalen Treibhausgasemissionen verursachen. Allein die Produktion von Stickstoffdünger sorgt für zwei Prozent der weltweiten Klima-Emissionen.[10]

Es ist eine so monströse wie unerträgliche Tatsache, dass Menschenrechtsverletzungen, Umweltzerstörung und Klimakrise für Dinge vorangetrieben werden, die in Wahrheit kein Mensch braucht. Für Plastikmüll, der im Meer landet oder in der Landschaft und dort als Mikroplastik für alle Zeit und Ewigkeit Menschen, Tiere und Natur vergiftet. Für synthetischen Dünger, der sich nicht nur katastrophal auf das Klima auswirkt, sondern Luft und Wasser verschmutzt, Bäuerinnen und Bauern im Globalen Süden in den Ruin treibt, Böden unfruchtbar macht, Hunger verursacht und Biodiversität vernichtet. Zum Beispiel in afrikanischen Ländern, in die der Dünger in immer größeren Mengen exportiert wird. Aber auch dort gibt es Menschen, die dieses schmutzige Spiel nicht mehr mitspielen.

Ortswechsel. Auf dem Dach eines kleinen Hauses spiegelt sich die Nachmittagssonne in der Fotovoltaik-Anlage. «Die konnte ich mir nach der letzten Ernte-Saison leisten», sagt Royd Michelo beiläufig, als er mich zu seinem Acker führt. Sattgrün wachsen die Pflanzen aus der roten Erde. Tomaten, Mais, Maniok, Kürbis, Hibiskus, Bohnen und Papaya. «39 verschiedene Nutzpflanzen baue ich auf meinen fünf Hektar an», sagt Michelo stolz. Er ist Kleinbauer in Chongwe, 50 Kilometer westlich der Hauptstadt Lusaka. Wie Sharon Lavigne in der Cancer Alley, so kämpft Royd Michelo in Sambia gegen die Öl- und Gasindustrie. Indem er ihr das Geschäft mit dem Dünger verhagelt: Denn auf seiner Farm kultiviert Michelo nicht nur Obst und Gemüse, sondern Wissen und Klimaschutz. Michelo arbeitet agrarökologisch und schult darin Bäuerinnen und Bauern. Diese Landwirtschaft kommt mit weniger Wasser aus, benötigt weder synthetischen Dünger noch giftige Pestizide. Sie vereint traditionelles lokales Wissen mit wissenschaftlichen Erkenntnissen und arbeitet mit den Ressourcen vor Ort. Bäuerinnen und Bauern nutzen kein lizenziertes Saatgut, sondern vermehren, entwickeln und tauschen eigenes, das an die örtlichen Gegebenheiten angepasst und vielfältiger ist. Es ist das Gegenkonzept zur industriellen Landwirtschaft, die von Agrar-Multis dominiert ist.

Vor mehr als zehn Jahren war Royd selbst noch konventioneller Bauer im Süden Sambias. Dann wurde er vom Kasisi Agricultural Training Center in Chongwe in Agrarökologie ausgebildet. «Früher musste ich Dünger, Pestizide und Saatgut kaufen und die Felder pflügen. Als agrarökologischer Bauer verwende ich mein eigenes Saatgut, ich betreibe Fruchtwechsel und reduziere damit Schädlinge, und ich bearbeite den Boden minimal, um ihn zu schützen.» Michelo bückt sich und gräbt mit der Hand ein Stück Erde aus. «Siehst du? So sieht gesunder, reicher Boden aus.» Ich sehe, wie sich Würmer darin räkeln. «Synthetischer Dünger füttert nur die Pflanze, nicht den Boden. Aber wir müssen den Boden ernähren. Der ernährt die Pflanzen, und die Pflanzen ernähren uns.»

Michelo trägt eine alte Wasserflasche mit schwarzer Flüssigkeit mit sich: «Mein eigener Dünger.» Er stellt ihn aus Melasse, Asche, Mulch, Wasser, Milch und Mist her. «Für einen Liter Kunstdünger zahlt man 200 Kwacha», erklärt er. Das sind umgerechnet sieben Euro. Für dasselbe Geld könne er 200 Liter solchen Naturdüngers herstellen. Wie das geht, das hat er schon mehreren Tausend Bäuerinnen und Bauern beigebracht. Die Nachfrage nach seinen Schulungen wächst, denn seit dem russischen Angriffskrieg auf die Ukraine sind die Düngerpreise extrem gestiegen. In Sambia allein 2022 um dreißig Prozent.

Drei Viertel der Menschen, die in Sambia auf dem Land leben, sind arm. Die Landwirtschaft ist ihre wichtigste Einkommensquelle. Vor allem Mais wird dort in Monokulturen angebaut. Seit mehr als zwanzig Jahren subventioniert die sambische Regierung synthetischen Dünger, seit 2009 mit dem Programm

FISP (Fertilizer Input Support Programm). Das sollte Erträge und Produktivität steigern, sodass sich Kleinbauern zu mittelgroßen Landwirten entwickeln und keine staatliche Unterstützung mehr brauchen. Doch stattdessen stagnierte die Produktivität, Erträge gingen zurück, während die öffentlichen Ausgaben für FISP weiter stiegen. 2021 betrugen sie 80 Prozent des Agrarhaushaltes. Je mehr Dünger Kleinbäuerinnen und Kleinbauern einsetzen, desto stärker degradieren die Böden. Dann brauchen sie noch mehr Dünger, damit überhaupt noch etwas wächst. Eine Goldgrube für die Agrar-, Öl- und Chemieindustrie. Dabei ist wissenschaftlich belegt, dass Agrarökologie die Erträge steigert: 2006 untersuchte die Universität Essex 360 entsprechende Projekte in 57 Ländern und stellte eine Steigerung der Erträge um 79 Prozent im Vergleich zu industrieller Landwirtschaft fest.[11] In einer Metastudie analysierte die Universität Nebraska knapp 300 Studien zur Agrarökologie im Globalen Süden und kam zum selben Ergebnis.[12] Nur die Agrarmultis und die fossile Industrie schauen bei diesem Konzept in die Röhre.

Anstatt die Agrarökologie zu fördern, investiert die sambische Regierung mithilfe ausländischer Investoren in das industrielle Modell, das überall in Afrika und anderen Ländern des Südens komplett gescheitert ist. Das Comprehensive Agriculture Support Programme (CATSP) will die Produktion mit Mitteln der Grünen Revolution steigern – sprich: mit Monokulturen, fossilem Dünger, Hybridsaatgut, Pestiziden und in Zusammenarbeit mit multinationalen Agrarkonzernen. Involviert sind die üblichen Verdächtigen: die UN-Ernährungsorganisation FAO, USAID, die von der Bill-Gates-Foundation gegründete Allianz für eine grüne Revolution in Afrika (AGRA), das AGRA-nahe African Fertilizer and Agribusiness Programme (AFAP) sowie die deutsche Gesellschaft für internationale Zusammenarbeit (GIZ). Es sind solche Privat-Öffentlichen Partnerschaften, die unter dem Deckmantel der Hungerbekämpfung der Öl- und Gasindustrie immer weitere Profite bescheren. Auf Kosten der Menschen im Globalen Süden.

Royd Michelo kämpft gegen die Zeit. Er wäre gern sehr viel schneller. «Die ganze Sache würde sich ändern, wenn wir mehr Leute überzeugen könnten», sagt er. «Aber wie sollen wir zu den Bauern kommen, wenn wir nicht mobil sind?» Politische Unterstützung für ihn gibt es nicht. Das Landwirtschaftsministerium bezahlt stattdessen landwirtschaftliche Berater, die den Bäuerinnen und Bauern das ruinöse Industriemodell aufschwatzen. Diese «Extension Officers» haben Motorräder. «Aber Leute wie ich, die Agrarökologie unterrichten, nicht.» Also hat Michelo seine Revolution vor der Haustür gestartet: «Ich habe hier ein Nachbarschaftsprogramm.» Und das geht so: «Früher hat mein Nachbar sein Feld vor der Bebauung abgebrannt. Ich wollte ihn von der Agrarökologie überzeugen und habe gesagt: ‹Du musst ja nicht alles umstellen, probiere das auf einem Hektar, ich helfe dir, wir machen das zusammen. Wenn es dir nicht gefällt, lässt du es wieder bleiben.›» Michelo macht eine dramaturgische Pause und grinst. «Danach habe ich nie mehr Feuer auf seinem Acker gesehen.» Seine Nachbarinnen und Nachbarn arbeiten nun alle agrarökologisch. Ihnen sagt Michelo: «Ihr solltet an euren Höfen ein Schild aufstellen, auf dem Agrarökologie steht, damit die Leute den Unterschied erkennen und sehen, wie gut es funktioniert.»

Für Sharon Lavigne und Royd Michelo hat der Kapitalismus eigentlich einen anderen Platz vorgesehen: Opferzonen. Aber sie lassen sich nicht länger opfern. Im Januar 2024 postet Sharon Lavigne ein Foto aus ihrem Wohnzimmer. Ich muss zweimal hinschauen, um zu glauben, was ich sehe. Auf dem schwarzen Ledersofa, auf dem ich ein paar Monate zuvor saß, sitzt jetzt, zwischen Sharon, Shamyra und den Kissen mit aufgedruckten Fotos von Michelle Obama: Jane Fonda. Sie unterstützt seit Jahren die Kämpferinnen und Kämpfer an der Golfküste. Im April 2024 verkündet die Umweltbehörde EPA neue, strengere Grenzwerte für umweltschädliche Emissionen. Hunderte Unternehmen sind nun dazu verpflichtet, den Ausstoß von Stoffen, die Krebs erregen, zu senken. Und Ende vergangenen Jahres verhängte US-Präsident Joe Biden das längst überfällige Moratorium für den Ausbau der LNG-Export-Infrastruktur. Klar, das ist bei Weitem nicht genug, um dieser Industrie den Garaus zu machen. Aber es ist der große Erfolg der Graswurzelbewegungen, die jeden Tag am eigenen Leib spüren, dass ökologische und soziale Fragen nicht voneinander zu trennen sind. Was Menschen wie Sharon Lavigne, Royd Michelo, John Beard, James Hiatt, Justin Solet, Manning Rollerson und die vielen anderen Aktivistinnen und Aktivsten, die ich für dieses Buch getroffen habe, miteinander verbindet, ist: Sie kämpfen nicht nur gegen eine schmutzige Industrie. Sie haben vor allem eine klare Vorstellung von ihrem Ziel und den bedingungslosen Wunsch nach einer anderen, schönen, solidarischen und gerechten Zukunft, in der die fossile Industrie keinen Platz mehr hat. Sie kämpfen dafür mit Liebe und Solidarität. Das gibt Mut, Kraft und Zuversicht, und diese Utopie ist so attraktiv, dass sich viele Menschen anschließen, auch über den Atlantik hinweg. Genau das macht sie für diese Industrie gefährlich. Wir können so viel von ihnen lernen.

Hierzulande aber glauben immer noch zu viele daran, dass sich nichts ändert, wenn am Status quo nicht gerüttelt wird und man einfach alles laufen lässt. Wie ein Kleinkind, das sich die Hände vor die Augen hält und schreit: «Du siehst mich nicht!» Aber es verändert sich alles, und zwar in rasender Geschwindigkeit. Während ich diese letzten Zeilen schreibe, lese ich, dass sich die Erderwärmung weiter beschleunigt. So sehr, dass nicht einmal die Wissenschaft eine Erklärung dafür hat.[13] Es ist Anfang April und fast 30 Grad warm. Die Tulpen auf meinem Balkon sind verdorrt, vor einem Jahr um diese Zeit haben sie noch gar nicht geblüht. Dieser März war noch wärmer als der letzte viel zu warme, es ist der zehnte Hitze-Rekord in Folge.[14] Dahinter geht es nicht mehr zurück. Schon wieder ist in den Dolomiten ein Gipfel abgebrochen. Die Klimakrise macht meine geliebten Berge kaputt, weil der Permafrost, der sie zusammenhält, schmilzt.

Momentan ist der Himmel seit Tagen milchig weiß mit einem Hauch von Gelb. Das liegt zwar am Sahara-Staub, der in der Luft liegt. Aber ich stelle mir vor, wie entsetzlich es wäre, wenn das für immer so bliebe. Nie mehr blauer Himmel. Das wäre der Preis, würde die Wahnsinnsidee der Sonnenverdunklung als letzte Rettung tatsächlich umgesetzt, weil die Regierungen mit ihrem Phantomklimaschutz die Öl- und Gasindustrie immer weiter am Leben halten und wir sie nicht daran hindern. Schließlich erreichen mich verheerende Nachrichten aus Louisiana. Es hat schon wieder einen Störfall bei einer CO_2-Pipeline gegeben. Aus einem Leck in der Exxon-Pipeline in Sulphur bei Lake Charles sind 2500 Barrel CO_2 ausgetreten. Wäre es kein windiger Tag gewesen, hätte es wohl wieder Verletzte gegeben.[15] Mitte Mai rauschen drei Tornados durch Lake Charles und den Südwesten von Louisiana. Sie fordern drei Tote, darunter eine schwangere Frau und ihr ungeborenes Baby, und hinterlassen eine Spur der Verwüstung. Fast zeitgleich verspricht Donald Trump der Öl- und Gasindustrie, das LNG-Moratorium von Joe Biden am ersten Tag seiner Amtszeit rückgängig zu machen, sollte er wieder zum US-Präsidenten gewählt werden.

Es hört nicht auf. Nicht, wenn wir weiter darauf hoffen, dass alles bleiben kann, wie es ist, weil uns Scheinlösungen wie CCS oder Wasserstoff retten oder wir den CO_2-Ausstoß wegrechnen können. Das ist eine fatale Verdrängung der Realität. Die muss man sich leisten können, und das ist nur denkbar, solange es ein Außen gibt, in das die Folgen dieses ressourcenhungrigen, ausbeuterischen und zerstörerischen Weiter-so ausgelagert werden können. Lange Zeit war dieses Außen vor allem im Globalen Süden verortet, und was den Ressourcenhunger des Grünen Kapitalismus betrifft, wird dieser nach wie vor dort gestillt, sodass wir hier nichts davon mitbekommen. Doch das Außen rückt immer weiter in den reichen Norden vor. An der Golfküste und in der Cancer Alley steht es längst vor der Haustür. Überall werden solche Opferzonen wachsen. Als Allererstes werden es die Armen merken. Je weniger es zwangsläufig zu verteilen gibt, desto gewalttätiger werden die Verteilungskämpfe und die Verteidigung der Privilegien werden. Und desto weniger können auch wir im Globalen Norden uns vor den katastrophalen Folgen der sich gegenseitig verschärfenden Krisen schützen. Jetzt schon sind autoritäre Regime weltweit auf dem Vormarsch, Europa rutscht rasant nach rechts. Dass gleichzeitig die Bewältigung der Klimakrise von der Agenda rutscht, ist mehr als beunruhigend. Denn sie schreitet ja weiter voran, ohne Pause zu machen. Der Kapitalismus wird nicht von selbst zusammenbrechen, er wird nur noch härter und brutaler werden, und die Reichen werden die Mauern um sich immer höher ziehen. Um das zu verhindern, müssen wir uns von dem Stockholm-Syndrom befreien, dem wir aufsitzen, weil uns die Profiteure des Systems und die Zerstörer glauben machen, wir teilten ihre Interessen. Wir müssen aufhören, ihren Unsinn vom ewigen und grünen Wachstum zu glauben. Stattdessen müssen wir uns der schmerzhaften Realität stellen: Die dramatischen Folgen der Klimakrise werden wir nicht mehr in Gänze abwenden können, dafür ist es schon lange zu spät, und das ist tragisch genug. Wir werden vieles verlieren, was wir lieben. Aber wir können etwas gewinnen, wenn wir uns den Kämpferinnen und Kämpfern gegen die Ursachen anschließen: eine Welt. Sie wird nicht mehr dieselbe sein. Aber wir können, wir müssen jedes Zehntelgrad verhindern und sie gerecht gestalten und besser für alle. Dafür ist es nicht zu spät. Trotz allem.

Danke

Meinem Lektor Erik Riemenschneider für die inspirierende und ideenreiche gemeinsame Arbeit, die mir sehr große Freude gemacht hat und das Buch zu dem, was es ist.

Meinem Agenten Michael Gaeb, ohne den ich kein einziges Buch geschrieben hätte.

Lili Fuhr vom Center for International Environmental Law (CIEL), die mich darauf gebracht hat, an die US-Golfküste zu reisen, und die dieses Buch mit ihrer überwältigenden Kenntnis bereichert hat.

Dem Programm Ernährungssouveränität der Rosa-Luxemburg-Stiftung, das meine Reise nach Sambia finanziert hat. Besonders Jan Urhahn sowie Refiloe Joala, die meine Recherchen begleitet und mir mit ihrem Wissen immer beiseitegestanden haben. Es war toll mit euch!

Andy Gheorghiu, der mich in Kontakt mit den Menschen an der Golfküste gebracht hat, mich an der transatlantischen Solidaritätsarbeit teilhaben lässt, mich mit wertvollen Informationen füttert und immer für mich erreichbar war.

John Beard, Manning Rollerson, Melanie Oldham und Gwendolin Jones in Texas, James Hiatt, Justin Solet, Clarice Friloux und Sharon Lavigne in Louisiana, die mich herzlich aufgenommen und mir gezeigt haben, warum sich das Kämpfen immer lohnt.

Jane Patton, Barnaby Pace, Lindsey Fendt und Jade Woods (CIEL), Jo und Joy Banner (Descendants Project), Kaitlyn Joshua (Earth Works) und James R. Kelly (Whitney Plantation), die mich in den USA unterstützt haben und von denen ich viel lernen durfte.

Frances Davies, Mutinta Nketani und Georgina Kayana Nkala von der Zambia Alliance for Agroecology (ZAAB), die mich in Sambia freundschaftlich und sachkundig begleitet haben. Jack Kalipenta und Fatima Mawele (Zambian Governance Foundation), Royd Michelo, Gilbert Naifi und den Männern und Frauen in den Communitys, die mir ihre Herzen und Häuser geöffnet haben. Mike Ngubule (Community Technology Development Trust) ist kurz nach meiner Reise gestorben. Seine Arbeit für die Menschen bleibt unvergessen. Rest in Power!

Stefanie Eilers (Nabu) in Wilhelmshaven, Heiner Baumgarten (BUND) in Stade, Norbert Protz (Bürgerinitiative Lebensraum Vorpommern) in Lubmin, Stefanie Dobelstein, Andrea Kähler und Thomas Kunstmann (Bürgerinitiative Lebenswertes Rügen) auf Rügen sowie Kai Gardeja und Karsten Schneider für ihre Zeit und den Einblick in das Ungeheuerliche.

Der Romero-Initiative (CIR), besonders Christian Wimberger und Isabell Ulrich, für die unvergessliche Reise nach Honduras.

Ulrich Brand (Uni Wien), Stephan Lessenich (Frankfurter Institut für Sozialforschung), Jutta Kill (World Rainforest Movement), Henning von Nordheim (Uni Rostock), Christian von Hirschhausen (Deutsches Institut für Wirtschaftsforschung), Angelika Hilbeck (ETH Zürich), Constantin Zerger und Milena Pressentin (Deutsche Umwelthilfe), Michael Reckordt und dem Team von PowerShift, Roman Herre (FIAN), Silke Bollmohr (Inkota), Lena Luig (Heinrich-Böll-Stiftung), Niklas Ennen (Survival International), Oliver Ristau sowie Nina Schlosser für wertvolle Hinweise und Antworten auf meine 1000 Fragen.

Meinem Mann Oliver, meiner Familie, meinen Freundinnen und Freunden für alles, die Liebe und das Glück, und meinem Hund Toni für die Fröhlichkeit.

Und Albrecht: Danke für deine Freundschaft und Großzügigkeit. Ich hätte mir so gewünscht, dass du dieses Buch noch lesen kannst.

Anmerkungen

VORWORT

Auf dem Weg in die klimaneutrale Klimakatastrophe

1 Gesammelt vom Fossil Fuel Non-Proliferation Treaty, siehe instagram.com/fossilfueltreaty/p/C01VJBcvlS8

2 Human Rights Watch: «‹You Can Smell Petrol in the Air›: UAE Fossil Fuels Feed Toxic Pollution», September 2023, hrw.org/news/2023/12/04/uae-fossil-fuels-poison-air

3 United Nations Climate Change: «Global Stocktake», unfccc.int/topics/global-stocktake

4 Yasmin Appelhans: «CO_2-Emissionen erreichen neuen Höchstwert», *tagesschau.de*, 5. Dezember 2023.

5 Laut Production Gap Report der Umweltorganisation der Vereinten Nationen (UNEP), unep.org/resources/production-gap-report-2023

6 Global Oil & Gas Exit List (Gogel), gogel.org

7 Werner Eckert: «Gelingt der Ausstieg aus fossilen Energien?», *tagesschau.de*, 27. November 2023.

8 Joshua Nevett: «Net zero: Green groups paint us as villains, minister says», BBC, 12. Oktober 2022, bbc.com/news/uk-63228113

9 Bill McKibben: «Uncounted Emissions: The Hidden Cost of Fossil Fuel Exports», Yale Environment360, 14. November 2023, https://e360.yale.edu/features/fossil-fuel-export-emissions-climate-change und Robert W. Howarth: «The Greenhouse Gas Footprint of Liquefied Natural Gas (LNG) Exported from the United States», Pre-print submitted to a peer-reviewed journal, 24. Oktober 2023.

10 Wie viele Lobbyisten von welchen Konzernen vor Ort waren, siehe: corporateeurope.org/en/2023/12/cop28-facilitates-fossil-fuel-frenzy

11 Elizabeth Kolbert: «What did COP28 really accomplish?», *The New Yorker*, 13. Dezember 2023.

12 Stephan Lessenich: «Nicht mehr normal. Gesellschaft am Rande des Nervenzusammenbruchs», Berlin 2022, S. 11.

13 Jens Beckert: «Verkaufte Zukunft. Warum der Kampf gegen den Klimawandel zu scheitern droht», Berlin 2024, S. 18

I. IM BAUCH DER BESTIE
Eine Reise in den Abgrund der Öl- und Gasindustrie an der Golfküste

1 Mary Green und Keene Kelderman: «Port Arthur, Texas: The End of the Line for an Economic Myth», Environmental Integrity Project, August 2017.

2 Erin Douglas: «Federal report identifies cause of 2019 Port Neches chemical plant explosion», The Texas Tribune, 20. Dezember 2022.

3 «Texas: thousands evacuated after series of explosions at chemical plant», YouTube-Video, Guardian News, 28. November 2019, youtube.com/watch?v=vBcAnrIXit4

4 Unfallursache, -hergang und -folgen siehe Untersuchungsbericht des U.S. Chemical Safety and Hazard Investigation Board (CSB), Investigation Report No. 2020-02-I-TX, Dezember 2020, csb.gov/tpc-port-neches-explosions-and-fire

5 Mittlerweile hat sich das Unternehmen wieder finanziell stabilisiert: Pressemitteilung vom 16. Dezember 2022, tpcgrp.com/news-and-events/news/tpc-group-succesfully-completes-financial-reconstructuring

6 U.S. Department of Labor, osha.gov/news/newsreleases/region6/05262020

7 David R. Boyd und McKenna Hadley-Burke: «Sacrifice zones: 50 of the most polluted places on earth. Based on a report presented to the Human Rights Council», The University of British Columbia, 2021, sowie «Supplementary information to the report of the Special Rapporteur, David R. Boyd, on the issue of human rights obligations relating to the enjoyment of a safe, clean, healthy and sustainable environment (A/HRC/49/53)», ohchr.org/EN/Issues/Environment/SREnvironment/Pages/Annualreports.aspx

8 Cara New Dagget: «Petromaskulinität, Fossile Energieträger und autoritäres Begehren», Berlin 2023, S. 18.

9 Mary Green und Keene Kelderman: «Port Arthur, Texas: The End of the Line for an Economic Myth», Environmental Integrity Project, August 2017.

10 American Petroleum Institute, api.org/news-policy-and-issues/american-jobs

11 Environmental Integrity Project: «Benzene Pollution at Facility Fencelines. Refinery and Chemical Plant Benzene Data: January 2018– June 2023», storymaps.arcgis.com/stories/9cc8aa37cb34444dbb053a097c22ba07

12 «Valero Lawsuit: Clean Air Violations at Port Arthur Refinery», rmqlawfirm.com/clean-air-violations-at-port-arthur-refinery

13 Umweltbundesamt: «Schwefeldioxid-Emissionen», umweltbundesamt.de/daten/luft/luftschadstoff-emissionen-in-deutschland/schwefeldioxid-emissionen#entwicklung-seit-1990

14 Laut Centers for Disease Control and Prevention, experience.arcgis.com/experience/22c7182a162d45788dd52a2362f8ed65

15 Ronald White: «Life at the Fenceline: Understanding Cumulative Health Hazards in Environmental Justice Communities», Environmental Justice Health Alliance for Chemical

Policy Reform, September 2018, ej4all.org/life-at-the-fenceline

16 Pro Publica hat 2021 mit Daten der Environmental Protection Agency (EPA) eine detaillierte Karte der krebserregenden industriellen Luftverschmutzung in den USA erstellt, projects.propublica.org/toxmap/#hotspot/26

17 Oil & Gas Watch, oilandgaswatch.org/state/TX

18 Dana Drugmand, Steven Feit, Lili Fuhr, Carroll Muffett: «Fossils, Fertilizers, and False Solutions – How Laundering Fossil Fuels in Agrochemicals Puts the Climate and the Planet at Risk», Center for International Environmental Law, Oktober 2022, ciel.org/reports/fossil-fertilizers

19 U.S. Commission on Civil Rights: «Civil Rights and Protections During the Federal Response to Hurricanes Harvey and María», 2022 Statuary Report, usccr.gov/reports/2022/civil-rights-and-protections-during-federal-response-hurricanes-harvey-and-maria

20 Rachel Ramirez: «‹Cascading disasters›: What a hurricane means when you live next to a refinery», *Grist*, 29. August 2020, grist.org/justice/hurricane-laura-lake-charles-port-arthur-oil-refinery-petrochemical-industry

21 Ari Phillips: «Learning from the Man-Made Environmental Disasters that Followed Hurricane Harvey – Preparing for the Next Storm», Environmental Integrity Project, August 2018.

22 Indigenous Environmental Network: «An Analysis on the climate and energy provisions of the Inflation Reduction Act (IRA)», August 2023.

23 Andy Gheorghiu Consulting, Urgewald, Deutsche Umwelthilfe, «Investitionen ins Klimachaos. Wie deutsche Banken und Unternehmen Fracking-LNG-Projekte ermöglichen», Berlin, 19. April 2023.

II. SABOTAGE
Flüssigerdgas auf Kosten von Menschen, Klima, Natur und Demokratie

1 «LNG-Terminal: Klage könnte ‹Abhängigkeit von Putin› erhöhen», *sueddeutsche.de*, 5. Mai 2022.

2 Zu den Beteiligungsrechten der Zivilgesellschaft siehe: umweltbundesamt.de/themen/nachhaltigkeit-strategien-internationales/umweltrecht/beteiligungsrechte sowie die Aarhus-Konvention: bmuv.de/themen/umweltinformation/aarhus-konvention

3 Deutsche Umwelthilfe, duh.de/presse/pressemitteilungen/pressemitteilung/baustart-lng-terminal-wilhelmshaven-deutsche-umwelthilfe-legt-widerspruch-gegen-vorzeitigen-beginn

4 Petra Pinzler: «Und was machst du so?», *Die Zeit* 29/2022, 16. Juli 2022.

5 «Habeck warnt Umwelthilfe vor Klage gegen LNG-Terminals», *Spiegel*, 4. Mai 2022.

6 Siehe § 4 im LNG-Beschleunigungsgesetz, gesetze-im-internet.de/lngg/BJNR080200022.html

7 Deutsche Umwelthilfe, duh.de/presse/pressemitteilungen/pressemitteilung/deutsche-umwelthilfe-warnt-lng-termi nalschiff-brunsbuettel-darf-ohne-sorgfaeltige-pruefung-und-genehmi/

8 *Hallo Niedersachsen*, NDR, 24. November 2022, ndr.de/nachrichten/nieder sachsen/oldenburg_ostfriesland/Um weltverbaende-Offene-Fragen-zu-LNG-Terminal-Wilhelmshaven,lng464.html

9 Siehe dazu auch Niedersächsisches Ministerium für Umwelt, Energie und Klimaschutz, umwelt.niedersachsen. de/startseite/aktuelles/pressemitteilun gen/pi-170-lng-terminal-217989.html sowie «Ist das neue LNG-Terminal ausreichend gesichert? Die Opposition will Nachbesserungen», *Rundblick*, 13. Dezember 2022, rundblick-nieder sachsen.de/ist-das-neue-lng-terminal-ausreichend-gesichert-die-opposition-will-nachbesserungen/

10 Siehe die diesbezügliche Wasserrechtliche Erlaubnis, uvp.niedersachsen.de/documents-ige-ng/ igc_ni/c26f1269–03f8-4ec4-98d4-2a83f68fd82a/221216_Erlaubnis_ Uniper_final.pdf

11 «Zweites LNG-Terminal in Wilhelmshaven arbeitet ohne Chlor», ndr.de, 10. März 2024, ndr.de/nachrichten/ niedersachsen/oldenburg_ostfriesland/ Zweites-LNG-Terminal-in-Wilhelms haven-arbeitet-ohne-Chlor,aktuell oldenburg15020.html

12 «Wilhelmshaven als Drehscheibe für grüne Energie», https://tes-h2.com/ de/globale-wirkung/deutschland

13 *Hallo Niedersachsen*, NDR, 20. September 2023, ndr.de/nachrichten/ niedersachsen/oldenburg_ostfriesland/ Wilhelmshaven-Wasserstoff-Fabrik-statt-Vogelschutzgebiet,wasserstoff 472.html

14 Niedersächsisches Wasserstoff-Netzwerk, wasserstoff-niedersachsen.de/ wilhelmshaven-green-energy-hub

15 curia.europa.eu/juris/document/ document.jsf?text=&docid=272705&pageIndex=0&doclang=EN&mode=req&dir=&occ=first&part=1&cid=2364198

16 Silke Kersting: «Scholz warnt vor Renaissance fossiler Energien – Umweltschützer kritisiert: ‹Erklärstunde statt echter Impulse›», *Handelsblatt*, 18. Juli 2022, das sehenswerte Video dazu unter youtube.com/watch?v= e4SQJizMCQA

17 Anja Stehle und Zacharias Zacharakis: «Alles doch nicht so green?», *Zeit Online*, 1. Dezember 2022.

18 Matia Riemer, Jakob Wachsmuth: «Conversion of LNG Terminals for Liquid Hydrogen or Ammonia. Analysis of Technical Feasibility under Economic Considerations», Fraunhofer Institute for Systems and Innovation Research ISI, 3. November 2022. Siehe auch: «Haben LNG-Terminals eine klimaneutrale Zukunft?», isi.fraunhofer. de/de/presse/2022/presseinfo-25-lng-terminals-wasserstoff-ammoniak.html

19 Fabian Präger, Lukas Barner, Franziska Hoffart, Claudia Kemfert, Björn Steigerwald, Christian von Hirschhausen: «Energiewirtschaftliche und industriepolitische Bewertung des Energie- und Industrieprojekts Mukran mit dem Bau von LNG-Infrastruktur und Pipelineanbindung nach Lubmin», Deutsches Institut für Wirtschaftsforschung (DIW), September 2023.

20 Julia Merlot: «Dünger als Klimakiller», *Spiegel*, 20. November 2019; R. L. Thompson et al.: «Acceleration of global N_2O emissions seen from two decades of atmospheric inversion», *Nature Climate Change* 9, 18. November 2019.

21 Siehe «Gesetz zur Beschleunigung des Einsatzes verflüssigten Erdgases», gesetze-im-internet.de/lngg/BJNR080200022.html

22 «Katar liefert LNG an Deutschland», *tagesschau.de*, 29. November 2022.

23 Andy Gheorghiu Consulting, Urgewald, Deutsche Umwelthilfe, «Investitionen ins Klimachaos. Wie deutsche Banken und Unternehmen Fracking-LNG-Projekte ermöglichen», Berlin, 19. April 2023.

24 «Neue Berechnung der Deutschen Umwelthilfe: LNG-Pläne der Bundesregierung würden Großteil des deutschen CO_2-Restbudgets verbrauchen – Klimagrenze damit unerreichbar», Pressemitteilung, 19. Mai 2022, https://www.duh.de/presse/pressemitteilungen/pressemitteilung/neue-berechnung-der-deutschen-umwelthilfe-lng-plaene-der-bundesregierung-wuerden-grossteil-des-deutsch/

25 WWF, wwf.de/themen-projekte/klimaschutz/klimaschutz-deutschland/fracking-klar-ablehnen

26 Diese Form des Fracking nennt sich «unkonventionelles Fracking». Mehr dazu unter: duh.de/fracking

27 «Fracking – Risiken für die Umwelt», bmuv.de/themen/wasser-und-binnengewaesser/grundwasser/grundwasserrisiken-hydraulic-fracturing

28 «Proximity to fracking sites associated with risk of childhood cancer», *Yale News*, 17. August 2022, news.yale.edu/2022/08/17/proximity-fracking-sites-associated-risk-childhood-cancer

29 R. W. Howarth: «Ideas and perspectives: is shale gas a major driver of recent increase in global atmospheric methane?», *Biogeosciences* 16, 2019, https://bg.copernicus.org/articles/16/3033/2019/

30 IPCC Sixth Assessment Report, ipcc.ch/report/ar6/wg1/chapter/chapter-7

31 Hiroko Tabuchi: «Fracking Firms Fail, Rewarding Executives and Raising Climate Fears», *The New York Times*, 12. Juli 2021.

32 Alexandra Shaykevich, Courtney Bernhardt, Griffin Bird: «Playing with Fire: The Impact of the Rapid Growth of LNG», Environmental Integrity Project, Juni 2022, https://environmentalintegrity.org/wp-content/uploads/2022/06/LNG-report-6.9.22.pdf

33 «170 Scientists to Biden: Reject CP2 LNG Terminal and All New Fracked Gas Infrastructure», foodandwaterwatch.org/2023/12/19/170-scientists-to-biden-reject-cp2-lng-terminal-and-all-new-fracked-gas-infrastructure/

34 Stand Januar 2024 sind noch nicht alle Projekte genehmigt, andere sind genehmigt, aber noch nicht gebaut.

35 LA Bucket Brigade: «Gas Export Spotlight: Venture Global Calcasieu Pass Facility Accidents January 18 – May 31. 2022», Januar 2023.

36 «Over 230 Groups Urge Biden Administration to Stop CP2 & to Recognize Economic, Environmental, & Public Health Dangers of LNG Exports», 11. Dezember 2023, sierraclub.org/press-releases/2023/12/over-230-groups-urge-biden-administration-stop-cp2-recognize-economic

37 LA Bucket Brigade, labucketbrigade.org/press-release-with-wildfires-burning-lng-sites-inadequate-emergency-response-southwest-louisianans-fear-duel-disasters-fire-and-no-fish

38 Sara Sneath: «LNG export terminals belching more pollution than estimated», *The Lens*, 31. Juli 2023, thelensnola.org/2023/07/31/lng-export-terminalsbelching-more-pollution-than-esti mated

39 State of Louisiana, Department of Energy and Natural Resources, dnr. louisiana.gov/index.cfm/page/150

40 Environmental Integrity Project, environmentalintegrity.org/news/ report-exposes-vast-amount-of-unregulated-water-pollution-from-oil-refineries/

41 Andy Gheorghiu Consulting, Urgewald, Deutsche Umwelthilfe: «Investitionen ins Klimachaos – Wie deutsche Banken und Unternehmen Fracking-LNG-Projekte ermöglichen», April 2023, duh.de/presse/ pressemitteilungen/pressemitteilung/ neuer-bericht-von-deutsche-umwelt hilfe-und-urgewald-deutsche-banken-und-unternehmen-finanzieren-mas-1

42 «Remarks by President Trump on Promoting Energy Infrastructure and Economic Growth | Hackberry, LA», trumpwhitehouse.archives.gov/ briefings-statements/remarks-president-trump-promoting-energy-infrastructure-economic-growth-hackberry-la

43 Im Original: «Welcome to Cameron. Don't blink twice or you miss the time of your life. A List of great things to see in Cameron: No Pollution, no traffic light, no big city life, no city police, no trains (just boats) […]»

44 Sara Sneath: «Does Venture Global's Louisiana LNG plant profit from pollution?», 4. Oktober 2023, *lailluminator. com*, lailluminator.com/2023/10/04/ venture-global/

45 Venture Global LNG, ventureglobal lng.com/about/community-impact

46 «Erster Rammschlag in Stade für Niedersachsens zweites LNG-Terminal», 20. Januar 2023, umwelt. niedersachsen.de/startseite/aktuelles/ pressemitteilungen/pi-005-lng-stade-218913.html

47 NDR 1 Niedersachsen, ndr.de/ nachrichten/niedersachsen/lueneburg_heide_unterelbe/LNG-Terminal-Stade-BUND-kritisiert-Absage-von-Eroerterun gstermin,aktuellueneburg9100.html

48 Federal Energy Regulatory Commission, elibrary.ferc.gov/eLibrary/ filelist?accession_num=20231212–5053

49 Andy Gheorghiu Consulting, Deutsche Umwelthilfe, Urgewald: «Investitionen ins Klimachaos. Wie deutsche Banken und Unternehmen Fracking-LNG-Projekte ermöglichen», April 2023.

50 Ebd.

51 Deutsche Umwelthilfe, duh.de/ presse/pressemitteilungen/presse mitteilung/deutsche-umwelthilfe-warnt-lng-terminalschiff-brunsbuettel-darf-ohne-sorgfaeltige-pruefung-und-genehmi

52 Deutsche Umwelthilfe, duh.de/ presse/pressemitteilungen/presse mitteilung/uebereilte-naechste-schritte-in-stade-und-brunsbuettel-auch-ohne-gasmangel-deutsche-umwelthilfe-forder

53 Niklas Höhne, Mats Marquardt, Hanna Fekete: «Pläne für deutsche Flüssigerdgas-Terminals sind massiv überdimensioniert», New Climate Institute, Dezember 2022, newclimate. org/resources/publications/plane-fur-deutsche-flussigerdgas-terminals-sind-massiv-uberdimensioniert

54 «Analyse: Offenbar weniger LNG-Kapazitäten für Energiesicherheit notwendig», MDR Investigativ, 28. Februar 2023, mdr.de/nachrichten/deutschland/

wirtschaft/lng-terminal-offenbar-zu-viel-kapazitaet-geplant-100.html

55 «Europe's LNG capacity buildout outpaces demand», Institute for Energy Economics and Financial Analysis (IEEFA), 31. Oktober 2023, https://ieefa.org/articles/europes-lng-capacity-buildout-outpaces-demand

56 Christian von Hirschhausen, Lukas Barner, Franziska Holz, Claudia Kemfert, Niels Kunz, Fabian Präger, Björn Steigerwald: «Deutschlands Gasversorgung ein Jahr nach russischem Angriff auf Ukraine gesichert, kein weiterer Ausbau von LNG-Terminals nötig», DIW Berlin, 22. Februar 2023, diw.de/de/diw_01.c.866810.de/publikationen/diw_aktuell/2023_0086/deutschlands_gasversorgung_ein_jahr_nach_russischem_angriff___ine_gesichert__kein_weiterer_ausbau_von_lng-terminals_noetig.html

57 E-Mail des BMWK an die Autorin vom 19. März 2024.

58 Bund für Umwelt- und Naturschutz Deutschland: «Blackbox Chemieindustrie: Die energieintensivste Industrie Deutschlands», 20. September 2023, bund.net/service/publikationen/detail/publication/blackbox-chemieindustrie/?wc=23720

59 Zukunft Gas, gas.info/gas-im-energiemix/industrie/gas-chemische-industrie

60 Deutsche Umwelthilfe: «LNG Terminals für Deutschland: Flüssigerdgas oder lass ich das? Steckbrief LNG Stade», 6. Juli 2021.

61 Niedersächsisches Ministerium für Umwelt, Energie und Klimaschutz, umwelt.niedersachsen.de/startseite/aktuelles/pressemitteilungen/antwort-auf-die-muendliche-anfrage-zum-bau-des-steinkohlekraftwerks-in-stade-115589.html

62 Zur Vorgeschichte der LNG-Anlagen in Deutschlands siehe DUH-Steckbrief «LNG Brunsbüttel», duh.de/fileadmin/user_upload/download/Projektinformation/Energiewende/LNG-Terminal_Steckbrief_2021-Brunsb%C3%BCttel_FINAL_WEB.pdf

63 EU-Kommission: «EU-US LNG Trade. US liquified natural Gas (LNG) has the potential to help match EU Gas Needs», Februar 2022, energy.ec.europa.eu/system/files/2022-02/EU-US_LNG_2022_2.pdf

64 «Deutsche Umwelthilfe veröffentlicht geheim gehaltenes Regierungsdokument und verlangt Aufklärung: Beleg für Milliardenangebot an US-Regierung für Nord Stream 2 bringt Vizekanzler Scholz und Bundesregierung in Bedrängnis», Deutsche Umwelthilfe, 9. Februar 2021, duh.de/presse/pressemitteilungen/pressemitteilung/deutsche-umwelthilfe-veroeffentlicht-geheim-gehaltenes-regierungsdokument-und-verlangt-aufklaerung-be/

65 E-Mail BMWK vom 19. März 2024.

66 «Anteil von LNG an Gasimporten bleibt gering», *tagesschau.de*, 15. Dezember 2023.

67 Bundesministerium für Wirtschaft und Klimaschutz, bmwk.de/Redaktion/DE/Artikel/Energie/gas-instrumente-zur-sicherung-der-versorgung.html

68 Sefe, sefe-group.com/newsroom/pressemitteilungen/sefe-unterzeichnet-langfristigen-lng-liefervertrag-mit-venture-global-lng

69 Uniper, uniper.energy/news/de/erstes-lng-schiff-trifft-am-deutschen-lng-terminal-in-wilhelmshaven-ein

70 twitter.com/Venture_Global/status/1749823011450912922

71 twitter.com/Venture_Global/status/1756109719930827265

72 Frag den Staat, Anfrage #303459 von Andy Gheorghiu an das Bundesministerium für Finanzen vom 18. März 2024/Antwort BMF vom 25. März 2024, «Adressierung von potenziellen Menschenrechtsverletzungen/Umweltrisiken in der LNG-Vorkette der Staatsfirma SEFE (Securing Energy for Europe)», fragdenstaat.de/a/303459

73 Mike Lee und Mike Soraghan: «‹Hubris›: LNG plant officials saw trouble days before blast», *E&E News*, 11. Januar 2022, eenews.net/articles/hubris-lng-plant-officials-saw-trouble-days-before-blast

74 Texas Department of State Health Services: «Assessment of the Occurrence of Cancer Freeport, Texas 2000–2015», 2. Mai 2018, https://www.dshs.texas.gov/sites/default/files/CHI-ESTB/CSum%2017006.pdf

75 Michael Barajas: «Freeport's East End began in Segregation and will end with Deplacement», *Texas Observer*, 12. September 2018.

76 Mehr zu diesem Fall in der Dokumentation «Rollerson v. Brazos River Harbor Navigation District of Brazoria County Texas», casetext.com/case/rollerson-v-brazos-river-harbor-navigation-district-of-brazoria-county-texas

77 So steht es im Genehmigungsentwurf, und das ist der Stand bei Inbetriebnahme im Dezember 2022: duh.de/presse/pressemitteilungen/pressemitteilung/verfruehte-eroeffnung-des-lng-terminals-lubmin-deutsche-umwelthilfe-fordert-betriebsstopp-bis-alle-t

78 BUND, bund-mecklenburg-vorpommern.de/sammeleinwendung-lubmin

79 «Steigende Havariegefahr vor Rügen und Usedom: Notfallschiff kann nur bei gutem Wetter auslaufen», *Redaktionsnetzwerk Deutschland*, 20. Juni 2023, rnd.de/promis/havarie-gefahr-vor-ruegen-und-usedom-notfallschiff-nur-bei-gutem-wetter-seetuechtig-WDVK5IYLE5BL7AMGH7EM7SM6ZQ.html

80 Oliver Schröm: «Die brisante Solonummer von Olaf Scholz», *Stern*, 17. August 2023.

81 Michael Bauchmüller und Georg Ismar haben ein Porträt über Knabe und Wagner geschrieben: «Zwei Männer geben Gas», *Süddeutsche Zeitung*, 3. Juli 2023.

82 Die Vorgänge lassen sich im Dokumentationssystem des Bundestags einsehen: dip.bundestag.de/vorgang/austausch-des-bundeskanzlers-olaf-scholz-mit-dr-stephan-knabe-bzw/303264?f.deskriptor=Fl%C3%BCssiggas&start=25&rows=25&pos=29&ctx=d; dip.bundestag.de/vorgang/kommunikation-mit-der-deutsche-regas-gmbh-co-kgaa/302655?f.deskriptor=Fl%C3%BCssiggas&start=25&rows=25&pos=33&ctx=d; https://dip.bundestag.de/vorgang/kommunikation-der-bundesregierung-bzgl-des-ausbaus-der-lng-infrastruktur-mit-dem/302316?f.deskriptor=Fl%C3%BCssiggas&start=25&rows=25&pos=37&ctx=d

83 Oliver Schröm: «Die brisante Solonummer von Olaf Scholz», *Stern*, 17. August 2023.

84 «Macquarie Capital and WaveCrest help deliver Germany's first privately financed LNG terminal», Pressemitteilung, macquarie.com/au/en/about/

news/2023/macquarie-capital-and-wavecrest-help-deliver-germanys-first-privately-financed-lng-terminal.html

85 Deutsche Umwelthilfe, duh.de/presse/pressemitteilungen/pressemitteilung/einwendung-eingereicht-deutsche-umwelthilfe-fordert-stopp-des-genehmigungsverfahrens-fuer-das-lng-te

86 Stand 16. Januar 2024; wwf.de/fileadmin/fm-wwf/Publikationen-PDF/Deutschland/Hintergrundpapier-LNG-Planungen-vor-Ruegen.pdf

87 Oliver Schröm: «Die brisante Solonummer von Olaf Scholz», *Stern*, 17. August 2023.

88 Zu Nord Stream 2 lesenswert: Claudia Kemfert: «Schockwellen. Letzte Chance für sichere Energien und Frieden», Frankfurt 2023, S. 20 ff.

89 *Nordmagazin*, NDR, 14. Januar 2024, ndr.de/nachrichten/mecklenburg-vorpommern/Bilanz-nach-einem-Jahr-LNG-in-Lubmin-Auslastung-nur-bei-20-Prozent,lnglubmin122.html

90 Mehr Infos zu diesem tollen Projekt auf der Homepage des Bundesamts für Naturschutz: bfn.de/wiederansiedlung-baltischer-stoere

91 Stefan Schultz: «Der Protest gegen ein LNG-Terminal zeigt, was falsch läuft in Deutschland», *Spiegel*, 21. April 2023.

92 bundestag.de/abgeordnete/biografien/H/habeck_robert-861322?subview=na

93 «Ostdeutscher Chemieverband für LNG-Terminal an Rügens Küste», *sueddeutsche.de*, 14. Juni 2023.

94 Julia Haak: «Bürger auf Rügen über LNG-Terminal: ‹Wir haben Angst, das wir vergessen werden›», *Berliner Zeitung*, 8. Oktober 2023.

95 NDR 1 Radio MV Nachrichten, ndr.de/nachrichten/mecklenburg-vorpommern/LNG-Terminal-auf-Ruegen-Erster-Leitungsabschnitt-wird-gebaut,lng884.html

96 Bundesamt für Naturschutz, bfn.de/eu-naturschutzrichtlinien-und-rechtliche-umsetzung

97 «Nachschub für Lubminer LNG-Terminal aus den USA», NDR, 31. Januar 2023, ndr.de/nachrichten/mecklenburg-vorpommern/Nachschub-fuer-Lubminer-LNG-Terminal-aus-den-USA,lubminlng108.html

98 Fabian Präger, Lukas Barner, Franziska Hoffart, Claudia Kemfert, Björn Steigerwald, Christian von Hirschhausen: «Energiewirtschaftliche und industriepolitische Bewertung des Energie- und Industrieprojekts Mukran mit dem Bau von LNG-Infrastruktur und Pipelineanbindung nach Lubmin», Endbericht, Studie im Auftrag der Deutschen Umwelthilfe, Berlin. September 2023, diw.de/de/diw_01.c.881106.de/publikationen/politikberatung_kompakt/2023_0196/energiewirtschaftliche_und_industriepolitische_bewertung_des___ndbericht___studie_im_auftrag_der_deutschen_umwelthilfe_e.v..html

99 Michael Bauchmüller und Georg Ismar: «Vom Hering ausgebremst», *Süddeutsche*, 25. Januar 2014.

100 Bundesverwaltungsgericht, bverwg.de/de/250124B7VR1.24.0

101 Deutsche ReGas, Pressemitteilung vom 24. November 2023, deutsche-regas.de/press-and-media

102 «Gasversorgung in Deutschland stabil: Ausbau von LNG-Infrastruktur nicht notwendig», DIW Berlin, 19. Februar 2024, diw.de/de/diw_01.c.893582.de/publikationen/diw_

aktuell/2024_0092/gasversorgung_in_deutschland_stabil__ausbau_von_lng-infrastruktur_nicht_notwendig.html

103 «Habeck erklärt Energiekrise in Deutschland für beendet», *Zeit*, 19. März 2024, zeit.de/wirtschaft/2024-03/habeck-robert-energie-krise-deutschland-beendet-gas-oel-kohle

104 Bundesnetzagentur, bundesnetzagentur.de/SharedDocs/Pressemitteilungen/DE/2024/20240104_Gasversorgung2023.html

III. PHANTOM-KLIMASCHUTZ
Wie technologische Scheinlösungen die Krise vorantreiben

1 Das Climate Investigations Center hat diesen Fall über 19 Monate untersucht. Veröffentlicht wurde die Recherche in der *Huffington Post*: Dan Zegart: «The Gassing of Satartia», 26. August 2021; huffpost.com/entry/gassing-satartia-mississippi-co-pipeline_n_60ddea9fe4b0ddef8b0ddc8f und climateinvestigations.org/co2-pipeline-ccs-satartia-investigation-background-materials-and-bibliography

2 US Department of Transportation, Pipeline and Hazardous Materials Safety Administration, Office of Pipeline Safety – Accident Investigation Division: «Failure Investigation Report – Denbury Gulf Coast Pipelines, LLC – Pipeline Rupture/ Natural Force Damage», 26. Mai 2022.

3 «Net-Zero Industry Act», European Commission, commission.europa.eu/strategy-and-policy/priorities-2019-2024/european-green-deal/green-deal-industrial-plan/net-zero-industry-act_en sowie «Europäischer Green Deal», destatis.de/Europa/DE/Thema/GreenDeal/GreenDeal.html#798676

4 https://twitter.com/fbirol/status/1727552767256932766

5 Stockholm Environment Institute, Climate Analytics, E3G, IISD und UNEP: «The Production Gap: Phasing Down or Phasing Up? Top Fossil Fuel Producers Plan Even More Extraction Despite Climate Promises: Production Gap Report 2023», https://doi.org/10.51414/sei2023.050

6 BMWK, «CCU/CCS: Baustein für eine klimaneutrale und wettbewerbsfähige Industrie», bmwk.de/Redaktion/DE/Artikel/Industrie/weitere-entwicklung-ccs-technologien.html

7 CIEL, ciel.org/news/475-carbon-capture-lobbyists-at-cop28-exposes-fossil-fuels-grip/

8 Global CCS Institute, globalccsinstute.com/membership/our-members/

9 Global Witness, globalwitness.org/en/press-releases/cop28-president-al-jabers-oil-company-adnoc-will-take-340-years-to-capture-the-carbon-it-produces-by-2030

10 Global CCS Institute, «Global Status of CCS Report 2023», globalccsinstitute.com/resources/publications-reports-research/global-status-of-ccs-2023-executive-summary/

11 Nan Wang et al.: «What went wrong? Learning from three decades of carbon capture, utilization and sequestration (CCUS) pilot and demonstration projects», *Energy Policy*

158, November 2021, doi.org/10.1016/j.enpol.2021.112546

12 Joe Smyth: «Petra Nova carbon capture project stalls with cheap oil», Energy and Policy Institute, 6. August 2020, energyandpolicy.org/petra-nova/

13 Natasha White et al.: «An Oil Giant Quietly Ditched the World's Biggest Carbon Capture Plant», Bloomberg, 23. Oktober 2023.

14 Adam Morton: «Emissions from WA gas project with world's largest industrial carbon capture system rise by more than 50 %», *Guardian*, 20. April 2023.

15 Bruce Robertson, Milad Mousavian, IEEFA, «The Carbon Capture Crux: Lessons Learned», 1. September 2022, ieefa.org/resources/carbon-capture-crux-lessons-learned

16 «Can Carbone Capture Prosper Under Trump?», *New York Times*, 2. Januar 2017.

17 IEEFA, ieefa.org/articles/carbon-capture-decarbonisation-pipe-dream

18 Carroll Muffet, Steven Feit, CIEL, «Fuel to Fire – How Geoengineering Threatens to Entrench Fossil Fuels and Accelerate the Climate Crisis», Februar 2019, ciel.org/reports/fuel-to-the-fire-how-geoengineering-threatens-to-entrench-fossil-fuels-and-accelerate-the-climate-crisis-feb-2019

19 Laura Dunn: «CO_2-Speicherung: eine tückische Sackgasse», Rosa Luxemburg Stiftung, 14. November 2023, rosalux.de/news/id/51233

20 Naomi Klinge: «More than $10 billion allocated to carbon removal technology with passage of US infrastructure bill», *upstream*, 10. November 2021, upstreamonline.com/politics/more-than-10-billion-allocated-to-carbon-removal-technology-with-passage-of-us-infrastructure-bill/2-1-1095574

21 IEA, iea.org/policies/4986-section-45q-credit-for-carbon-oxide-sequestration

22 Richard Heede: «Tracing anthropogenic carbon dioxide and methane emissions to fossil fuel and cement producers, 1854–2010», *Climatic Change* 122, 2014, doi.org/10.1007/s10584-013-0986-y; Potsdam-Institut für Klimafolgenforschung, pik-potsdam.de/de/aktuelles/nachrichten/oelkonzern-exxon-kannte-klimawirkung-ganz-genau-neue-studie-in-science; Marco Evers: «Wie ein Ölkonzern sein Wissen über den Klimawandel geheim hielt», *Spiegel*, 16. April 2018; Viola Kiel: «Denn sie wussten, was sie tun», *Zeit*, 7. Dezember 2022.

23 Bastian Brinkmann und Nakissa Salavati: «6100 Dollar Gewinn – pro Sekunde», *Süddeutsche Zeitung*, 8. Februar 2023.

24 Christophe Bonneuil et al.: «Early warnings and emerging accountability: Total's responses to global warming, 1971–2021», *Global Environmental Change* 71, 2021, doi.org/10.1016/j.gloenvcha.2021.102386

25 Siehe dazu ausführlicher: Kathrin Hartmann: «Die grüne Lüge. Weltrettung als profitables Geschäftsmodell», München 2018, S. 29 ff.

26 Ben Lefebvre: «Oil industry sees a vibe shift on climate tech», *Politico*, 8. März 2023.

27 Occidental Petroleum, oxy.com/news/news-releases/1pointfive-and-carbon-engineering-announce-direct-air-capture-deployment-approach-to-enable-global-build-out-of-plants/

28 Occidental Petroleum, oxy.com/news/news-releases/occidental-and-adnoc-to-commence-preliminary-engineering-study-of-a-direct-air-capture-facility-in-the-uae

29 «Occidental's DAC goals offer potential lifeline for oil», *argus*, 2. Oktober 2023, argusmedia.com/en/news/2494820-occidentals-dac-goals-offer-potential-lifeline-for-oil

30 Timothy Skone: «Life Cycle Greenhouse Gas Analysis of Direct Air Capture Systems», National Energy Technology Laboratory, US Department of Energy, 24. Februar 2021, netl.doe.gov/sites/default/files/netl-file/21DAC_Skone.pdf

31 Barnaby Pace, Lindsey Fendt, CIEL, «Direct Air Capture – Big Oil's Latest Smokescreen», November 2023, ciel.org/reports/direct-air-capture-big-oils-latest-smokescreen-november-2023/

32 Ebd., Berechnung auf Grundlage von EPA-Daten, ghgdata.epa.gov/ghgp/main.do

33 Berechnungsgrundlage: Nach dem 45Q gibt es bei Direct Air Capture 130 Dollar pro Tonne, wenn das eingefangene CO_2 für EOR genutzt wird, und 180 Dollar. Wenn Oxy rund ein Viertel unter der Erde speichert, bekommt das Unternehmen rund 100 Millionen Dollar an Steuererleichterungen pro Jahr.

34 Occidental Petroleum, oxy.com/news/news-releases/occidental-and-blackrock-form-joint-venture-to-develop-stratos-the-worlds-largest-direct-air-capture-plant/

35 CarbonCredits.com, carboncredits.com/blackrock-places-550m-bet-on-occidentals-dac-project-stratos/

36 Climeworks, climeworks.com/direct-air-capture

37 Umweltbundesamt, umweltbundesamt.de/themen/verkehr/nachhaltige-mobilitaet/tempolimit

38 Stefan Gössling et al.: «The economic cost of a 130 kph speed limit in Germany», *Ecological Economics* 209, Juli 2023, https://www.sciencedirect.com/science/article/pii/S0921800923001131

39 twitter.com/rahmstorf/status/1618258655249567744?lang=de

40 Union Investment, unternehmen.union-investment.de/presseservice/pressemitteilungenarchiv/alle-pressemitteilungen/2023/klimastudie

41 Climate Justice, climatejustice.org.au/carbon-majors-1

42 Der gesamte CO_2-Ausstoß von Heidelberg Materials beträgt ca. 70 Millionen Tonne im Jahr. 400 000 Tonnen pro Jahr will das Unternehmen in Norwegen abscheiden, heidelbergmaterials.com/de/co2-abscheidung-und-speicherung; heidelbergmaterials.de/de/nachhaltigkeit/co2-strategie

43 Amy Walker: «CO_2-Speicherung: So will Deutschland seine Emissionen nach Norwegen verfrachten», *Frankfurter Rundschau*, 26. Oktober 2023.

44 Martin Polansky: «CO_2 speichern wie Norwegen?», *tagesschau.de*, 5. Januar 2023, und Tagesschau vom 6. Januar 2023, youtube.com/watch?v=KJ0Ol4p0UkE

45 Vera Schroeder, Interview mit Jens Beckert, «Wir müssen uns auf eine 2,5 oder sogar drei Grad wärmere Erde einstellen», *Süddeutsche Zeitung*, 10. März 2024.

46 «Habeck: Kohlendioxid-Vermeidung statt technische CO_2-Speicherung», *heise online*, 23. Dezember 2020, heise.de/news/Habeck-Kohlendioxid-Vermeidung-statt-technische-CO2-Speicherung-4998382.html

47 CO_2-Speichertechnologie: Habeck besucht Werk in Norwegen, *Tagesschau*, 6. Januar 2023, youtube.com/watch?v=KJ0Ol4p0UkE

48 Dan Welsby et al.: «Unextractable fossil fuels in a 1,5 °C World», *Nature* 579, 8. September 2021, nature.com/articles/s41586-021-03821-8

49 Beispiele: «Dass es nötig ist, diese Technologie zu nutzen, darüber besteht bei Forschenden insgesamt weitgehend Einigkeit» («So sinnvoll ist die CO_2-Speicherung», *tagesschau.de*, 6. Februar 2014); «Auch in der Wissenschaft ist inzwischen klar: Eine Fundamentalopposition gegen die CCS-Technik, wie sie manche Umweltlobbygruppen noch immer propagieren, lässt sich mit den Szenarien der Forschung kaum mehr in Einklang bringen» («Warum wir eine neue Endlagerdebatte brauchen», *Spiegel*, 12. Mai 2023); «Und der größte Teil der Wissenschaft sagt: Ohne CCS wird das nichts mit den Klimazielen» («Der richtige Tabubruch», *taz*, 15. September 2023).

50 Siehe auch die Analysen von CIEL und der Heinrich-Böll-Stiftung: «IPCC Unsummarized: Unmasking Clear Warnings on Overshoot, Techno-fixes, and the Urgency of Climate Justice», 21. April 2022 sowie «Lost in Translation: Lessons from the IPCC's Sixth Assessment on the Urgent Transition from Fossil Fuels and the Risks of Misplaced Reliance on False Solutions», 6. März 2023 und Hoesung Lee et al.: «Climate Change 2023 Synthesis Report», 19. März 2023, ipcc.ch/report/ar6/syr/downloads/report/IPCC_AR6_SYR_SPM.pdf

51 IPCC, Energy Systems (Chapter 6), Figure SPM.7.

52 IPCC, «IPCC Special Report on Carbon Dioxide Capture and Storage. Prepared by Working Group III of the Intergovernmental Panel on Climate Change», 2005.

53 IPCC, ipcc.ch/report/ar6/wg3/chapter/chapter-12/

54 Deutsche Umwelthilfe, duh.de/presse/pressemitteilungen/pressemitteilung/deutsche-umwelthilfe-zum-kohlenstoffdioxid-speichergesetz-entwurf-ist-unueberlegter-schnellschuss-un

55 Thomas Hummel: «Wird Norwegen deutsches CO_2 speichern?», *Süddeutsche Zeitung*, 7. Dezember 2022.

56 Government.no, regjeringen.no/en/aktuelt/three-applications-for-permits-to-store-co2-in-the-north-sea/id2917885

57 Northern Lights, norlights.com/how-to-store-co2-with-northern-lights/

58 Laut Statista, de.statista.com/statistik/daten/studie/1078829/umfrage/treibhausgasemissionen-der-deutschen-industrie-nach-branchen

59 Grant Hauber, IEEFA, «Norway's Sleipner and Snøhvit CCS: Industry Models or Cautionary Tales?», 14. Juni 2023, ieefa.org/resources/norways-sleipner-and-snohvit-ccs-industry-models-or-cautionary-tales

60 Lindsey Fendt, Nikki Reisch, Steven Feit, CIEL: «Deep Trouble. The Risks of Offshore Carbon Capture and Storage», November 2023, ciel.org/reports/deep-trouble-the-risks-of-offshore-carbon-capture-and-storage-november-2023

61 European Environment Agency: «Carbon capture and storage could also impact air pollution», 17. November 2011.

62 Rystad Energy, rystadenergy.com/news/co2-sets-sail-carbon-shipping-on-the-rise-as-emitters-search-for-large-scale-stor

63 Zu den Risiken beim Bau von CO_2-Pipelines siehe: Steven Jansto: «Risks and Potential Impacts from Carbon Steel Pipelines in Louisiana Transporting and Processing Variable Prduced Gases such as Carbon Dioxide (CO_2), Hydrogen (H_2), Methane (CH_4)», Oktober 2022, lagainstfalsesolutions.org/reports

64 E. Larson et al.: «Net-Zero America: Potential Pathways, Infrastructure, and Impacts, Final Report Summary», Princeton University, 29. Oktober 2021.

65 Steven Jansto: «Risks and Potential Impacts from Carbon Steel Pipelines in Louisiana Transporting and Processing Variable Prduced Gases such as Carbon Dioxide (CO_2), Hydrogen (H_2), Methane (CH_4)», Oktober 2022.

66 «Risse im Gestein durch CO_2-Speicherung», scinexx.de, scinexx.de/news/geowissen/risse-im-gestein-durch-co2-speicherung/#:~:text=Eine%20der%20gr%C3%B6%C3%9Ften%20CCS%2DAnlagen,f%C3%BCr%20das%20CO2%2DGas%20gilt

67 «EU setzt weltweit erstes verbindliches Ziel für unterirdische CO_2-Speicherkapazität», *Euractiv*, 17. März 2023, euractiv.de/section/energie-und-umwelt/news/eu-setzt-weltweit-erstes-verbindliches-ziel-fuer-unterirdische-co2-speicherkapazitaet/

68 Robert Sanders: «Blocking sunlight to cool Earth won't reduce crop damage from global warming», Berkeley Research, 8. August 2018, vcresearch.berkeley.edu/news/blocking-sunlight-cool-earth-wont-reduce-crop-damage-global-warming

69 Naomi Klein: «Die Entscheidung: Kapitalismus vs. Klima», Frankfurt am Main, 2015, S. 335.

70 ETC Group, Biofuelwatch, Heinrich-Böll-Stiftung: «The Big Bad Fix. The Case Against Climate Engineering», 30. November 2017, enetcgroup.org/content/big-bad-fix Ina Möller: «The Emergence of Geoengineering. How Knowledge Networks form Governance Objects», Cambridge University Press, 14. Januar 2023.

71 Bettina Menzel: «Kampf gegen Klimawandel oder Science-Fiction? EU untersucht Maßnahmen zur Ablenkung von Sonnenstrahlen», *Frankfurter Rundschau*, 28. Juni 2023 und The White House, whitehouse.gov/ostp/news-updates/2023/06/30/congressionally-mandated-report-on-solar-radiation-modification

72 David Zauner: «Solar Geoengineering – die perfekte Lösung für eine perfekte Welt», Klimareporter, 15. Juli 2023, klimareporter.de/technik/solar-geoengineering-die-perfekte-loesung-fuer-eine-perfekte-welt

73 Siehe Empower LCC: «Carbon Capture & Sequestration in Louisiana, Part 1–3», Juni 2023, via lagainstfalsesolutions.org/reports

74 Bundesregierung, bundesregierung.de/breg-de/schwerpunkte/klimaschutz/stromausfall-blackout-2129818

75 Steffen Kuntzner: «Blackout. Wie das Katastrophenszenario eines Stromausfalls für Panikmache und Profit genutzt wird», *Correctiv*, 19. August 2022.

76 ARD-DeutschlandTrend am 14. April 2023, tagesschau.de/inland/deutschlandtrend/deutschlandtrend-3357.html

77 Siehe dazu Bund für Umwelt und Naturschutz Deutschland (BUND): «Uranatlas 2022», bund.net/service/publikationen/detail/publication/uranatlas-2022/

78 Siehe dazu Jutta Ditfurth: «Krieg, Atom, Armut. Was sie reden, was sie tun: Die Grünen», Berlin 2011.

79 Bundesamt für die Sicherheit der nuklearen Entsorgung, base.bund.de/DE/themen/kt/stoerfallmeldestelle/ereignisse/akw/akw.html

80 In einem Interview mit dem *Spiegel* (Ausgabe 49/2007) wurde der damalige RWE-Chef Jürgen Grossmann anlässlich des beschlossenen Atomausstiegs gefragt: «Bis dahin müssen einige ihrer ältere Atommeiler wie etwa Biblis bereits abgeschaltet sein. Wollen Sie das noch verhindern?» Seine Antwort: «Nein, müssen wir auch gar nicht. Wir können den Reaktor in Biblis so fahren, dass wir mit den Restlaufzeiten über die nächste Bundestagswahl kommen. Und dann gibt es vielleicht ein anderes Denken in Bevölkerung und Regierung.»

81 «Atomkraftwerk Isar 2 kann nicht wieder hochgefahren werden», *Spiegel*, 26. Oktober 2023.

82 Viktoria Großmann und Christian Sebald: «‹Das ist eine enorme Verunsicherung für die nächsten Jahre›», *Süddeutsche Zeitung*, 28. September 2020.

83 «Atomenergie für FDP-Chef Lindner keine Option mehr in Deutschland», *Welt*, 6. Januar 2022.

84 Jan W. Schäfer: «AKW-Aus im April ist endgültig», *Bild*, 21. Dezember 2022.

85 Katharina Schuler: «Gönnen können war gestern», *Zeit*, 11. Oktober 2022; Michael Bauchmüller und Claus Hulverscheidt: «Scholz beendet Atomstreit mit Machtwort», *Süddeutsche Zeitung*, 17. Oktober 2022; faz.net/aktuell/politik/atomstreit

86 Bundesamt für die Sicherheit der nuklearen Entsorgung, base.bund.de/DE/themen/kt/ausstieg-atomkraft/laufzeitverlaengerung-faq.html

87 Das belegen u. a. die Untersuchungen von Greenpeace Energy und Deutsche Umwelthilfe: green-planet-energy.de/presse/artikel/stromversorgung-im-vergangenen-winter-war-auch-ohne-atomkraftwerke-jederzeit-gesichert; duh.de/presse/pressemitteilungen/pressemitteilung/neue-analyse-von-deutscher-umwelthilfe-und-ausgestrahlt-belegt-streckbetrieb-der-atomkraftwerke-wa/

88 Isabel Schrems und Swantje Fiedler, Forum ökologische Marktwirtschaft: «Gesellschaftliche Kosten der Atomenergie in Deutschland», September 2020, foes.de/publikationen/2020/2020–09_FOES_Kosten_Atomenergie.pdf

89 Claudia Kemfert et al.: «Zu teuer und gefährlich: Atomkraft ist keine Option für eine klimafreundliche Energieversorgung», DIW Wochenbericht 30/2019, diw.de/de/diw_01.c.670481.de/publikationen/wochenberichte/2019_30_1/zu_teuer_und_gefaehrlich__atomkraft_ist_keine_option_fuer_eine_klimafreundliche_energieversorgung.html#box1-collapsible

90 Christopher Rasch: «Tschernobyl-Katastrophe: Staatliche Kosten von mehr als einer Milliarde allein in Deutschland», Green Planet Energy, 24. April 2020, green-planet-energy.de/

blog/wissen/atomkraft/tschernobyl-ka
tastrophe-staatliche-kosten-von-mehr-
als-einer-milliarde-allein-in-deutsch
land

91 Japan Center for Economic
Research, jcer.or.jp/english/accident-
cleanup-costs-rising-to-35–80-trillion-
yen-in-40-years

92 Sascha Zastrial: «Britisches Atomkraftwerk wird zum Milliardengrab»,
Spiegel, 25. Januar 2024.

93 Joachim Wille: «Flamanville: Frank-
reichs Pannen-AKW», *Frankfurter Rundschau*, 15. Januar 2022.

94 Reinhard Wolff: «Problem-Reaktor
geht ans Netz», *taz*, 15. April 2023.

95 Jakob Schlandt, «Windkraft-Werbe-
verbot für Atomlobby», *Frankfurter
Rundschau*, 24. Januar 2019.

96 Claudia Kemfert et al.: «Ausbau von
Kernkraftwerken entbehrt technischer
und ökonomischer Grundlagen», DIW
Wochenbericht 10/2023, diw.de/de/
diw_01.c.867887.de/publikationen/
wochenberichte/2023_10_1/ausbau_
von_kernkraftwerken_entbehrt_tech
nischer_und_oekonomischer_grund
lagen.html

97 «EDF verdient Milliarden mit
sanierten Atomkraftwerken», *Spiegel*,
16. Februar 2024.

98 Statista, «Menge des exportierten
Stroms von Deutschland nach Frankreich in den Jahren 2003 bis 2023», sta
tista.com/statistik/daten/studie/151340/
umfrage/strom-export-von-deutsch
land-nach-frankreich-seit-1996/
Bundesregierung: «Anteil der Erneuerbaren Energien steigt», 27. März 2024,
https://www.bundesregierung.de/
breg-de/schwerpunkte/klimaschutz/
faq-energiewende-2067498

99 Mycle Schneider et al.: «World
Nuclear Industry Status Report 2023»,
März 2024, https://www.worldnuclear
report.org/-World-Nuclear-Industry-
Status-Report-2023-.html

100 Christian Stöcker: «Her mit den
Innovationen», *Spiegel*, 22. August 2021.

101 Christoph Pistner: «Studie klärt,
was von Small Modular Reactors (SMR)
zu erwarten ist», Öko-Institut e. V.,
23. März 2021, oeko.de/news/aktuelles/
studie-klaert-was-von-small-modular-
reactors-smr-zu-erwarten-ist

102 «Eine Allianz für Kernkraft in
Europa», *Tagesschau,* ARD, 21. März
2024.

103 Joachim Wille: «Mini-Atomkraft-
werk wird nicht gebaut», *Frankfurter
Rundschau*, 16. November 2023.

104 Kevin Hagen und Claus Hecking:
«Die Atomkraft ist zurück – zumindest
im Wahlkampf», *Spiegel*, 21. September
2021.

105 Tina Löffelbein: «Armin Laschet
und die Kohle-Lobby», Greenpeace,
19. August 2021, greenpeace.de/klima
schutz/energiewende/kohleausstieg/
informelle-treffen

106 Umweltbundesamt, umweltbun
desamt.de/themen/klima-energie/
erneuerbare-energien/erneuerbare-
energien-in-zahlen

107 https://www.miriam-staudte.de/
presse/meldung/miriam-staudte-atom
kraftwerk-emsland-frueher-vom-netz-
nehmen.html

108 Laura Bisch: «Wo Deutschland
nach einem Jahr ohne Atomkraft
steht», ARD Faktenfinder, 15. April
2023. tagesschau.de/faktenfinder/ein-
jahr-atomausstieg-deutschland-100.
html

IV. DIE KLIMASCHUTZ-KATASTROPHE
Grünes Wachstum und Wasserstoff für das Wolkenkuckucksheim

1 Bruno Latour, «Das terrestrische Manifest», Berlin 2018, S. 77.

2 Global Witness, «Honduras: the deadliest place to defend the planet», 31. Januar 2017, globalwitness.org/en/campaigns/environmental-activists/honduras-deadliest-country-world-environmental-activism

3 Nina Lakhani: «‹Time was running out›: Honduran activist's last days marked by threats», *Guardian*, 25. April 2016.

4 Scatec, scatec.com/2018/10/01/scatec-solar-and-norfunds-second-solar-plant-in-honduras-in-commercial-operation/

5 Scatec, scatec.com/sustainability/sustainability-priorities/Green Finance Report 2022 sowie scatec.com/sustainability/esg-resources/

6 Oliver Ristau: «Grünstrom mit Makel», Deutsche Welle, 22. Mai 2018, dw.com/de/schatten-%C3%BCber-dem-solarpark/a-43868749 Siehe auch: Janosch Deeg: «Kollateralschäden am Klima?», *Spektrum.de*, 19. März 2022, spektrum.de/news/energiewende-beeinflussen-wind-und-solarparks-das-klima/1993738

7 Emy Padilly: «97 % de la población de Namasigüe dice NO a la minería y fotovoltaicas», *Criterio*, 18. November 2019 criterio.hn/97-de-la-poblacion-de-namasigue-dice-no-a-la-mineria-y-fotovoltaicas/

8 Business & Human Rights Ressource Centre: «Honduras: Communities of Choluteca oppose solar energy project of the Norwegian company Scatec Solar», 20. Februar 2020, business-humanrights.org/de/latest-news/honduras-communities-of-choluteca-oppose-solar-energy-project-of-the-norwegian-company-scatec-solar

9 BMWK, bmwk-energiewende.de/EWD/Redaktion/Newsletter/2023/08/Meldung/direkt-erfasst.html

10 Statista, de.statista.com/statistik/daten/studie/164149/umfrage/netto-stromverbrauch-in-deutschland-seit-1999

11 Rede von Bundeskanzler Olaf Scholz am 18. Oktober 2022, bundesregierung.de/breg-de/service/newsletter-und-abos/bulletin/rede-von-bundeskanzler-olaf-scholz-2137650

12 IRENA, irena.org/Energy-Transition/Technology/Hydrogen; Studie Wasserstoff Green Planet Energy

13 Zur «Farbenlehre» von Wasserstoff siehe: rnd.de/wissen/wasserstoff-das-bedeuten-die-unterschiedlichen-farben-grun-blau-grau-und-turkis-2N6YDJGSGBDPHCVS6OCD2QPLFY.html

14 Es werden Energieverluste zwischen 30 und 35 Prozent angenommen. Deutsche Umwelthilfe: «15 Fakten über Wasserstoff», 20. Juni 2023 rnd.de/wissen/wasserstoff-das-bedeuten-die-unterschiedlichen-farben-grun-blau-grau-und-turkis-2N6YDJGS-GBDPHCVS6OCD2QPLFY.html

15 Claudia Kemfert: «Schockwellen. Letzte Chance für sichere Energie und Frieden», Frankfurt 2023, S. 291.

16 Stefan Reinecke: «Der Stahl der Zukunft», *taz*, 14. Mai 2022.

17 Strom-Report: «Windenergie in Deutschland», strom-report.com/windenergie/

18 «Habeck: Werden Wasserstoff importieren müssen», *sueddeutsche.de*, 9. Februar 2022.

19 BMWK, bmwk.de/Navigation/DE/Wasserstoff/Internationale-Wasserstoffzusammenarbeit/internationale-wasserstoffzusammenarbeit.html?gtp=%25260e76e16a-29a5-4d09-b6df-e0d8cd5dbc51_list%253D2

20 «Deutschland soll Marktführer bei Wasserstoff werden», fdp.de/deutschland-soll-marktfuehrer-bei-wasserstoff-werden

21 Antwort der Bundesregierung auf die Kleine Anfrage der Fraktion CDU/CSU, «Infrastruktur stärken, Netze ausbauen und Innovation fördern – Voraussetzungen für den Markthochlauf der Wasserstoffwirtschaft in Deutschland», Drucksache 20/2916, 19.8.2022.

22 Koalitionsvertrag zwischen SPD, Bündnis 90/Die Grünen und FDP 2021 bis 2025.

23 Lasse Thiele, Konzeptwerk Neue Ökonomie: «Wasserstoff und Klimagerechtigkeit», Leipzig 2022.

24 Hamza Hamouchene: «Grünen Kolonialismus überwinden», *Luxemburg*, Oktober 2022, zeitschrift-luxemburg.de/artikel/gruenen-kolonialismus-ueberwinden

25 H_2 Atlas Africa, africa.h2atlas.de

26 Sophia Boddenberg und Burkhard Birke: «Hauptsache Energie», Deutschlandfunk Kultur, 14. März 2022, deutschlandfunkkultur.de/chile-102.html

27 Tik Root: «Entsalzungsanlagen produzieren mehr giftige Sole als erwartet», *National Geographic*, 21. Januar 2019, nationalgeographic.de/umwelt/2019/01/entsalzungsanlagen-produzieren-mehr-giftige-sole-als-erwartet

28 United Nations Human Rights, ohchr.org/en/press-releases/2023/05/saudi-arabia-un-experts-alarmed-imminent-executions-linked-neom-project; Isolde Lichter und Sami Haddad: «‹Auf saudischem Blut gebaut›», *tagesschau.de*, 15. November 2023.

29 Isolde Lichter und Sami Haddad: «‹Auf saudischem Blut gebaut›», *tagesschau.de*, 15. November 2023.

30 Auswärtiges Amt, auswaertiges-amt.de/en/aussenpolitik/themen/hydrogen-diplomacy-office/2513802

31 Germany Trade & Invest, gtai.de/de/trade/saudi-arabien/branchen/saudi-arabien-arbeitet-an-grossen-wasserstoffprojekten-1007526

32 Siehe neom.com/en-us/newsroom/neom-green-hydrogen-investment

33 BMWK, bmwk.de/Redaktion/DE/Wasserstoff/Internationale-Wasserstoffzusammenarbeit-Beispiele/wasserstoffzusammenarbeit-mit-namibia.html

34 «Stoff für die Welt», taz, 23. Januar 2024, taz.de/Wasserstoff-aus-Namibia/!5975163

35 Andy Gheorghiu: «The hype around Hyphen – path towards Namibia's energy revolution or Global North dependency?», *Energy Transition*, 21. Dezember 2023; der offene Brief ist einsehbar unter drive.google.com/file/d/1crrEFDIwQ3aV17sD8JcEhcOAJaS-1C7k/view?pli=1

36 Statista, de.statista.com/statistik/daten/studie/398387/umfrage/bruttoinlandsprodukt-bip-von-namibia/

37 Neelke Wagner: «Wasserstoff aus Afrika: Hoffnung für wen?», *Blätter für deutsche und internationale Politik*, Oktober 2023, blaetter.de/ausgabe/2023/oktober/wasserstoff-aus-afrika-hoffnung-fuer-wen

38 Government of the Republic of Namibia and Hyphen Hydrogen Energy, Feasibility and Implementation Agreement, hyphenafrica.com, Juni 2023.

39 Zu grünem Extraktivismus siehe auch Ulrich Brand und Markus Wissen: «Kapitalismus am Limit. Ökoimperiale Spannungen, umkämpfte Krisenpolitik und solidarische Perspektiven», München 2024, S. 149 ff.

40 IEA: «The Role of Critical Minerals in Clean Energy Transitions», 5. Mai 2021. iea.org/reports/the-role-of-critical-minerals-in-clean-energy-transitions

41 European Commission, ec.europa.eu/commission/presscorner/detail/ov/speech_22_5493

42 Zur Kritik siehe: PowerShift, power-shift.de/pm-critical-raw-materials-act-powershift-kritisiert-gefaehrdung-von-standards

43 AK Rohstoffe: «12 Argumente für eine Rohstoffwende», 15. Februar 2021. ak-rohstoffe.de/rohstoffwende

44 Kathrin Hartmann: «Nickel-Abbau gefährdet Indigene», *Frankfurter Rundschau*, 27. Oktober 2023.

45 Survival International, survival-international.de/indigene/honganamanyawa

46 Siehe www.agaportal.de/_Resources/Persistent/ab8341cd0c7924bec4a62a-64caad0b6d02fd66b9/jb_2016.pdf

47 Kathrin Hartmann: «Roter Staub», *Der Freitag*, Juni 2021 und PowerShift, power-shift.de/wp-content/uploads/2020/02/Landraub-f%C3%BCr-deutsche-Autos-web-18022020.pdf

48 Statista, de.statista.com/statistik/daten/studie/1345016/umfrage/verteilung-der-deutschen-importmenge-von-kupfererz-nach-laendern

49 Statista, de.statista.com/statistik/daten/studie/37022/umfrage/produktion-von-kupfer-weltweit und Anne Herrberg et al.: «Abbau auf Kosten der Inidigenen», Deutschlandfunk Kultur, 6. Februar 2024, deutschlandfunkkultur.de/lithiumabbau-chile-indigene-100.html

50 Alexander Busch: «Der Weg zum «grünen» Kupfer ist steinig», *NZZ*, 21. September 2021, nzz.ch/wirtschaft/der-steinige-weg-zum-gruenen-kupfer-unterwegs-in-chile-ld.1421429

51 Sophia Boddenberg et al.: «Neuer Rohstoffboom in Lateinamerika in Zeiten von Krieg und Klimakrise», PowerShift, 2023.

52 Klima-Allianz Deutschland, klima-allianz.de/mitglieder/unsere-mitglieder/mitglied/eu-chile-abkommen-verhindert-nachhaltige-entwicklung

53 Ulrich Brand und Markus Wissen: «Kapitalismus am Limit», *Luxemburg*, Dezember 2023, zeitschrift-luxemburg.de/artikel/kapitalismus-am-limit/, sowie Ulrich Brand und Markus Wissen: «Kapitalismus am Limit. Ökoimperiale Spannungen, umkämpfte Krisenpolitik und solidarische Perspektiven», München 2024.

54 Dominik Wiedenhofer et al.: «A systematic review of the evidence on decoupling of GDP, resource use and GHG emissions, part I: bibliometric and conceptual mapping», *Environmental Research Letters* (15)6, 11. Juni 2020, doi.org/10.1088/1748-9326/ab8429

55 «SUV-Anteil bei Elektroautos steigt deutlich», *Spiegel*, 23. August 2023.

56 Greenpeace: «Ein dickes Problem. Wie SUVs und Geländewagen das Klima und unsere Städte ruinieren», 2019, greenpeace.de/sites/default/files/publications/s02571_gp_report_suv_09_2019_es.pdf

57 «Die Deutschen haben immer mehr Autos», *tagesschau.de*, 5. September 2023.

58 Michael Reckordt, Maja Wilke: «Metallverbrauch senken: Praktische Vorschläge zur Gestaltung der Rohstoffwende», PowerShift, März 2024.

59 Ulrike Herrmann: «Das Ende des Kapitalismus. Warum Wachstum und Klimaschutz nicht vereinbar sind – und wie wir in Zukunft leben werden», Köln 2022, S. 50.

60 OICA, oica.net/category/production-statistics/2022-statistics

61 Erik Swyngedouw: «Apocalypse forever? Post-political Populism and the Spectre of Climate Change», *Theory, Culture & Society* (27)2–3, 24. Mai 2010, doi.org/10.1177/0263276409358728

62 eur-lex.europa.eu/legal-content/DE/ALL/?uri=celex%3A52001DC0370, Weißbuch EU.

63 Susanne Amann: «Biosprit verdrängt Lebensmittel», *Spiegel*, 10. Juli 2013.

64 Statista, de.statista.com/statistik/daten/studie/1176313/umfrage/anbauflaeche-der-fuehrenden-erzeugerlaender-von-palmoel-weltweit

65 Zu Palmöl siehe Kathrin Hartmann: «Aus kontrolliertem Raubbau», München 2015.

66 Porsche, newsroom.porsche.com/de/2023/unternehmen/porsche-efuels-pilotanlange-haru-oni-chile-synthetische-kraftstoffe-behind-the-scenes-31228.html

67 Jürgen Lessat: «Die Luft ist raus beim Porsche-Kunstsprit», *Kontext Wochenzeitung*, 12. April 2023, kontextwochenzeitung.de/wirtschaft/628/die-luft-ist-raus-beim-porsche-kunstsprit-8805.html

68 FDP, fdp.de/seite/mehr-klimaschutz-durch-e-fuels-technologieoffenheit-der-mobilitaet

69 Agora Verkehrswende: «E-Fuels zwischen Wunsch und Wirklichkeit», Diskussionspapier, August 2023; Melanie Böff: «Wie sinnvoll sind E-Fuels?», *tagesschau.de*, 13. März 2023.

70 So etwa der Sachverständigenrat für Umweltfragen, dem auch Claudia Kemfert angehört: umweltrat.de/SharedDocs/Downloads/DE/04_Stellungnahmen/2020_2024/2021_06_stellungnahme_wasserstoff_im_klimaschutz.html

71 Konzeptwerk Neue Ökonomie: «Wasserstoff und Klimagerechtigkeit», 2022.

72 Ebd.

73 Nina Katzemich: «Wasserstoff: der Stoff aus dem die Träume der Gaslobby sind», Lobbycontrol, 29. Januar 2021, lobbycontrol.de/lobbyismus-und-klima/wasserstoff-der-stoff-aus-dem-die-traeume-der-gaslobby-sind-84977

74 Zukunft Gas, gas.info/neue-gase/wasserstoff/herstellung-wasserstoff/blauer-wasserstoff

75 Robert W. Howarth, Marc Z. Jacobson: «How green is blue hydrogen?», 12. August 2021, onlinelibrary.wiley.com/doi/10.1002/ese3.956

76 Global Witness: «Hydrogen's hidden emissions. Shell's misleading climate claims for its Canadian fossil hydrogen project», 20. Januar 2022, globalwitness.org/en/campaigns/fossil-gas/shell-hydrogen-true-emissions

77 *MOMA*, ARD, 5. Januar 2023, daserste.de/information/politik-weltgeschehen/morgenmagazin/politik/Habeck-verteidigt-blauen-Wasserstoff-als-Brueckentechnologie-100.html

78 Bundesministerium für Bildung und Forschung, wasserstoff-leitprojekte.de/aktuelles/news/h2-beschleunigung

79 «Ampel einigt sich auf Kraftwerksstrategie», *tagesschau.de*, 5. Februar 2024.

80 Pressemitteilung Deutsche Umwelthilfe, «Entwurf ist unüberlegter Schnellschuss und rollt fossiler Industrie den roten Teppich aus», 21. März 2024.

V. KLIMASCHUTZ? NEIN DANKE!
An den Fronten der Krise: Je näher die Einschläge, desto stärker die Abwehrstrategien

1 David Wallace-Wells: «Die unbewohnbare Erde. Leben nach der Erderwärmung», München 2019, S. 20.

2 Siehe auch Oliver A. Houck: «The Reckoning: Oil and Gas Development in the Louisiana Coastal Zone», *Tulane Environmental Law Journal*, Vol. 28, No. 2 (Summer 2015), S. 185–296, jstor.org/stable/24673698

3 Siehe auch Healthy Gulf, healthygulf.org/campaigns/louisiana-coast/

4 Ebd.

5 ABC-Doku «Desaster uninsured», abcnews.go.com/US/video/disaster-uninsured-104966573

6 Leslie Kaufman: «Climate Change Is Causing an Insurance Crisis in Louisiana», *Bloomberg*, 11. September 2023.

7 Friederike Otto: «Klimaungerechtigkeit. Was die Klimakatastrophe mit Kapitalismus, Rassismus und Sexismus zu tun hat», Berlin 2023, S. 6.

8 twitter.com/laurabergerol?lang=de

9 «Trotz spektakulärer Flutbilder: Hitzefolgen größer», *Zeit*, 22. Januar 2024.

10 «Mehr als 60 000 Hitzetote in Europa», *Spiegel*, 10. Juli 2023.

11 Ivor van Heerden, «Safety and environmental review of Plaquemines LNG. Critical analysis of risks from climate-driven hurricanes, extreme weather events, and sea level rise», Sierra Club, 10. Juni 2022, sierraclub.org/press-releases/2022/06/new-report-plaquemines-lng-highlight-multiple-intersecting-environmental-and

12 Deutsche Umwelthilfe, «Gasgeschäfte made in Baden-Württemberg: Schmutzige Verträge von LBBW und EnBW», 1. März 2023.

13 Jones Swanson Huddell, «Case Study: Clarice Friloux et al. v. Exxon Corp. and Campbell Wells Corp», jonesswanson.com/case-studies/environmental-litigation/clarice-friloux-et-al-v-exxon-corp-and-campbell-wells-corp/ https://jonesswanson.com/case-studies/environmental-litigation/clarice-fri

loux-et-al-v-exxon-corp-and-campbell-wells-corp

14 EPA, epa.gov/hw/special-wastes

15 Zum Deepwater-Horzion-Desaster und zum Umgang mit BP damit siehe Kathrin Hartmann: «Die grüne Lüge», München 2018, S. 29.

16 Das Government Accountability Project, eine Anlaufstelle für Informanten und Whistleblower, hat nach dem Desaster Anwohner, Helfer und Wissenschaftler interviewt. Die erschütternden Protokolle sind hier zu lesen: whistleblower.org/gulftruth

17 David L. Valentine et al.: «Fallout plume of submerged oil from *Deepwater Horizon*», 27. Oktober 2014, doi.org/10.1073/pnas.1414873111

18 Covadonga Arias et al.: «High numbers of Vibrio vulnificus in tar balls collected from oiled areas of the north-central Gulf of Mexico following the 2010 BP Deepwater Horizon oil spill», *EcoHealth* 8, 23. November 2011, doi.org/10.1007/s10393-011-0720-z

19 Liste via Healthy Gulf, docs.google.com/spreadsheets/d/18vjpeE0TeFPrjVtzNU-Mm0EsntKsq_Pg04mP0bNcfJk/edit#gid=64508496

20 Environmental Integrity Project, «Abandoned Oil and Gas Wells and the Risk of CO_2-Leakage», environmentalintegrity.org/carboncaptureuseandstorage/

21 dnr.louisiana.gov/index.cfm/page/1622 und EDF-Factsheet «Orphan wells in Louisiana»

22 Environmental Integrity Project, «Abandoned Oil and Gas Wells and the Risk of CO_2-Leakage», environmentalintegrity.org/carboncaptureuseandstorage

23 Durch die Schließung aller verwaisten Bohrlöcher in Louisiana könnten ein Jahr lang mindestens 1000 Ölarbeiter in Vollzeit beschäftigt werden. Außerdem würden dadurch die Methanemissionen um 558 Tonnen pro Jahr gesenkt – das entspricht den jährlichen Treibhausgasemissionen von 3000 Autos, so ein Bericht der Columbia University und Resources for the Future, einer umweltpolitischen Denkfabrik in Washington D.C. aus dem Jahr 2020, rff.org/news/media-highlights/the-times-picayunenew-orleans-advocate-new-fines-aim-to-stem-the-tide-of-orphan-oil-and-gas-wells-in-louisiana

24 Statista, de.statista.com/infografik/22444/von-den-republikanern-gewonnene-staaten-bei-der-praesidentschaftswahl-seit-1992

25 Arlie Russell Hochschild: «Fremd in ihrem Land. Eine Reise ins Herz der amerikanischen Rechten», Frankfurt 2017.

26 U.S. News and World Report's 2023 Best States report, usnews.com/news/best-states/louisiana

27 *Oberbayrisches Volksblatt*, ovb-heimatzeitungen.de/bayern/2022/10/25/monika-gruber-verkauft-ihr-haus.ovb

28 Wolfgang Krzizok und Raffael Scherer: «Mehr als 10 000 Menschen: Söder und Aiwanger auf Gruber-Demo – Spitzen-Duo mit denkwürdigem Auftritt», *Merkur*, 14. Juni 2023 und Michelle Brey: «Söder und Aiwanger warnen vor der ‹zwanghaften Veganisierung› – und wettern gegen Ampel-Koalition», *Merkur*, 12. Juni 2023.

29 Steffen Mau et al.: «Triggerpunkte. Konsens und Konflikt in der Gegenwartsgesellschaft», Berlin 2023, S. 212 ff.

30 William F. Lamb et al.: «Discourses in climate delay», *Global Sustainability* 3, 2020, doi.org/10.1017/sus.2020.13

31 Siehe Steffen Mau et al.: «Triggerpunkte. Konsens und Konflikt in der Gegenwartsgesellschaft», Berlin 2023, S. 205 ff.

32 Stephan Lessenich: «Konservatismus und nachhaltiger Konsum: Die Utopie des Weiter-so ist ein Irrweg», *Der Freitag* 03/23.

33 Stephan Lessenich: «Nicht mehr normal. Gesellschaft am Rande des Nervenzusammenbruchs», München 2022, S. 81, 93.

34 Nikolaus Doll: «‹Fliegen, Fahren, Fleisch› – jetzt predigt die SPD-Chefin den Verzicht», *Welt*, 25. Februar 2021.

35 Robert Pausch und Bernd Ulrich: «‹Kein Mensch muss innerhalb Deutschlands fliegen …›», *Zeit*, 27. Februar 2021.

36 Steffen Kutzner: «Nein, Saskia Esken sagte nicht, die Deutschen müssten Verzicht lernen», *Correctiv*, 3. September 2021; facebook.com/christopher.hoerst/posts/4455938131133953 (Originalinhalt nicht mehr online verfügbar).

37 Elena Erdmann: «Das falsche Versprechen von 1,5 Grad», *Zeit*, 2. September 2021.

38 Bernd Ulrich: «Auf heißen Steinen», *Zeit*, 27. September 2023.

39 Krautreporter, krautreporter.de/politik-und-macht/4311-klima-aktivisten-landen-zehnmal-so-oft-in-gewahrsam-wie-religios-motivierte-gefahrder

40 Bernd Ulrich: «Auf heißen Steinen», *Zeit*, 27. September 2023.

VI. KOHLENSTOFF-KOLONIALISMUS
Klima-Profite auf Kosten von Menschenrechten und Biodiversität

1 Darren Barbie: «Vicki Hollub Says Occidental Will Nearly Double Carbon Capture Projects», *Yahoo Finance*, 5. Oktober 2022.

2 BCP, bcp.earth/buy-offsets/lower-zambezi

3 Maryanne Grieg-Gran: «The Cost of Avoiding Deforestation: Report prepared for the Stern Review of the Economics of Climate Change», iied, Oktober 2006.

4 Businesswire, businesswire.com/news/home/20160106005854/en/BioCarbon-Partners-Announces-World%E2%80%99s-First-Carbon-Neutral-National-Park-From-Operations-In-Lower-Zambezi-Zambia

5 Biocarbonpartners: «Lower Zambezi REDD+ Project Rufunsa District, Zambia, Design Document. To the Climate, Community and Biodiversity Alliance Standards (2nd Edition)», 21. Juni 2013.

6 Biocarbonpartners: «BCP Impact Report 2022. Making Conservation of Wildlife Habitat Valuable to People», Lusaka 2022. bcp.earth/news-and-press/2022-impact-report/

7 BP, bp.com/en_gb/target-neutral/home/our-carbon-offset-project-portfolio/offset-projects-from-our-previous-portfolios.html

8 BP, bp.com/en/global/corporate/sustainability/caring-for-our-planet/nature-based-solutions.html

9 United Nations: «Paris Agreement» 2015, S. 7 f.

10 Race to Zero, climatechampions. unfccc.int/system/race-to-zero

11 Joe Sandler Clarke, Emma Howard, Luke Barratt: «Doubts over Shell's ‹drive carbon neutral› claim», Unearthed, 25. Oktober 2021. unearthed. greenpeace.org/2021/10/25/shell-oil-carbon-neutral-offsetting

12 Blackrock, blackrock.com/de/privat anleger/produkt/251909/ishares-oil-gas-exploration-production-ucits-etf? switchLocale=y&siteEntryPass through=true

13 Mittlerweile sind es 17.

14 P. A. Lindsey et al.: «Zambian Game Management Areas. The reasons why they are not functioning as ecologically or economically productive buffer zones and what needs to change for them to fulfil that role», Wildlife Producers Association of Zambia, Januar 2013.

15 UNEP, unep.org/news-and-stories/story/charcoal-burning-issue

16 Ahtziri Gonzales, «Drought fuels charcoal boom in Zambia», *Forest News*, 16. März 2020.

17 Eni, eni.com/en-IT/media/press-release/2021/08/cs-eni-raggiunge-accordo-consegna-gnl-taiwan.html

18 «Eni for 2020. Carbon Neutrality by 2050», Sustainability Report, 2020, S. 35.

19 Eni, eni.com/en-IT/media/press-release/2020/02/long-term-strategic-plan-to-2050-and-action-plan-2020–2023.html

20 Kelvin Mulungu, «The Luangwa Community Forests Project (LCFP) in Zambia. A review of the biggest REDD+ project in Africa financed by the Italian oil and gas company ENI», Greenpeace Italy, Mai 2021.

21 Peace Parks Foundation, peace parks.org/eni-peace-parks-and-bcp-partner-to-sustainably-protect-zambias-woodlands

22 Report von Luca Chianca, RAI 3, 19. Juni 2023; ein Script der Sendung auf Englisch befindet sich auf der Homepage des Senders: rai.it/programmi/report/inchieste/Luangwa-Project-aa44dac8-a5e7–4db6–9b1d-e5964 f16cd37.html

23 Mulungu 2021.

24 Tin Fischer und Hannah Knuth: «Grün getarnt», *Zeit*, 04/23.

25 Thales A. P. West et al.: «Action needed to make carbon offsets from forest conservation work for climate change mitigation», *Science* (381)6600, August 2023, doi.org/10.1126/science.ade3535

26 Verra, verra.org/verra-fact-check-of-die-zeit-article/

27 Tin Fischer und Hannah Knuth: «Betriebsklimawandel», *Zeit*, 22/2023.

28 Ed Ballard und Dieter Holger: «Proposed Rules Aim to Build Trust in Carbon-Credit Market», *Wall Street Journal*, 28. Juli 2022.

29 Fischer/Knuth, *Zeit* 4/23.

30 Luke Barratt, Joe Sandler Clarke, «How middleman carbon brokers take a cut from money meant to help offset emissions», Unearthed, 2. Mai 2022. unearthed.greenpeace.org/2022/05/02/carbon-offsetting-market-climate/

31 Jack Graham: «Net-zero emissions targets adopted by one-fifth of world's largest companies», *Reuters*, 23. März 2021.

32 European Commission, green-business.ec.europa.eu/environmental-footprint-methods_en; siehe auch «Der große Klima-Fake», Foodwatch Report, 2022.

33 IETA, ieta.org/memberships/#members

34 Mark Dowie: «Conservation Refugees. The hundred year old conflict between global conservation and native peoples», Massachusetts 2011.

35 P. A. Lindsey et al.: «Zambian Game Management Areas: The reasons why they are not functioning as ecologically or economically productive buffer zones and what needs to change for them to fulfil that role», Wildlife Producers Association of Zambia, Januar 2013.

36 World Rainforest Movement: «15 Years of REDD – A Mechanism Rotten at the Core», Montevideo 2022.

37 Patrick Greenfield: «The new ‹scramble for Africa›: how a UAE sheikh quietly made carbon deals for forests bigger than UK», *Guardian*, 30. November 2023.

38 Climate Focus, climatefocus.com/publications/2022-overview-voluntary-carbon-market-dashboard

39 Chris Lang: «Africa Carbon Markets Initiative: ‹A disincentive to progress in cutting down on emissions›», REDD-Monitor, reddmonitor.substack.com/p/africa-carbon-markets-initiative?utm_source=profile&utm_medium=reader2

40 Race to Zero, climatechampions.unfccc.int/africa-carbon-markets-initiative-announces-13-action-programs

41 Power Shift Africa: «The Africa Carbon Markets Initiative: A Wolf in Sheep's Clothing», 4. Dezember 2023. powershiftafrica.org/publications/the-africa-carbon-markets-initiative-a-wolf-in-sheeps-clothing

42 Joseph Romm, Are carbon offsets unscalable, unjust, and unfixable – and a threat to the Paris Climate Agreement? A University of Pennsylvania Center for Science, Sustainability, and the Media. White Paper, Juni 2023. web.sas.upenn.edu/pcssm

43 Hal Bernton: «A giant Oregon wildfire shows the limits of carbon offsets in fighting climate change», *OPB*, 2. August 2023.

44 «New York Declaration on Forests, Action Statement and Action Plans», New York 2014.

45 Siehe Kathrin Hartmann, «Aus kontrolliertem Raubbau. Wie Politik und Wirtschaft das Klima anheizen, Natur vernichten und Armut produzieren», München 2015.

46 The Global Commission on the Economy and Climate: «Better Growth, Better Climate. The New Climate Economy Report», Washington, September 2014.

47 «Waldverlust in Zeiten der Corona-Pandemie: Holzeinschlag in den Tropen», WWF-Analyse, 2020.

48 World Rainforest Movement: «15 Years of REDD. A Mechanism Rotten at the Core», Montevideo 2022.

49 Adrienne Buller: «Der Wert eines Wales. Über die Illusionen des grünen Kapitalismus», Heidenrod 2024, S. 49.

50 Öko-Institut: «Die Zusatzgewinne ausgewählter deutscher Branchen und Unternehmen durch den EU-Emissionshandel», 13. März 2014.

51 IETA, ieta.org/memberships/#members

52 Jessica F. Green: «Does carbon pricing reduce emissions? A review of ex-post analyses», Environmental Research Letters (16)4, 2021, doi.org/10.1088/1748-9326/abdae9

53 Öko-Institut: «How additional is the Clean Development Mechanism?», 31. März 2016.

54 Raphael Calel et al.: «Do carbon offsets offset carbon?», Centre for Climate Change Economics and Policy, Working Paper No. 398; Grantham Research Institute on Climate Change and the Environment Working Paper No. 371, Leeds/London 2021.

55 Hugo Valin: «The land use change impact of biofuels consumed in the EU. Quantification of area and greenhouse gas impacts. Complementary Scenarios by 2030», Report for the European Commission, Energy Directorate by the International Institute for Applied Systems Analysis (IIASA), Oktober 2016.

56 Phil Williamson: «Biodiversity risks of climate control», *Nature Ecology & Evolution* 2, 2018.

57 ADM, investors.adm.com/news/news-details/2021/ADM-Announces-Successful-Completion-of-One-Million-Metric-Ton-Carbon-Capture-and-Storage-Project/default.aspx

58 Bonn Challenge, bonnchallenge.org

59 Philip Bethge und Susanne Götze: «Das Millionengeschäft mit den Klimabäumen», *Spiegel*, 11. April 2021.

60 Wesley Morgan: «A tonne of fossil carbon isn't the same as a tonne of new trees: Why offsets can't save us», *DownToEarth*, 10. März 2023. Siehe dazu auch: Larry Lohman: «Neoliberalism and the calculable world: The rise of carbon trading», The Corner House 2009.

61 Simon L. Lewis et al.: «Restoring natural forests is the best way to remove atmospheric carbon», *Nature*, 2. April 2019.

62 Stanford News, news.stanford.edu/press-releases/2020/06/22/planting-trees-threatens-forest

63 Sebastian Jutzi: «Der Wert der Artenvielfalt», Interview mit Pavan Sukhdev, *Focus online*, 19. November 2013.

64 Aili Pyhälä, Ana Osuna Orozco, Simon Counsell: «Protected Areas in the Congo Basin: Failing both People and Biodiversity?», Rainforest Foundation/Universität Helsinki, April 2016.

65 Hartmann 2015.

NACHWORT. JENSEITS DER OPFERZONE
Wie ein Bauer in Sambia und eine ehemalige Lehrerin in Louisiana die fossile Industrie das Fürchten lehren und was wir von ihnen lernen können

1 Louisiana Department of Environmental Quality, ERIC Annual Certified Emissions, deq.louisiana.gov/page/eric-public-reports

2 Human Rights Watch: «‹We're dying here›. The Fight for Life in a Louisiana Fossil Fuel Sacrifice Zone», 25. Januar 2024

3 Kimberly A. Terrell und Gianna St Julien: «Air pollution is linked to higher cancer rates among black or impoverished communities in Louisiana», *Environmental Research Letters*, (17)1, 2022, doi.org/10.1088/1748-9326

4 Forensic Architecture: «Environmental Racisms in Death Alley, Louisiana», University of London, 2021.

5 Deep South Center for Environmental Justice: «The More Things Change, the More They Remain the Same – Living and Dying in Cancer Alley (1990 to 2023)», New Orleans 2023.

6 Earth Justice: «Louisiana Court Vacates Air Permits for Formosa's Massive Petrochemical Complex in Cancer Alley», 14. September 2022, earthjustice.org/press/2022/louisiana-court-vacates-air-permits-for-formosas-massive-petrochemical-complex-in-cancer-alley

7 Forensic Architecture: «Environmental Racisms in Death Alley, Louisiana», University of London, 2021.

8 Louisiana Bucket Brigade: «A Plan without People. Why the St. James Parish 2014 Land Use Plan must be changed», 13. Juni 2019, labucketbrigade.org/a-plan-without-people

9 Center for International Environmental Law (CIEL): «Fossils, Fertilizers and False Solutions: How Laundering Fossil Fuels in Agrochemicals Puts the Climate and the Planet at risk», Oktober 2022.

10 Ebd.

11 Jules Pretty: «Agroecological Approaches to Agricultural Development», Background Paper for the World Development Report 2008.

12 Catherine Badgley et al.: «Can organic agriculture feed the world?», *Renewable Agriculture and Food Systems* 22(2), doi.org/10.1017/S1742170507001871

13 James Hansen et al.: «Global Warming Acceleration: Hope vs Hopium», Columbia University, 29. März 2024, und Rico Grimm: «Was gerade mit dem Klima passiert, überrascht selbst Experten», *Krautreporter*, 4. April 2014.

14 Sören Müller-Hansen: «Wärmster März seit Beginn der Aufzeichnungen», *Süddeutsche Zeitung*, 9. April 2024.

15 Nina Lakhani, «‹Wake-up call›: pipeline leak exposes carbon capture safety gaps, advocates say», *Guardian*, 19. April 2014, theguardian.com/us-news/2024/apr/19/exxon-pipeline-leak-carbon-capture-safety-gaps